LA MÉTAIRIE ET LE CHÂTEAU

DU MÊME AUTEUR

Chez le même éditeur

Le Vrai Goût de la vie
Une odeur d'herbe folle
Le Soir du vent fou
La Grâce et le Venin
La Source au trésor
L'Année du certif
Le printemps viendra du ciel
Les Grandes Filles
La Gloire du certif
La Vallée de la soie – tome 1
La Soie et la Montagne – tome 2
La Charrette au clair de lune
Petite histoire de l'enseignement de la morale à l'école
La Classe du brevet
Nounou
Angéline
La Petite École dans la montagne
Les Secrets de l'école d'autrefois
Le Jeune Amour
Les gens heureux ont une histoire
Le Dernier Certif
Les Beaux Jours du docteur Nicolas

Dans la collection « Ailleurs et Demain »

Le Temps incertain
Les Singes du temps
Soleil chaud poisson des profondeurs
Utopies 75
(en collaboration avec Ph. Curval,
Ch. Renard et J.-P. Andrevon)
Le Territoire humain
Les Yeux géants
L'Orbe et la Roue
Le Jeu du monde
May le monde

Dans la collection « L'âge des étoiles »

Le Sablier vert
Le Monde du lignus

Aux Éditions Seghers

Les Gens du mont Pilat (coll. « Mémoire vive »)

MICHEL JEURY

LA MÉTAIRIE ET LE CHÂTEAU

roman

LE GRAND LIVRE DU MOIS

ISBN 978-2-286-09295-5

À mes petits-fils, Swann et Mael

1.

Les bois entouraient de toutes parts le château et les fermes. C'était pour le jeune Tiénot, fils de Mado et Marius Jouannet, les métayers, un merveilleux espace de liberté et de jeu. Quand il avait le temps de jouer, ce qui ne lui arrivait pas tous les jours ! Il devait panser les vaches, changer leur litière et celle des brebis, curer l'étable une fois par semaine, tâches pour lesquelles il remplaçait de plus en plus souvent son père malade. À la belle saison, il conduisait le troupeau au pâturage, vers des prés quelquefois très éloignés. Il aidait sa mère à la basse-cour, préparait et cuisait à la chaudière la pâtée des cochons... et dès qu'il le pouvait il se précipitait au château pour aider le jardinier Jeantou ou Mlle Julie, la fille des châtelains, qui dirigeait gentiment mais fermement leurs travaux.

Puis il courait tous les matins, sauf en été, à l'école communale de Gignac, où il préparait le certificat. Il aimait la classe, le calcul, la lecture, l'histoire, les sciences. Il se plaisait dans les vertes collines du Périgord, mais il rêvait de la ville et des métiers nouveaux que la mécanique et les machines offraient aux garçons du XXe siècle. Chauffeur d'automobile ou même pilote d'avion, son espoir le plus fou...

Il prenait tout de même le temps et l'occasion de

s'échapper dans les bois pour jouir d'une nature magnifique. La variété des essences donnait son charme et son caractère à la forêt de Hautefage. Malgré ce nom évocateur – fage vient de fayard – le hêtre était rare en plein bois, même s'il abondait dans les parcs des châteaux. Trois espèces dominaient par tous terrains : le chêne, le charme et le châtaignier.

Tiénot se gavait de fraises au printemps, de framboises en été, cueillait des fleurs sauvages pour sa mère, pour la demoiselle ou les femmes de chambre du château. Il observait avec attention le travail des charbonniers et des bûcherons, il guettait longuement les animaux de la forêt, écoutait les chants des oiseaux... Et il s'imaginait le maître des lieux, l'ami des bêtes et des fées.

Dans un creux au flanc du coteau se tassaient les bâtiments de la Petite-Borde, la métairie des Jouannet, habitation et dépendances. Le toit du pigeonnier trônait au milieu d'une demi-douzaine d'autres dans le plus grand désordre. Le roucoulement des pigeons, le cri des coqs et le chant des poules pondeuses égayaient la cour abritée du vent par quelques grands arbres et une grosse touffe de sureaux noirs. À l'écart, un cercle d'osiers jaunes, qu'on appelait *vimes,* entourait la mare boueuse où s'ébattaient quelques canards, la tête sous l'eau et la queue en l'air.

La ferme était une assez pauvre bâtisse, mais certes pas la plus misérable de la commune. À côté des masures qu'on voyait ici et là, surtout dans les hameaux ou près des bourgs, nichées entre les étables et les granges et envahies par le fumier, les métairies des châtelains ressemblaient à de vraies fermes, avec une vaste grange, une étable saine et une habitation de deux pièces au moins. Les nobles avaient à cœur d'entretenir leurs bâtiments, surtout ceux qui se trouvaient à proximité du château et ne devaient pas en déparer les abords. Ils s'honoraient de loger décemment leurs métayers et ne les jetaient pas sur les chemins pour un oui ou pour un non à chaque Saint-Michel.

Trois marches usées menaient à une porte haute, avec imposte, qui s'ouvrait sur la « salle », cuisine et chambre des parents, où tout le monde vivait le jour, chats et chiens compris. Une pièce en longueur, à laquelle s'abouchaient par un passage double toutes les dépendances. D'un côté, les escaliers, celui qui descendait à la cave et celui qui montait au grenier et à la soupente des filles ; de l'autre, un étroit couloir qui menait à la grange et aux étables, avec un renfoncement sous l'escalier où se nichait une logette : la chambre de Tiénot.

Deux fenêtres à quatre carreaux déversaient dans la salle une lumière plutôt généreuse. Deux fenêtres pour une cuisine de métayer, c'était un luxe. Au fond, la cheminée pareille à une gueule ouverte, noire et dentée par deux crémaillères et nombre de crochets. On se partageait l'hiver le coin du « cantou », dans la fumée refoulée par les mauvais vents et une odeur familière, assez douce, parfum de soupe aux choux et de hachis, relent des chiens, remugle de suie... Le père, Marius Jouannet, son griffon, Pitou, Bella, la chienne de berger, et les trois chats de la maison y avaient leur domaine. Au milieu, une table carrée en chêne massif : c'était là que la petite Lisa et Tiénot faisaient leurs devoirs, des années après Georgette, la grande sœur. Quelques meubles en bois fruitier, un buffet, une armoire, un placard mural, une pendule, un coffre, deux bancs, trois chaises et un tabouret complétaient le mobilier.

La pièce avait aussi quelques recoins sombres où Lisa aimait se réfugier, avec sa poupée et les jouets de bois et de plumes que le grand-père lui fabriquait.

L'étable, cimentée et propre, possédait neuf crèches de bon bois sur un socle de pierre, sans trous de rats. Le portail de la grange, repeint et réparé, accueillait les charrettes débordantes de fourrage. Le grenier à foin, au-dessus de l'étable, avait un toit à peu près étanche et on ne risquait guère de passer le pied par un trou dans les lattes du plancher. Ça n'empêchait pas le père de grommeler. Mais la mère le rabrouait.

— Tu peux remercier Mlle Pauline si tu as des murs solides derrière ton cul et des plafonds qui risquent pas de te tomber sur la tête. Sans elle, tu vivrais dans une baraque de bohémiens !

Mlle Pauline, c'était « Tante Jupiter », la sœur du comte, M. Antoine, et la vraie patronne de Hautefage. Le surnom, inventé par Mlle Julie, sa nièce, la plus jeune des enfants du comte et de la comtesse, lui allait comme le mors au cheval. Elle régentait le château et ses gens, tenait les livres et payait les factures, souvent sur sa cassette personnelle, à la façon du roi. Elle régnait sur les métayers par-dessus la tête de son frère. Elle harcelait Hilaire Bezeau, le régisseur, le forçait à prévoir dans son budget les réparations des bâtiments et les agrandissements et améliorations nécessaires, pas seulement à la ferme du château mais dans toutes les métairies. Elle exigeait, par exemple, une chambre supplémentaire pour deux naissances dans une famille de métayers.

Le pauvre régisseur se lamentait.

— Et si le drôle meurt en bas âge, on en sera pour nos frais, mademoiselle.

Tante Jupiter restait inflexible.

— Le bon Dieu voudra sûrement qu'ils en aient un autre tout de suite !

Marius Jouannet s'entendait plutôt bien avec le comte, mais ne supportait pas les façons de sa sœur.

— La demoiselle, je chie dans son *tourin* !

Tante Jupiter vivait de soupe aux œufs et exigeait que les métayers donnent du tourin à leurs enfants de tout âge au moins trois fois par semaine.

— De quoi elle se mêle, milodiou !

— N'empêche que tu étais bien content quand elle a fait faire une chambre pour Lisa.

— Mais sitôt la guerre, elle a exigé que tu prennes Justine chez les sœurs, et la gamine est toujours là. Et c'est bientôt plus une gamine !

Justine, la fille de l'assistance, avait cinq ans, l'âge de Tiénot ou quelques mois de plus, quand elle était venue habiter chez les Jouannet. Elle était née au début de 1910, Tiénot à la fin. Elle avait pour ainsi dire élevé la petite Lisa, née en 1914. Les deux filles se partageaient la mansarde que Tante Jupiter avait fait construire dans un coin du grenier à grains, tout contre la cheminée de la cuisine. La pièce, très basse, convenait à de jeunes enfants, et les filles s'y plaisaient. Mais Justine avait grandi vite. Elle et Tiénot se mesuraient de temps en temps, nez contre nez. Déjà le pif du gars tombait sur la bouche de la fille. Elle le dépasserait bientôt. Résultat, elle ne pouvait plus se tenir debout dans la chambre. Mado, la mère, voulait glisser un mot de l'affaire à Mlle Pauline. Le père refusait à grands cris.

— Putain de milodiou ! La gosse n'a qu'à se plaindre aux sœurs, qu'elles la reprennent. Bon débarras !

Pourtant Justine se croyait heureuse chez les Jouannet ; elle ne se plaignait à personne. Elle avait peut-être un béguin pour Tiénot. Il l'aimait bien aussi, comme une sœur. Il avait donc trois sœurs, en la comptant. La grande, Georgette, servait chez des bourgeois de Bergerac, on ne la voyait pas souvent. Et puis son sale orgueil la tenait loin des paysans... Lisa était une peste. Des trois, Tiénot préférait Justine, mais il voulait qu'elle reste sa sœurette. Il avait décidé que jamais il ne se marierait avec elle, bien qu'elle ne fût pas trop vilaine, et même plutôt jolie dans le genre maigrichon. Il lui avait proposé de s'installer dans sa logette, un espace gagné partie sur la grange, partie sur le couloir, avec un lit à paillasse, une étagère, une patère, un siège taillé par le grand-père et même une table minuscule donnée par la demoiselle... Un rideau fait d'une vieille couverture servait de porte. Une lucarne donnant sur la grange apportait un peu d'air et un semblant de clarté.

— C'est pas bien grand mais on peut se tenir debout... au moins dans la moitié haute !

— Tu crois que ce sera assez grand pour nous deux ?

— Tu sais, ma mère ne permettrait pas qu'on couche dans la même chambre, maintenant qu'on est grands. Ni les dames du château. Je me ferai une cabane dans la grange avec de la paille, des planches et quelques sacs...

— Je ne veux pas que tu ailles à la grange pour me laisser ta chambre.

— Moi, ça me plairait bien.

Le père aurait préféré que Justine fiche le camp pour de bon. Il la jugeait trop *bisoucaïre*, trop câline avec Tiénot. Il avait peur qu'elle le dévergonde. Et si le garçon avait voulu...

On pouvait aussi agrandir la chambre des filles. Alfred, le chauffeur du château, qui savait tout faire, s'occuperait des travaux, aidé par deux ou trois gars pas trop manchots, comme le journalier Joseph Sembat. Tante Jupiter n'aurait qu'à payer les matériaux et quelques journées de manœuvres. Elle se plaignait que ses dépenses augmentaient tous les ans et ses recettes point, néanmoins ça ne lui coûterait pas cher. Tiénot décida d'en parler à Frédo.

Il admirait ce grand garçon rieur, maigre, musclé et bien planté, mécanicien d'auto, puis mécanicien d'avion pendant la guerre. Célibataire, âgé de trente ans, il avait été embauché par Tante Jupiter à son retour, en 1919. Il avait tout de suite épousé la plus jolie des femmes de chambre du château, Ninette, qui avait dix ans de moins que lui.

Bien sûr, Tiénot lui avait demandé s'il savait piloter un avion de chasse. Frédo avait rigolé à sa façon, les yeux au ciel, la tête levée, sa longue tête osseuse et déjà un peu chauve, comme s'il prenait les oiseaux à témoin, ou les anges, ou le bon Dieu. Un petit ha-ha très sec, et il se frappait en même temps la poitrine, le ventre ou la cuisse.

— Je sais, oui. J'ai même essayé pas mal de fois le bébé Nieuport ou le Farman que je venais de réparer. Mais j'ai pas pu avoir mon brevet de pilote. Peut-être que je suis trop grand. Quand je suis assis dans un avion, j'ai la tête qui touche le ciel. C'est comme ça que j'ai perdu mes cheveux, ha-ha !

Plus tard, Tiénot lui avait parlé de son rêve : devenir aviateur. Frédo l'avait encouragé, alors que tout le monde se moquait de lui, y compris Justine.

— Tu peux y arriver. T'as de bons quinquets, faut aussi des couilles, mais ça viendra. Attention, tu seras obligé de continuer l'école après le certificat et de partir en ville !

Parfois Frédo conduisait seul la voiture de Tante Jupiter, une grosse Voisin, « pour la dérouiller », disait-il, quand elle n'avait pas roulé depuis quelques jours. Autant d'occasions de le rencontrer comme par hasard sur les chemins et les routes.

Frédo rendait aussi visite aux métayers, à leurs femmes quand elles étaient jeunes, à leurs filles quand elles étaient mignonnes et avaient plus de quinze ans. La Mado avait presque quarante ans, pourtant le chauffeur la trouvait à son goût, il aimait parler avec elle de la grande ville qu'elle avait connue dans sa jeunesse. Tiénot les surprit un matin entre le tilleul de la cour et le bosquet de sureaux, aussi loin que possible du tas de fumier. Frédo préférait le sent-bon des dames et des demoiselles à la puanteur de la bouse et du purin. Il se tenait sur son vélo à guidon haut et sacoche de cadre, la Mado debout tout près de lui.

Belle femme mince, au corsage rebondi, bien conservée pour une paysanne, elle protégeait ses cheveux à l'aide d'un filet sous son bonnet ou son chapeau et ses mains avec des gants de dame. Elle gonflait la poitrine à chaque respiration. Brune aux yeux d'un joli marron velouté, le teint mat, les pommettes hautes, le nez droit aux narines palpitantes, elle ressemblait aux bohémiennes, qu'elle détestait. « Mado la Sarrasine », disait le comte Antoine. Sa bouche large, rougie en secret au fard, souriait toujours, mais c'était un signe de courage plus que de joie. Frédo se penchait sur le côté pour écouter les confidences qu'elle lui glissait à l'oreille. Les chiens, Bella et Pitou, croquaient les biscuits qu'il venait de leur donner. Sa sacoche lui servait à transporter ses outils, mais il n'oubliait jamais les gâteries pour les chiens...

Il changea de conversation quand il vit Tiénot.

— Alors, la Mado, euh, m'ame Jouannet, rien à réparer à la maison aujourd'hui ?

— Rien aujourd'hui, m'sieur Alfred. Et grand merci.

Tiénot n'était pas dupe. Loin des oreilles indiscrètes, ces deux-là ne se donnaient pas du « m'sieur Alfred » ni du « m'ame Jouannet ». Il rattrapa le chauffeur sur le chemin du château et lui raconta son affaire. Frédo s'exclama :

— Sacrédié, pourquoi ta mère ne m'en a pas parlé plus tôt ? Il faut que les projets de travaux soient inscrits sur le carnet de Tante Jupiter au moins trois mois à l'avance... Bon, je vais inscrire ça sur le mien.

Il n'avait pas de carnet, c'était un genre qu'il se donnait. Il notait tout dans sa tête, on pouvait compter sur sa mémoire.

— Je vais en causer à Mlle Pauline aujourd'hui même. Je lui proposerai de doubler la pièce, de surélever le plafond et de faire une cloison. Comme ça, les filles auront chacune leur chambre. Je viendrai voir les lieux demain et je me mettrai au plan tout de suite. Pour les travaux, j'amènerai Coco, le petit-fils de la cuisinière, et Joseph Sembat, le journalier. Et puis vous me *donnerez la main*, toi et Justine...

Il releva sa casquette sur son front dégarni.

— Elle a quel âge, la petite Justine ? Ah, presque douze ans, comme toi. Elle commence à être bien mignonne, mais il faudra encore attendre trois ou quatre ans pour qu'elle soit une belle fille !

Quelques jours plus tard, Frédo vint examiner les lieux en compagnie de Joseph Sembat, un gaillard dans le milieu de la trentaine, réputé peu vaillant, fort et pas maladroit, toujours content comme un chien qui se gratte le derrière. Son surnom de Glouriou, « glorieux » en patois, lui venait de son air de se croire quelqu'un. Le régisseur Bezeau l'employait régulièrement à la ferme du château. Mais il se rendait libre pour aider les métayers, les Jouannet en particulier, chaque fois qu'on le lui demandait.

Tiénot lui trouvait mauvaise allure, trop gras, trop bien vêtu et chaussé pour un journalier, et puis sa façon de se tenir, un peu déjeté, le ventre en avant, les jambes arquées, les pouces à la ceinture. Son regard sournois, fureteur, sous les sourcils clairsemés, son air ricaneur, ses cheveux courts à la bat'd'Af... Sa mâchoire forte et son menton carré démentaient son sourire bonasse. Une pensée traversa l'esprit de l'enfant ce jour-là : « Cet homme est mauvais ! »

Frédo savait que Tiénot n'aimait pas le Glouriou.

— Faudra te faire une raison, mon vieux, lui dit-il plus tard, seul à seul. Je n'ai personne d'autre pour ce boulot, avec le petit-fils de la cuisinière qui n'est pas trop malin. Pourtant ne t'inquiète pas, je garderai un œil sur lui. Je veillerai à ce qu'il mette pas la main au panier de la Mado et au porte-monnaie de ton père, ha-ha ! Et toi, tu feras attention à tes billes !

Car le Glouriou passait aussi pour un peu chapardeur.

Deux mois plus tard, la chambre des filles était agrandie, surélevée en partie et divisée en deux logettes inégales, la plus grande pour Justine. En tout, neuf mètres carrés, une immensité. Le père se dérangea pour une visite des lieux.

— C'est bien du luxe pour des drôlettes, décida-t-il en hochant le front. Pour le prix, on aurait pu refaire entièrement l'étable à cochons !

La Mado voulut une petite fête. Elle se mit sur son trente et un – une robe gris clair, froncée à la taille, qui soulignait sa minceur – en l'honneur des deux hommes qui avaient fini le chantier. Elle leur marqua son admiration en entonnant *La Madelon de la victoire.*

Nous avons gagné la guerre
Hein, crois-tu qu'on les a eus
Madelon, verse-nous à boire !

Joignant le geste à la parole, elle ouvrit une bouteille de « bouché » rapportée de la ville. Elle posa quatre verres sur la table. Tiénot compta : Frédo, le Glouriou, la Mado et... lui ? Avait-il droit au bouché ? La Mado se gratta le coin de l'œil comme si elle allait pleurer d'émotion. Elle servit un grand verre au chauffeur qui avait mené les travaux.

— Ça, c'est un homme !

Le Glouriou grommela, promena la main sur son crâne presque rasé.

— Et moi, j'en suis pas un, d'homme ?

La Mado le lorgna comme si elle ne l'avait jamais vu. Elle lui donna un verre, mais avant de le remplir fit mine de demander l'avis de Frédo.

— Vous croyez qu'il l'a mérité, m'sieur Alfred ?

Joseph Sembat ricana et imita la mère.

— Ha, ha, m'sieur Alfred par-ci, m'sieur Alfred par-là.

Frédo acquiesça, beau joueur.

— Oui, la Mado. Joseph a été un bon ouvrier. Il m'a remplacé souvent. Il a droit à un verre, et même au reste de la bouteille pour boire chez lui ce soir !

La mère leur donna à tous deux un poutou sur la joue.

— Vous êtes de braves garçons.

Mlle Julie déclara que la chambre était une merveille.

— Alfred, vous êtes un as. Si vous n'étiez pas marié, je vous épouserais volontiers et je vous demanderais de me construire un palais des mille et une nuits au milieu de la forêt !

Tante Jupiter annonça aussi une tournée d'inspection, mais on l'attendit en vain. Frédo avisa les filles.

— Attention, mignonnes, la demoiselle viendra vous surprendre quand vous ne penserez plus à tenir l'ordre et la propreté dans votre carrée. Et ça chauffera !

Justine et Lise promirent qu'elles garderaient la chambre propre comme une écuelle à chat dix ans s'il le fallait.

C'était le bonheur à la métairie. Jamais plus on ne connaîtrait chez les Jouannet ces moments de joie naïve et de grande espérance.

2.

Le château de Hautefage appartenait à la commune de Gignac, un village de quelques centaines d'habitants, au sud du département de la Dordogne, sur la rive gauche de la rivière de même nom, à la limite du Périgord noir. C'était un pays de bois clairs et de vertes collines... Au printemps les merisiers, à l'automne les alisiers, sorbiers, pruniers sauvages distribuaient leurs fruits innombrables aux oiseaux. Les noisetiers nourrissaient toute une population d'écureuils. Les collines étaient vertes surtout parce que la terre arable manquait et que la forêt, les prés, les friches, les champs de bruyère et de fougères occupaient les trois quarts du canton.

La mairie et les deux écoles, celle des filles et celle des garçons, l'église et les deux ou trois boutiques, l'atelier du forgeron maréchal-ferrant bordaient l'unique place du village, avec un tilleul à chaque coin. Une place qui devenait chaque samedi un champ de foire très fréquenté et accueillait de temps à autre un cirque ou un bal, et la fête votive en été.

La métairie des Jouannet, une des quinze ou seize que comptait le domaine de Hautefage, se nommait la Petite-Borde. Une vingtaine d'hectares de terres lourdes, de prés envahis par les joncs dans les combes humides, de vieilles vignes mêlées à des vergers de pêchers et de cerisiers au pied d'une colline, entre les bois.

La « ferme du château », la Grande-Forêt exploitée par des domestiques sous la houlette d'Hilaire Bezeau, le régisseur, était plus bas, au milieu des charmes et des châtaigniers. Deux cent soixante-dix hectares, dont presque deux cents de futaies et taillis. Et la métairie du Grand-Bois, la plus éloignée, se découpait en minuscules tranches de terres et de prés parmi les champs de bruyère et les châtaigniers, à trois kilomètres du château.

Tiénot avait un peu plus de onze ans. Il prétendait en avoir douze. Il se tirait d'affaire à l'école, un peu moins à la métairie, où il ne pouvait encore aider son père aux gros travaux. Il voulait toujours devenir aviateur, il couvait des rêves fous pour son avenir, loin de Hautefage. Mais dans la vie de tous les jours, il se distinguait encore par sa naïveté.

— Toi, tu es sensible comme une fille, lui disait Justine. Même plus que moi, tiens. Moi, les sœurs m'ont dressée quand j'étais petite. Et puis, à vivre avec vous, au milieu de la forêt, je me suis endurcie.

— N'empêche que tu cries quand les Bragou te pincent les cuisses ou les fesses !

— Les cuisses, je m'en fous. Mais les fesses, j'aime pas. J'ai peur d'attraper des furoncles dans le troufignon, comme Mlle Julie !

Justine était une fille de l'assistance, elle savait bien que les gens la méprisaient. Ses cheveux châtain foncé encadraient de courtes boucles son minois aux traits chiffonnés pourtant jolis. Elle plaisait aux garçons mais les repoussait avec mépris. Alors les drôles du pays la tourmentaient pour se venger. Dès qu'ils la voyaient, ils se creusaient la tête pour inventer des méchancetés.

Elle n'avait pas tort de se méfier.

Un soir d'hiver, au mois de janvier 1922, ils guettaient ensemble entre la métairie et le chemin. Soudain, Justine eut peur, ou fit semblant. Elle prit la main de Tiénot et se serra contre lui, toute tremblante.

— Qu'est-ce qu'on entend ?

— On entend le vent.

— Il y a autre chose. On croirait... une voix ?

Tiénot répéta :

— C'est le vent.

Mais il n'en était plus si sûr.

La nuit tombait. On aurait dit qu'une chauve-souris géante battait des ailes sur la campagne pour chasser les dernières gouttes de lumière. La terre suintait une noirceur gluante qui montait le long des troncs et des murs. Tiénot observait le crépuscule, cœur battant, gagné par l'angoisse, car sa mère n'était pas rentrée de la ville. Il l'attendait depuis plus d'une heure, dans le froid visqueux et pénétrant.

Le père, malade, toussait et ronchonnait sous l'édredon, dans l'alcôve de la cuisine où s'encoignait le lit des parents avec ses hauts montants coiffés de quatre boules de cuivre. Lisa jouait devant la cheminée avec sa poupée et le chat Catou. De temps en temps, Justine ou Tiénot allaient jeter une bûche dans le feu qui chauffait et éclairait la pièce.

La bise soufflait sur la forêt avec un halètement furieux. On ne la sentait pas trop à la métairie, abritée par la butte de Costebrave, mais on l'entendait siffler et rager au loin. Parfois, après une rafale, une voix désespérée appelait : Au secours, au secours !

Tiénot pensait à sa mère, sans doute égarée au fond des bois, sous la tempête. Puis les cris se changeaient en longs sanglots. Cent voix étouffées pleuraient dans les combes. Aussitôt après, une nouvelle rafale s'abattait sur les futaies nues, d'où montaient de lourds craquements, des miaulements de monstres furieux. Un instant encore, et la rafale éclatait en clameurs et en échos. Et de nouveau, la voix, les pleurs. La « crierie des bois », disait la mère, qui aimait écouter ces bruits sauvages... quand elle était là. La forêt vivait, plus fort même qu'à la belle saison. Tiénot murmura à l'oreille de Justine :

— Tu sais bien, c'est la crierie des bois.

Ils parlaient à voix basse, par respect pour les puissances déchaînées sur leur tête, et aussi parce que l'angoisse leur serrait la gorge. Ils se tenaient là où le coude d'un mur les protégeait de la morsure de la bise, Justine serrée dans son vieux manteau rapiécé, Tiénot sa cape d'écolier sur les épaules, le bonnet ou le béret tiré jusqu'aux yeux. Ils respiraient à plein nez les relents du fumier secoués par le vent, mais ils avaient l'habitude.

De là, on pouvait voir le plat de la forêt et le chemin du château, à gauche, par où surgirait peut-être la mère si elle coupait court à Gignac. Et aussi le chemin de la Cafourche, en face, qu'elle prendrait si elle restait sur la route blanche jusqu'au bord des bois... Peu à peu l'obscurité enveloppait Justine et Tiénot, tout frissonnants. Ils croyaient voir des formes noires d'encre danser entre les arbres, bondir au-dessus des haies, s'envoler vers le ciel où flottaient les dernières lueurs du couchant.

— Je crois toujours entendre quelqu'un qui se plaint, dit Justine. Et je pense à ta mère qui est là-dessous !

— On sait pas si elle y est. Elle connaît le chemin et elle peut se mettre à l'abri si le vent est trop fort.

— C'est quelquefois dangereux de se mettre à l'abri. Les vieilles femmes racontent tout le temps des histoires de gens qui s'étaient mis à l'abri et qui ont fait de mauvaises rencontres.

Tiénot affirma d'une voix mal assurée qu'il ne croyait ni au diable ni aux diableries.

— Et l'Aversier ? Il ne te fait pas peur ?

En Périgord, l'Aversier était une sorte de démon supérieur, plus terrible que Satan et Lucifer réunis. Par chance, on ne le rencontrait pas souvent.

— Je l'ai jamais vu ni entendu. Si je me mettais à l'abri, en cas d'orage ou de neige, j'aurais plutôt peur de tomber sur des brigands qui auraient eu aussi l'idée de s'abriter au même endroit !

Soudain, la crierie des bois devint plus stridente du côté de la Combe noire et de Jouyanne. C'était un bruit vraiment effrayant. Justine prit Tiénot par le cou, elle appuya sa joue contre la sienne.

— J'ai peur. Si on rentrait ?

— Il y a mon père qui tousse tout le temps...

— Pas dans la salle. On pourrait aller dans ma chambre, on se coucherait sur mon lit si tu veux. On se mettrait sous les *couvertes*, on aurait juste le nez et les yeux dehors, hi, hi !

Non, Tiénot ne voulait pas. Il savait bien ce qui se passerait s'ils se mettaient tous les deux sur le lit tout étroit de Justine. Ils devraient tant se serrer qu'ils auraient les jambes mêlées, elle le tiendrait dans ses bras, lui lâcherait son souffle sur la figure. Ses mains s'accrocheraient à ses vêtements, fouilleraient sous sa chemise et peut-être aussi dans sa culotte. Il n'avait pas envie de s'amuser à ça pendant que sa mère était peut-être perdue au fond de la nuit !

Il prétendit qu'il aimait écouter la crierie.

— Tu es fou ! s'écria Justine. Ça fait trop peur !

Pourtant, elle n'insista pas.

— Ta mère a manqué le train. Ou alors, elle a pensé qu'il était trop tard, elle est restée à la gare du Buisson, elle rentrera demain matin.

La gare du Buisson, où on pouvait prendre le chemin de fer pour Bergerac, Agen ou Périgueux, était à plus de quinze kilomètres de Hautefage. En courant presque tout le temps, la Mado ne mettait pas plus de deux heures et demie. Enfin, c'est ce qu'elle prétendait. Souvent, elle rencontrait un paysan en carriole ou jardinière, ou un bourgeois en cabriolet, qui consentait à la charger et la transportait une partie du chemin. Le jour seulement.

— Je ne monterais jamais de nuit dans la voiture d'un inconnu, assurait-elle.

Et elle riait.

— Le soir tombé, tous les hommes se changent en lébérous, en loups-garous, avec une longue queue !

— J'ai peur qu'elle ait pris un raccourci par les bois, dit Justine.

Tiénot l'entendit claquer des dents. Les mots sifflaient entre ses lèvres sèches et collées.

— Et qu'elle se soit perdue ?

C'est ce qu'il craignait aussi, sans l'avouer. La Mado ne se serait jamais perdue en marchant tranquillement au plein jour, mais en courant comme une hase devant les chiens, elle avait pu manquer un chemin, se tromper à une cafourche...

— J'ai froid, dit Justine.

Il lui demanda gentiment d'allumer la lanterne. C'était pour qu'elle aille se mettre au chaud.

— Bon, j'irai voir si les vaches sont tranquilles. Par grand vent, elles s'énervent tout le temps. Si j'en vois qui sont levées, je leur donnerai une poignée de foin.

— Oui, va.

Justine se faufila dans l'étable. Tiénot quitta l'encoignure de la grange. Le vent pinçait, il sentit des picotements sur le dos des mains. La neige ? Un juron de son grand-père lui vint à la bouche :

— Sacré diable !

Aussitôt, il s'entendit appeler.

— C'est toi, Tiénot ?

Un homme sortit de l'ombre et s'avança vers lui. Son grand-père. Il respira si fort qu'il vit tout noir un moment. Quand sa vue s'éclaircit, le grand-père était devant lui, emmitouflé dans sa peau de mouton, plus vieille que le temps, coiffé d'un chapeau à mentonnière, et il riait en grattant sa barbe qui sentait le jus de chique. Il posa sur l'épaule du garçon sa rude main à peine nouée par l'âge.

— *A pa pou*, là. N'aie pas peur, petit.

Septante-quatre ans, soixante-quatorze en bon français, le buste lourd planté sur des jambes maigres, un peu torses, aussi solides que celles des bœufs du château. Le visage tout ridé, les yeux enfoncés sous les arcades sourcilières poilues, des mèches grises qui tombaient sur son front, sous le bord du chapeau... Il balança d'un geste sûr la musette qui lui pendait dans le dos et en tira par les oreilles un gros lapin tout saignant.

— Voilà pour vous autres. Vaudrait mieux le dépouiller ce soir et mettre la peau au fumier. Au cas où le Francou passerait !

Francou, c'était le garde. Les métayers ne le craignaient guère, mais on se méfiait quand même. Tiénot prit le lapin et le laissa pendre contre sa jambe.

— Attention de pas tacher ton pantalon. Mais qu'est-ce que tu attends là ? Tu cherches une bête ?

Tiénot conta qu'il guettait sa mère, partie la veille pour voir son aînée Georgette à Bergerac.

— Jamais elle rentre à la nuit, elle est bien en retard...

— Ah, la Mado, elle a toujours marché comme un petit soldat. Et tu crois qu'en guettant tu la feras venir plus vite ?

Le grand-père aimait bien sa belle-fille. Au contraire de la plupart des vieux du pays, il avait de l'estime pour elle, tout en se moquant un peu de ses façons qui n'étaient pas celles de la campagne. Il baissa son chapeau sur son front, mâchonna sa chique, enfonça une main sous sa peau de mouton et tourna la tête. Il prononça lentement, comme s'il récitait des vers :

— Elle est jamais bien loin, je l'entends déjà qui vient...

C'était peut-être un bout de chanson en patois. Peut-être une façon de dire qu'il ne fallait pas s'inquiéter, que la Mado se débrouillait toujours... Il riait dans sa barbe, mais Tiénot crut un instant qu'il l'avait entendue pour de bon, posa le lapin sur la souche où était fixée l'enclumette à battre les faux et courut vers le chemin. Le grand-père s'éloignait par les prés. La cape de Tiénot lui battait les jambes, ses chaussettes hautes glissèrent et le froid lui pinça les genoux.

Il scruta l'obscurité, ne vit personne.

Il écouta un moment le vent rire et pleurer au fond des bois et battre les branches des ormeaux autour de la maison.

Il revint à la cour. Des flocons minuscules lui fouettèrent la figure. La neige. Il chassa la pensée que sa mère pouvait mourir de froid, seule dans la nuit. Il reprit le lapin et marcha vers l'étable, où une lueur éclairait la lucarne. Il abandonna la bête sur la brouette et poussa doucement la porte. La chaleur l'enveloppa. Les vaches étaient tranquilles. Il écouta leur respiration rauque. Une seule ruminait en secouant sa chaîne. Des bruits rassurants.

Il vit Justine assise sur le tabouret à traire, la lanterne tempête à ses pieds. Elle s'était emmitonnée dans la grosse couverture qu'on posait sur le dos des vaches en vêlage. Ça ne l'empêchait pas de trembler. Elle gémit.

— Tiénot, j'ai mal !

— Tu as froid ?

— J'ai mal au cœur.

Elle se plaignait souvent de douleurs dans la poitrine. Deux ou trois ans plus tôt, un veau échappé dans l'étable, qu'elle essayait d'attraper, l'avait cognée très fort de sa tête aux os déjà durcis. « Ça vient de là », jurait-elle. Mais tout le monde disait que c'était une maladie imaginaire. C'est les poumons, pensa Tiénot. Personne ne se souciait de la santé d'une fille de l'assistance. Il eut pitié d'elle, s'accroupit devant le tabouret et lui prit les mains. Les doigts crispés et froids de la petite fille étaient comme un paquet d'os. Il lui raconta que son grand-père avait apporté un lapin et qu'on le mangerait demain.

— Je m'en fous. Demain, je serai morte !

Il la croyait robuste, malgré son mal de cœur ou de poumons, même si elle tombait dans les pommes pour un rien. Demain, elle serait sur pied, et on mangerait le lapin, à condition que sa mère soit rentrée.

— Tu veux boire un vin chaud avec une écorce d'orange ? J'en ai un morceau caché.

— J'ai la gorge trop serrée pour boire.

Elle lui prit le bras.

— Si ta mère revient pas, ton père va me foutre dehors !

— Tu es folle ! Elle ne va pas mourir...

— Je parle pas qu'elle meure. Peut-être qu'elle en a son sac de la métairie et qu'elle va retourner en ville !

Il ne voulait pas discuter avec elle. Il sortit par le passage de la logette qui menait à la salle, où il entra sans bruit. Son père ronflait derrière le rideau du lit. Lisa s'était endormie sans souper au coin du feu. C'était une poison, mais elle avait un bonheur, elle s'endormait facilement et, pendant ce temps, elle fichait la paix au monde. Tiénot poussa les braises, mit une petite bûche sous la marmite où mijotait le bouillon aux choux. La vieille chienne Bella s'était assoupie à la chaleur du foyer.

Et si Justine avait raison ? Si la mère retournait en ville, comment vivrait-on ? Avec sa bronchite de la guerre, le père restait des jours entiers sans pouvoir se lever. Tiénot était obligé d'aller encore à l'école une année pleine... Les Jouannet ne pourraient plus tenir la métairie, les messieurs-dames les chasseraient de Hautefage. Ils n'auraient plus qu'à mendier par les chemins !

Dehors, il ouvrit grand la bouche, avala un peu de neige. Bien sûr, sa mère avait un secret. Il se doutait bien qu'elle n'allait pas à Bergerac juste pour voir Georgette. Elle ne s'entendait pas avec son aînée. Les deux sœurs de Tiénot, la grande et la petite, pétaient d'orgueil, se croyaient, comme si elles n'étaient pas des filles de métayers. La Mado ne parlait jamais de sa famille, ses parents étaient morts, disait-elle. « Je n'ai plus personne. Je n'ai plus que vous, mes chéris ! » Elle aimait ses enfants, même les deux chipies poseuses.

Jamais elle ne les quitterait.

Tiénot reprit son guet. Les voix portaient loin, maintenant. *Hou-hou-hou !* Un chat-huant s'en allait à la chasse malgré le mauvais temps. Il avait faim.

Tiénot entendit courir derrière lui.

— Titi !

C'était Lisa, elle seule l'appelait Titi. Une vieille veste en laine de Georgette lui tombait presque aux pieds et lui servait de manteau. Elle commença à bourrer son grand frère de tapes dans le dos. Il sentait à peine les petits poings frapper par-dessus sa cape. Elle enrageait de ne pas pouvoir lui faire plus mal.

— Tu es venu à la cuisine en te cachant !

— J'ai pas fait de bruit, tu dormais. Papa aussi.

— Menteur, tu cherchais le sucre !

Elle lui donna un coup de sabot à la jambe. Il eut un peu mal mais se retint de crier. Vilaine drôlette. Elle était jalouse de Justine, détestée par toutes les filles de l'école et malheureuse comme les pierres du chemin. Alors il lui pardonnait.

— Où est maman ?

— Tu sais bien qu'elle est allée voir Georgette. Elle n'est pas encore rentrée, elle a peut-être manqué le train. Je l'attends.

— Menteur. Pourquoi tu l'attends si elle a manqué le train ?

La petite peste avait raison. Ça ne servait à rien d'attendre dans la nuit et le froid. Pourtant il ne pouvait s'empêcher de guetter. Assis près du feu ou à la grange, il aurait eu les nerfs en pelote, il se serait rongé. Pour les nerfs, il tenait d'elle, sa mère. Pas une once de patience, mais comme Justine était pire encore, ça ne se voyait pas trop.

Il poussa Lisa vers la maison.

— Va te mettre au chaud si tu ne veux pas attraper une bronchite.

Elle répondit en le frappant encore, sabot contre sabot.

— Quand papa a la bronchite, il n'est pas obligé de travailler, il peut rester au lit toute la journée !

— La neige commence à tomber. Tu vas avoir très froid.

— J'ai le droit d'attendre avec toi, si je veux !

— C'est vrai. Tu as le droit.

— J'ai même pas envie. Je suis pas assez bête !

Il fit exprès de la provoquer un peu.

— Si, tu es assez bête.

Nouveau coup de pied.

— Cagnot !

C'était un mot de vengeance. La mère lui interdisait de parler patois. « Quand tu seras jeune fille, tu iras en ville, comme Georgette, ou dans un château, comme moi quand... enfin, tu seras obligée de parler français ou on ne t'embauchera pas. »

C'est surtout à cause du français que Lisa ne pouvait pas se faire d'amies. Les autres filles parlaient toujours patois entre elles, à la récréation, en chemin et dans les champs. Elles tenaient Lisa à l'écart et se moquaient d'elle. La petite était crâne, courageuse, elle avait son honneur. Elle ne cédait pas, elle narguait les autres. Et les autres la laissaient seule.

Ouf, elle était partie.

Tiénot releva le capuchon de sa cape. Le vêtement protégeait son cou et ses oreilles mais n'empêchait pas la *souleur*, une âpre tristesse, de couler sur son âme... Ce chagrin mêlé d'angoisse remplissait sa poitrine et ne laissait plus de place pour l'air. Il retenait ses larmes. Il n'allait pas pleurer, quand même, à douze ans bientôt !

Une chouette poussa son cri farceur. Il les aimait bien, les chouettes, mais celle-là, il lui en voulut à mort. Que la buse ou la fouine la bouffe ! L'obscurité devenait plus épaisse de minute en minute. Il tourna le dos au chemin et décida de rejoindre Justine à l'étable. Il fit trois pas et s'arrêta. Non, la mère allait arriver.

Et soudain, il sut qu'elle était là. Pour de bon. Il se mordit la bouche très fort et s'entendit gémir.

Surgie de la nuit, elle se jeta contre son fils.

— Tu m'attendais, mon Tiénot !

Emportée par l'élan, elle tomba et l'entraîna dans sa chute. Ils riaient tous les deux. Elle avait perdu son bonnet. Son chignon dénoué, ses cheveux battaient le visage de Tiénot. Elle lui sembla brûlante de fièvre. Il se releva le premier et l'aida. Elle s'esclaffait et chialait en même temps.

— J'en peux plus, mon Tiénot !

Elle le serrait d'un seul bras, tenait son sac de l'autre, flageolant sur ses jambes. Il voulut lui prendre le sac qui l'encombrait.

— Maman, donne-le moi...

— C'est pas mon sac, hi, hi ! C'est... hi, hi, hi !

Elle riait comme une folle.

— J'ai posé mon sac dans le chemin. On ira le chercher demain, c'est pas grave. J'ai mon argent dans la poche de mon manteau...

Alors, elle brandit l'objet qu'elle tenait et le promena sous ses yeux pour qu'il puisse le voir dans la pâle lueur que renvoyait la neige. Un filet à provisions avec une bouteille dedans, plus qu'à moitié vide. Tiénot pensa que c'était une bouteille de vin. La Mado rit encore en tapant du pied.

— Sans ça j'aurais jamais pu rentrer. Pas ce soir, en tout cas... C'est du quinquina, ça soutient bien.

Il respira son haleine. Elle était soûle, mais elle était là.

— Maman, tu es là, c'est bien.

— Oui, oui, je suis là, et je suis bien contente. Je tiens plus debout, tellement je suis fatiguée !

Sûr qu'elle était fatiguée. Elle avait pris aussi une sacrée muffée pour se soutenir. Tiénot ne se rappelait pas que ça lui soit déjà arrivé.

— Tu as perdu ton bonnet, maman.

— Oui, et aussi ma lampe. Ça ne fait rien. J'ai les sous, je vais m'acheter une bicyclette pour aller à la gare...

Elle entraîna son garçon vers la maison en trébuchant.

— Allons à la grange. On finira la bouteille...

— J'ai pas envie de boire. J'aime pas le quinquina.

— Ça te réchauffera. Tu trembles, tu tiens pas sur tes jambes !

C'était elle qui ne tenait pas sur ses jambes. En tout cas, il préférait la conduire à la grange qu'à la maison, dans l'état où elle était. Il espérait de tout son cœur que Justine ne viendrait pas les surprendre.

La Mado s'écroula sur un tas de foin et de paille mêlés, préparé pour la nourriture des vaches. Pas la moindre lueur, la grange était aussi noire qu'un four. Tiénot essaya de lui enlever la bouteille de quinquina. C'était une grande bouteille d'un litre. Au poids, il se rendit compte qu'elle en avait bu plus de la moitié, peut-être les trois quarts. Elle se défendit en riant et ne lâcha pas le goulot.

— Je peux pas la poser, j'ai perdu le bouchon.

Bon, le mal était fait, tant pis. Il s'agenouilla près d'elle, prit ses mains gelées et les frotta pour le sang. Il pratiquait quelquefois ce geste avec Justine. La mère éclata de rire.

— J'ai perdu un gant, aussi, alors j'ai jeté l'autre. Un seul, il me servait à rien. J'en achèterai une paire, ha, ha !

Elle se mit à fouiller nerveusement les poches de son manteau.

— Ça va, je les ai. Mes sous, hein !

Il voulait demander quels sous, sans oser. Elle leva sa bouteille, se mit à boire au goulot et s'étrangla tout de suite.

— Tu veux pas boire un peu ? Non ? Il faut que je la finisse et puis tu iras la jeter loin !

Il tenta encore une fois de lui reprendre sa fiole.

— Donne-là, je la viderai dehors et puis je la jetterai.

— Non, ça serait dommage de perdre tout ce bon quinquina !

Elle s'étouffa encore en buvant au goulot. Il n'essaya plus de l'empêcher. Tant mieux si elle tombait endormie sur la paille. Il la couvrirait avec des sacs, puisque Justine avait pris la couverture des vaches. Il irait jeter la bouteille, il la casserait même en mille morceaux pour que personne ne voie que c'était une bouteille de quinquina. Puis il reviendrait près de sa mère. Il veillerait sur elle toute la nuit, au cas où elle se lèverait sans conscience et sortirait sous la neige. Elle risquait de tomber et d'attraper une congestion.

Il tenait sa main gauche, celle qui n'était pas cramponnée à la bouteille. Il lui vint tout soudain un grand bonheur. Il aimait sa mère, même si elle n'était pas comme les autres, même si elle se soûlait, même si elle était un peu folle. Et peut-être encore plus à cause de tout ça. Il pouvait l'aider et la protéger, c'était merveilleux !

Elle commença à somnoler. Il lui enleva doucement la bouteille qu'il laissa se vider dans la paille. La mère serra la main de son fils entre ses doigts durs et glacés.

— Mon petit Tiénot, si tu savais...

Il préférait ne pas savoir. Il désirait tellement qu'elle soit heureuse avec les siens, qu'ils soient heureux tous ensemble.

Et maintenant, qu'est-ce qui allait arriver ? Elle se blottit plus profond sous la paille que Tiénot avait tirée et frissonna, de plaisir, peut-être, plus que de froid.

— Je ne partirai jamais d'ici, dit-elle tout bas. J'aime le pays et les gens. Tous les gens. Je me sens heureuse à Hautefage !

3.

Avril 1922. La guerre était finie depuis plus de trois ans. Tiénot avait onze ans et demi. Les coucous rivalisaient d'ardeur au fond des bois, jetaient leur cri comme un appel à la joie du printemps. Cent roulades éclataient dans les lisières, les haies, les fourrés. Les chatons rouges des aulnes balançaient au bord des ruisseaux leurs guirlandes de fête. Les grosses morilles blondes, ou les petites brunes, et les mousserons blancs à la douce odeur de farine ourlaient le bord des prés, où fleurissaient narcisses et jonquilles.

Tiénot était plutôt petit pour son âge, mais vif et robuste. Ses épaules et son torse tiraient sur sa veste sans boutons, et sa culotte courte découvrait ses mollets musclés. Le garçon se sentait un peu ridicule dans ces vêtements d'enfant. Il aurait voulu s'habiller comme un homme, mais sa mère riait aux éclats quand il lui réclamait un pantalon long.

— Tu es bien comme tu es, l'âge des pantalons longs te viendra toujours assez tôt !

Ce jour-là, il gardait les bêtes de la métairie à la Combe noire, un pré étroit, en forte pente, serré entre un bois de chênes et un autre de charmes et d'espèces mêlées, plus touffu et sombre que la forêt de châtaigniers. Souvent, le crépuscule voilait ces fonds une heure avant de tomber sur la plaine et les coteaux clairs. Tout au bas, entre les joncs, une mare peu profonde, refuge des couleuvres et des grenouilles, permettait aux vaches de boire avant de rentrer à l'étable. Quand même, personne n'aimait cet endroit, sauf le comte qui chassait bécasses et bécassines à la saison et protégeait les serpents. Justine refusait d'y garder les vaches.

Tiénot n'était pas tellement rassuré, mais il jouissait de la forêt autour du pré, de la sauvagerie du paysage. Parfois, il s'attardait plus que de raison, en fin d'après-midi, pour le plaisir d'imaginer cent périls et de frissonner quand le soir venait. Il cédait à une sorte de fascination. Il mesurait mètre par mètre la progression de l'ombre vers le haut du pré et laissait les bêtes décider elles-mêmes du retour à l'étable.

Le comte Antoine de Réaux sortit de la forêt par le sentier des merisiers en balançant sa canne-fusil à bout de bras. Le chapeau de travers et les bottes boueuses... Selon son habitude, il parlait seul à mi-voix. De temps en temps, il s'exclamait plus haut, prenait le ciel à témoin, envoyait au diable Poincaré, Briand, Mussolini, Lénine et tous les hommes politiques, qu'il détestait. Pas un ne méritait grâce à ses yeux.

La cinquantaine passée, grand, maigre, un peu voûté, il lançait ses longues jambes comme pour arpenter ses terres, un bon mètre à chaque pas. Ça en faisait, des hectares, autour du château de Hautefage, plus de quatre cents en comptant les bois, et pas moins de quinze métairies. Il se piqua au bord du pré, arrêta de grommeler, considéra en hochant sa tête chevaline le troupeau des Jouannet et Tiénot, le jeune berger.

Au milieu de l'après-midi, le soleil brillait dans un ciel très doux. Tiénot sentait la chaleur du printemps dans tout son corps. Il marcha au devant du comte, son béret à la main droite. Il tenait de l'autre un gros bâton qui lui servait de perche à sauter. Il essayait par cet exercice de durcir ses paumes et de fortifier ses poignets et ses avant-bras, qui en avaient bien besoin. Il lâcha le bâton et porta la main à son crâne découvert. Le comte fit un geste bénisseur vers le troupeau, englobant au passage les prés, la Combe noire, le Plat des Fadettes et la métairie, la Petite-Borde, qu'on apercevait au loin par une trouée entre les bois, le château même, assis sur sa colline comme le bon roi Dagobert sur un trône rustique, toits, tours et hautes fenêtres surplombant les cimes des grands chênes.

Brave homme, familier, bienveillant et plutôt généreux, mais dominé par sa femme, sa sœur et son fils aîné, le militaire, le comte Antoine de Réaux de Hautefage avait régulièrement besoin de s'assurer, par le geste et la parole, que toutes ces terres, ces bois, ces fermes, et même ce grand morceau de ciel au-dessus, lui appartenaient de droit, à lui et à lui seul. En étendant la main sur les gens, les bêtes, la glaise, l'herbe et les fleurs, il se réappropriait un bien que tout le monde, croyait-il, lui disputait, l'État, la commune, les rouges et surtout son envahissante et despotique famille.

— Alors, bonhomme, te voilà au champ sans chien ? Répète donc : Je suis au champ sans chien !

Tiénot répondit que Bella, sa vieille chienne, ne pouvait plus courir après les vaches.

— Ce matin, elle n'a même pas pu me suivre au pré.

— Je sais, la pauvre Bella a fait son temps. Mais répète donc la phrase, que je t'entende un peu.

Tiénot allait entrer dans la classe du certificat au mois d'octobre. Il parlait le français avec facilité, comme sa mère. Il prononça sur un ton de défi, en regardant le comte dans les yeux : « Je suis au champ... » Le maître de Hautefage approuva d'un signe de tête et d'un sourire.

— Bien dit. Encore un effort et tu parleras la langue de Racine mieux que Sarah Bernhardt. Et tes bêtes n'ont pas la crotte au cul, ce qui mérite un bon point !

Le troupeau rassemblait huit vaches en bonne santé, propres comme des jeunes épousées, étrillées, décrassées jusqu'au bout de la queue, pas une croûte de bouse pendant sous le ventre ou aux cuisses. Le père confiait désormais cette tâche à Tiénot, qui y passait une heure ou une heure et demie tous les jeudis matin, plus quelques minutes chaque jour, avant ou après l'école. On était justement jeudi, les bêtes avaient eu leur grosse toilette le jour même. Le cheptel de la Petite-Borde comptait trois blondes de pays et une Limousine rousse, les bêtes de travail reconnaissables à leur corne coupée, la droite pour les gauchères, la gauche pour les droitières. Il y avait aussi la « brette », une laitière de race bretonne, blanche et noire, et trois génisses presque adultes, destinées à la vente, qu'on nourrissait à mi-profit pour le château.

— Bien, marmonna le comte. Tout ça est bien, bien. Mlle Julie apprécie le lait propre. J'espère que tu n'oublies pas de laver le pis de ta brette ?

Tiénot jura qu'il n'oubliait jamais et se promit de faire encore plus attention. M. Antoine éclata de rire.

— Quant à moi, on me paierait d'or en barres que je ne boirais pas une seule goutte de lait !

Tiénot se rengorgeait de tenir conversation avec le châtelain. Il décida de profiter des bonnes dispositions du monsieur pour oser une demande qui lui tenait à cœur. En biaisant un peu tout de même... Il fit mine de s'étonner.

— Perrette n'est pas avec vous, monsieur ?

Perrette était la chienne préférée du comte, une bête de cinq ou six ans, heureux mélange de ces espèces qu'affectionnent les riches. Le comte releva son chapeau de feutre sur son front dégarni et balança en l'air sa canne-fusil sûrement chargée.

— Non, bonhomme. À propos de lait, Perrette se prépare à casser son pot !

Tiénot se raidit pour ne pas bondir en arrière. Il se méfiait de la canne, une arme de mauvaise réputation. La décharge partait n'importe où, à la moindre maladresse, et le comte était plus gauche de ses mains qu'une vache de sa queue.

— Ah, Perrette va avoir ses petits ?

— Comme si tu ne le savais pas ! Le grand événement ne saurait tarder. Cette semaine peut-être. N'importe quand à partir d'aujourd'hui. Tu veux toujours un chiot ? Oui ? Et tes parents sont d'accord ?

— Mes parents veulent bien que je prenne un jeune chien pour remplacer Bella, à condition que je le dresse tout seul à garder les vaches. J'ai regardé mon grand-père en dresser un. Et puis il m'aidera.

— Bon. Tu veux un mâle ?

— Oui, monsieur. J'aimerais bien un rouquin comme Pacha.

— Si Pacha a fait le coup... Avec ces fichus corniauds, on ne peut jurer de rien. Nous verrons. Mais Pitou, le chien de chasse de ton père, est aussi un mâle. Tu n'as pas peur qu'ils se battent ?

— Pitou ne se bat jamais. Il est très bon zigue.

— Oui, très bon zigue, sauf avec mes lapins ! Et ça vous fera trois bêtes à nourrir, si je ne me trompe.

— Bella ne mange presque rien. Et Pitou...

— Pitou chasse pour son compte, je sais. Ne venez pas vous plaindre si Francou lui tire une cartouche dans la tête, un de ces jours. Ma foi, comme dans *Jacquou le Croquant.* Mais je ne suis pas M. de Nansac, grâce à Dieu !

— Je ne voulais pas dire...

— Si, si, c'est ce que tu voulais dire. Tu t'es retenu trop tard. Je m'en fiche, bonhomme. J'ai pris un garde-chasse pour être tranquille sur mes terres et dans mes bois, et parce que Mlle Pauline a insisté. Pourtant ça m'est bien égal que les chiens et les chats des métayers bouffent le quart du gibier ou même la moitié. Je n'aime que le veau et le cochon. Dans le cochon... Dans le cochon, que dit-on ?

— Tout est bon, monsieur.

— C'est bien vrai, tu n'es pas sot. As-tu pensé à un nom pour ton chiot ?

— Je ne sais pas. J'ai cherché...

— Que dirais-tu de Gaspar ? Il y a toujours eu des Gaspar à Hautefage. La plupart étaient roux, si je me souviens bien, et fort braves. Sous le second Empire, un molosse du nom de Gaspar s'est battu la moitié d'une nuit contre les loups.

— Il a fini par être tué ?

— Oui. Les Gaspar de Hautefage ne mouraient jamais dans leur niche, en ces temps. Ça ne te fait pas peur ?

— Non, monsieur le comte. Il n'y a plus de loups en Périgord depuis longtemps, et j'empêcherai mon Gaspar de suivre Pitou à la chasse.

— Je te fais cadeau du nom en même temps que de la bestiole. Le prochain mâle du château s'appellera Tzar. C'est Tante... Mlle Pauline qui l'a décidé. Je songe aussi à une Zélie pour la succession de Perrette.

Le comte s'était retenu trop tard. Il avait failli dire « Tante Jupiter ». Tiénot se fendit d'un petit salut, béret levé et front bas.

— Je vous remercie, monsieur le comte, pour le chiot et pour le nom. Gaspar me plaît.

— Couvre-toi, bonhomme.

Tiénot laissa retomber son béret sur sa tête. Il aimait bien cette façon du comte de l'appeler « bonhomme » au lieu de « mon drôle », comme la plupart des adultes. Obligé de remplacer souvent son père aux travaux de la métairie, il n'était pas encore un jeune homme mais déjà plus un enfant, malgré ses culottes courtes.

— Sais-tu que Mlle Julie m'a demandé une chienne grise ou noire qu'elle appellera La Fumée. Drôle de nom, n'est-ce pas ?

— Oui... Enfin, c'est bien trouvé, je trouve.

— C'est bien trouvé, tu trouves... On ne saurait mieux dire !

Tiénot se sentit rougir. M. Beugnac, le régent, l'instituteur, aurait décrété cette tournure maladroite. Vicieuse, comme il disait parfois, un mot qui donnait la honte aux cancres. Sauf si on voulait faire rire, mais Tiénot n'avait aucune envie de moquer Mlle Julie, la personne qu'il admirait le plus au monde.

— Si Gaspar était bon pour la garde, dit-il sur un ton rêveur, ça serait commode à cause des bohémiens. Ma mère déteste les bohémiens...

— Tous les paysans détestent les bohémiens. Mais la Mado est une personne de caractère, elle crie volontiers plus fort que tout le monde, à part Mlle Pauline. Je devrais la prendre comme régisseur, à la place d'Hilaire Bezeau. Bon, voilà qui est dit. Parlons peu, parlons bien, affaire conclue. Tu pourras choisir ton futur compagnon à la naissance de la portée. Tu l'auras au sevrage.

Le comte adressa au jeune berger un signe de tête aimable et s'en alla en balançant bien haut sa canne. Néanmoins, après avoir marché vingt pas vers le haut du pré, il redescendit jusqu'à Tiénot.

— Hé, on me dit que la Mado... que ta mère a acheté une bicyclette. Est-ce bien vrai ?

— C'est vrai, monsieur le comte. Une Hirondelle de la Manufacture de Saint-Étienne...

— ... qui a dû coûter au moins cinq cents francs. Déjà que ta mère courait comme un chien perdu sur ses petits pieds, avec un vélo on ne la verra plus souvent à la métairie. Elle pédale bien ?

— Elle va même vite !

— En retenant ses cotillons ?

Tiénot eut chaud aux joues. Non, la Mado ne retenait pas toujours ses cotillons. Le comte éclata de rire.

— J'espère la rencontrer un jour de grand vent, ha, ha, ha ! Et qu'en pense ton père ?

— Mon père voulait l'empêcher. Pas à cause de la dépense...

— Ah non ? D'ailleurs, je crois que ta mère a toujours su se procurer l'argent qu'il lui faut pour ses menus frais, par exemple les bas, le fard et le sent-bon. Mais ton père ne sait pas monter à bicyclette... je dis bien *à*... *en* est de mauvais français... Bref, il est jaloux. Et depuis qu'il est malade, il n'a plus la force de s'opposer à sa diablesse de bonne femme. Mado la Sarrasine, ha, ha ! Est-ce bien comme ça que ça se passe chez vous ?

4.

En ce mois de juillet 1922, le pelage de Bella, passé du jaune au gris, tombait par touffes. La pauvre chienne avait maintenant des croûtes aux oreilles, une taie sur les yeux et le souffle rauque. Elle tenait difficilement sur ses pattes torses.

— Brave bête, disait le père. Elle a été de bon service, mais elle a fait son temps

Tiénot ne comprenait pas ces mots. Il ne voulait pas les comprendre. Ceux qu'on aime n'ont jamais fait leur temps. Il interrogea son grand-père. Le pépé Jean avait bonne mémoire, malgré ses soixante-quinze ans. Septante-cinq, disait-il à l'ancienne. Il se souvenait bien.

— Bella avait un an quand je l'ai procurée à tes parents. C'était en treize, l'année d'avant la guerre. Elle a donc dix ans et quelques mois.

— C'est vieux, pour un chien ?

— C'est vieux, c'est pas vieux, ça dépend. Elle aurait mon âge, si c'était une bonne femme. Cette bête est malade, de la panse, du sang, de la peau et des os... Elle se nourrit mal. Elle est tombée dans un puits, début quatorze, tu pourrais te souvenir, tu allais sur tes quatre ans.

— Je me souviens, grand-père. C'est toi qui l'as tirée du trou.

— Oui. C'est comme si je l'avais donnée deux fois à tes parents. Mais elle était restée longtemps dans l'eau froide. Elle a toujours eu des rhumatismes depuis ce temps.

— Des rhumatismes, tu es sûr ?

— Sûr, sûr, autant que raison peut !

Le grand-père avait des expressions bien à lui, tirées du patois, qui sonnaient tout drôle en français. Tiénot insista pour en savoir plus.

— Alors, ça veut dire qu'elle est malade, qu'elle ne meurt pas seulement de vieillesse ?

— Oui, c'est mon idée. Mais ça ne change pas grand-chose.

Pour Tiénot, ça changeait tout. Si Bella était malade, on pouvait la soigner !

D'ici quelques jours, il allait prendre le chiot Gaspar au château.

— On ne va pas garder trois cagnots à la maison, dit le père. Il est temps de tirer une cartouche dans la tête de cette pauvre Bella qui a bien assez souffert !

Tiénot défendit la bonne bête, compagne de son enfance, et obtint pour elle la vie sauve.

— Si on la laissait mourir tranquillement de sa bonne mort ? Elle mange presque rien...

Marius Jouannet soupira, poussant longuement sa respiration sifflante de gazé bronchitique.

— Fais comme tu voudras. Soigne-la bien, elle pourra peut-être encore t'aider à dresser ton Gaspar... si elle tient sur ses pattes jusqu'au printemps prochain. Mais ça serait un miracle !

À la fin de l'hiver, le jeune lascar au poil ras et aux oreilles droites prendrait son service près du troupeau. Tiénot ne supportait pas l'idée que l'arrivée de Gaspar précipiterait la mort de Bella.

Un jour, le vétérinaire passa à la Petite-Borde pour aider la Rouge à vêler. M. Rouffiac venait de Villefranche, chef-lieu du canton voisin. Tiénot croisait quelquefois ce redoutable personnage qui circulait à cheval par beau temps et par temps de pluie dans sa petite voiture à capote, tirée par une jument capricieuse.

— Hé, drôle, tu connais le chemin de... ? Tu peux me dire où habite tel ou tel ?

Le vétérinaire était toujours de méchante humeur, mais Tiénot lui avait rendu service et ne le craignait pas trop. La Rouge heureusement délivrée, car l'homme était habile, le garçon osa lui montrer Bella, en s'excusant. Le bon M. Rouffiac venait de se laver les mains et il n'avait pas envie de toucher encore des saletés. Il poussa la chienne avec le pied, la renversa sur le dos, la tâta du bout de sa botte. Le verdict tomba.

— Ma foi, je ne vois qu'une chose à faire, creuser un trou !

La pauvre Bella avait fermé les yeux comme si elle comprenait. Tiénot tourna la tête pour cacher les larmes qui montaient à ses yeux. C'est peu de dire qu'il avait le cœur gros.

Une idée lui vint peu après. Il avait entendu parler d'une bonne femme qui ôtait le feu et les dartres et guérissait les petits maux des bêtes et des gens. Elle connaissait les recettes, les tisanes, les prières. Et même son souffle, disait-on, aidait les mourants à passer sans souffrance et sans peur. Elle était veuve d'un certain Chaloux, on l'appelait la Chalouse, ou encore la *Toca-braso,* la Touche-braise, parce qu'elle avait la réputation de prendre les tisons dans la main sans se brûler. Et aussi la *blaco,* la sorcière... Certains riaient de ces bêtises, mais les esprits forts n'abondaient pas dans la campagne du Périgord.

Mlle Julie était allée voir la Chalouse pour des furoncles qui la tourmentaient et l'humiliaient, et si mal placés qu'elle ne voulait pas les montrer à un homme, fût-il médecin diplômé. Une semaine plus tard, elle se prétendait guérie et le démontrait volontiers par voltes et entrechats.

La Touche-braise habitait à plus d'une lieue, entre Salles de Belvès et Monpazier. Tiénot réunit ses économies, qui ne se montaient guère à plus de vingt sous. Espérons, se dit-il, que ça suffira pour payer la bonne femme ! Un matin, il chargea la chienne sur une brouette prêtée par Mlle Julie, sans avertir ses parents. Il se doutait bien qu'on ne l'aurait pas laissé perdre une journée et risquer de casser la brouette du château ou celle de la métairie. C'est volontiers, comme toujours, que Mlle Julie lui avait proposé son aide. Ces mensonges lui coûtaient, pourtant il n'avait pas su imaginer d'autre moyen. La fenaison était finie et la moisson pas vraiment commencée, c'était un jour de répit, et Justine ne se fatiguerait pas trop en son absence.

Enfin, le voilà parti, un quignon de pain et une fiole d'eau teintée de vin dans sa musette. La lumière de l'été couvrait les prés fauchés et les bruyères rougissantes. Le ciel tremblait au-dessus de la forêt. Les coquelicots frangeaient de carmin l'or des seigles mûrs. Les papillons peuplaient l'air de leurs danses légères. Trilles, gazouillis et roulades perçaient le crissement sans fin des grillons. Les perdreaux s'envolaient à grands bruits d'ailes. Les cailles filaient, silencieuses, dans les blés et les avoines.

Tiénot poussait sa brouette à travers la campagne noyée d'odeurs. Il roulait sur l'herbe avec prudence, en évitant les trous, les ornières, les gros cailloux, les fossés, les talus, tant pour ménager la roue que pour épargner les secousses à sa passagère, plutôt mal en point. Il s'amusait à écraser les vesses-de-loup au passage.

Les gens qu'il croisait se moquaient de lui.

— Il sera mort avant que tu arrives chez la Touche-braise, ton corniaud ! criaient-ils en patois.

Tiénot devait se reposer de plus en plus souvent. Il n'était pas assez grand pour tenir la brouette bien levée : le bois rêche des brancards lui brûlait les paumes. Il n'avait pas prévu que l'expédition serait tellement au-dessus de ses forces. Il serrait les dents.

Il longea de grands bois, d'où sourdait la fraîcheur et une fiévreuse rumeur. Un faisan se pavanait dans le chemin, sans peur. Il traversa des terres où la moisson était déjà avancée. Les granges et greniers débordaient, les grands gerbiers ronds se bâtissaient autour des maisons. Les odeurs de foin et de paille, brassées par un petit vent d'été, se mêlaient dans l'air sec, lourdes, entêtantes. Une fine poussière flottait sur la campagne, elle piquait le nez et la gorge, la sueur la collait aux yeux et à la peau. Quelquefois, il étouffait. Souvent, les démangeaisons devenaient insupportables, il était obligé de s'arrêter pour se gratter.

Les acacias et les ormeaux s'alignaient le long des chemins et dispensaient une ombre claire, sans fraîcheur. La chienne tirait la langue, il lui versait de temps en temps quelques gouttes d'eau dans la bouche. Il finit par dégotter une mare croupie. Il trempa les mains, les bras jusqu'au coude, et se baigna le visage en tâchant de se boucher le nez. Puis il porta la chienne au bord de l'eau et lui mouilla un peu la tête et les pattes.

Il se sentait à peine mieux pour continuer.

Tiénot arriva enfin à la maison de la Chalouse, les mains en sang, des crampes dans tout le corps. La guérisseuse était en tournée, il dut attendre au moins une heure. Il s'endormit sur un tas de paille, près d'une haie qui embaumait le seringa, sa chienne dans les bras. Puis la Touche-braise fut là, debout à côté de lui. Elle l'observait, les yeux plissés, étonnée et peut-être moqueuse.

Il bondit sur ses pieds. Il s'attendait à voir une très vieille femme, cassée, ridée, l'air un peu sorcière, ou bien une énorme matrone, aux bras puissants pour remettre en place les membres des animaux blessés. Il voyait devant lui une petite bonne femme sèche et droite, sans âge. Son regard clair rayonnait d'énergie et de générosité. Il se prit d'une confiance en elle prompte et entière.

— Je viens, dit-il, enfin je suis venu...

Elle hocha la tête, répondit en patois qu'elle savait bien pourquoi il était là.

— C'est ton cagnot qui est malade, et tu l'as poussé en brouette. Ah, c'est une vieille chienne, elle en peut plus. On fera ce qu'on pourra. Et toi, tu as sué à pousser la brouette. Tu es tout *trempe de chaud* !

Elle mit un genou en terre, se pencha sur Bella, lui caressa les yeux, toucha ses maux. Elle n'avait pas peur de se salir les mains, elle !

Enfin elle se releva.

— Tu peux porter la toutoune dans tes bras jusqu'à la maison ? On va la voir de près. Et vous boirez une lampée tous les deux !

Tiénot souleva Bella, qui lui lécha la figure. Suivant la Toca-braso, il entra dans une petite maison au sol de terre battue et posa la chienne devant le foyer. La femme ranima les braises et mit à chauffer une grande casserole d'eau. Elle sortit d'un placard deux timbales en celluloïd. Ils burent chacun un demi-gobelet de piquette.

— Montre un peu tes mains, mon drôle ! Ah, ce sont les manches de la brouette qui t'ont raclé la peau. Attends que je te lève la brûlure...

Elle souffla sur ses paumes écorchées, marmonna tout bas une formule qu'il ne comprit pas.

— Et maintenant, la brave vieille toutoune.

Elle prononça le mot « vieille », le mot terrible, sur un ton si bienveillant qu'il n'eut pas trop mal au cœur. Puis sur un autre ton, presque gai :

— Eh oui, elle est comme moi, plus toute jeune, ta brave chienne.

La Chalouse s'assit sur un tabouret, ouvrit un pot, étendit sur les plaies du chien une pommade à l'odeur forte, puis lui mouilla les yeux avec l'eau d'un flacon. À la fin, Bella s'ébroua, se leva pour aller boire dans une écuelle, puis revint se coucher aux pieds de la bonne femme.

Celle-ci se mit à lui parler d'une voix douce, mi-français, mi-patois. La chienne posa le museau sur son sabot et la regarda à travers ses taies. La femme s'adressait à elle comme si c'était une personne, et sans doute parlait-elle aussi pour Tiénot qui observait la scène, assis sur la pierre du foyer, tremblant d'espoir.

Il n'avait jamais entendu quelqu'un s'exprimer de cette façon, douce, grave, pourtant sans affliction. Il sentait une vraie tristesse dans la voix de la guérisseuse, mais aussi une foi enjouée, un peu espiègle, qui chassait en douceur la mélancolie.

— Tu as eu ton existence de brave bête, dit-elle au chien. Tu as fait ton devoir ce qu'il fallait ou un peu plus et tu t'es bien amusée, pas vrai ? Maintenant, tu es fatiguée, très fatiguée, et tu voudrais t'en aller. Mais c'est dur, parce que tu as trop aimé tes gens. Ah, tu les as aimés ! Et ça te revient, ça repasse tout le temps dans ta tête, et c'est bon, et ça fait mal aussi...

Tout en parlant, elle promenait la main sur les yeux, la tête et le corps de la chienne. Elle la soignait à sa façon, ou peut-être lui rendait-elle un peu de l'amour que la bonne bête avait donné à « ses gens » pendant sa vie de chien. Elle continua ainsi longtemps. La chienne avait l'air de dormir, cependant en l'observant on la voyait écouter : ses oreilles et ses paupières frémissaient, elle remuait de temps à autre le bout de la queue. La Touche-braise continua ainsi un long moment, comme si elle n'avait rien de mieux à faire que de s'occuper d'un pauvre vieux chien. Et Tiénot écoutait aussi, le cœur serré et brûlant à la fois.

Puis la femme se tut et ne bougea plus. Ils étaient là,

tous les trois, la femme, le garçon et la chienne, silencieux, immobiles. Tiénot songea que la Chalouse allait partir vaquer à ses affaires, elle devait être pressée. Il aurait aimé rester encore. Il lui était reconnaissant de ne pas le mettre dehors tout de suite. Elle leur donnait, à Bella et à lui, quelque chose d'aussi précieux que ses paroles : son temps.

Il n'oublierait jamais ces quelques minutes où le silence était plus fort que les mots. Après une dernière caresse à la chienne, la Touche-braise prit une coloquinte vide sur le dessus de la cheminée et la remplit de pommade.

— Tu la soigneras avec ça.

Tiénot sortit ses pièces, elle accepta un sou « pour la pommade ». L'heure des adieux était venue, la chienne retourna d'elle-même sur la brouette, ce qui fit rire la femme. Elle posa la main sur l'épaule de Tiénot et dit en patois :

— Je ne vais pas te raconter que ta chienne ira au paradis des bêtes, ou des âneries comme ça. Mais elle sera au paradis dans ton cœur et aussi près de toi que vivante. On n'oublie jamais son jeune temps. Dans bien des années, tu seras un homme mûr, un soldat, un père, et encore après, tu te rappelleras tout, et ta chienne ne mourra pas pour toi. Maintenant, un de ces jours, il va falloir quand même vous séparer un moment pour qu'elle prenne sa place ici...

Elle promena la main dans les cheveux du garçon et lui frappa la poitrine de ses dures phalanges.

— Prépare-toi, mon gars, c'est la vie avec du bon et du mauvais. Crois-moi, elle vaut la peine d'être vécue !

Il fallut rentrer. Tiénot était las, il avait mal aux épaules, aux bras, aux mains, aux genoux. Il marchait lentement, avec précaution, il évitait les creux, les bosses, les pavés, pour ne pas abîmer la précieuse brouette de Mlle Julie.

Un moment, il s'arrêta, lâcha les mancherons de la brouette et s'assit sur un talus.

— *Séi bien fatigat* ! dit-il à la chienne qui comprenait mieux le patois. Je suis bien fatigué.

Et il éclata de rire. Le maître d'école, M. Beugnac, interdisait à ses élèves de parler patois, sauf en cas de nécessité absolue, par exemple devant une personne âgée qui n'entendait pas le français. Les grands du cours moyen et du certificat écopaient une amende de dix ou vingt lignes s'ils se faisaient surprendre à « baragouiner paysan ». Tiénot regarda ses mains. Dans l'état où elles étaient, il n'aurait pas pu écrire une seule ligne !

Il se détourna pour pisser, puis empoigna de nouveau les brancards. À ce moment, la chienne leva la tête vers lui, comme si elle comprenait les mots qu'il venait de prononcer. Il n'oublierait jamais le regard de ses doux yeux, un peu voilés. Le temps d'un éclair, il put lire dans ses prunelles ternies une compréhension et une tendresse infinies. Puis elle se dressa sur ses pattes de devant et essaya de sauter à terre. Il voulut la retenir. « Non... » Trop tard. Elle se reçut tant bien que mal sur l'herbe du fossé et se mit à trottiner bravement au bord du chemin.

— Te voilà guérie, ma Bella !

Pas tout à fait guérie, quand même. Elle trébuchait sur ses pattes de derrière, sa croupe suivait mal et ployait parfois de côté. Elle s'arrêtait de temps à autre, levait le museau pour respirer en haletant un peu. Son souffle lui battait les côtes. La sueur collait son poil qui ne frisait plus du tout.

Elle mourut en arrivant à la métairie.

5.

Elle devait avoir vingt-deux ou vingt-trois ans, la belle demoiselle aux cheveux brun clair et châtain roux, Julie de Réaux.

Elle se promenait presque tous les jours seule dans la campagne, parfois montée sur sa jument Cléo ou tirée par Muse dans son cabriolet, mais bien plus souvent à pied, entre le château, les métairies et les bois. L'hiver, elle allait vêtue d'un manteau bleu ou vert, chaussée de bottes vernies, l'été d'une robe blanche, ornée de mille dentelles, des espadrilles aux pieds. Dès le premier printemps, elle se coiffait d'une capeline claire et balançait une ombrelle quasi transparente. Elle allait parfois droit devant elle, d'un pas décidé, pressé, combatif. Ou bien elle marchait si doucement qu'on l'aurait crue presque immobile. Elle flânait sans but, se penchait sur une fleur, se détournait pour un nid, s'arrêtait les yeux en l'air pour un oiseau ou un nuage...

Elle aimait déambuler dans l'ombre sous les peupliers, les bouleaux et les trembles qui s'éparpillaient en colonies blanchâtres au creux des combes humides. Et aussi bien en plein soleil, dans les prés pentus de Costebrave, entre le château et les fermes et métairies, la Grande-Forêt, la Petite-Borde, Fondouce, Gervinie, la Vidalie, Jouyanne, La Mouthe du Loup... C'était aussi, pour une part, le territoire de Tiénot, l'enfant solitaire, sauvageon, amoureux de la nature. Il avait fini par connaître les horaires habituels de la demoiselle et ses lieux de prédilection. Il l'espionnait sans vergogne, simplement pour le plaisir de la voir sans être vu.

Quelquefois, ignorant qu'elle était observée, elle ôtait son chapeau et dénouait son chignon fait d'une boule de torsades. Elle laissait couler sur ses épaules sa chevelure pareille à une aile ou une flamme. Il la suivait à bonne distance, intimidé autant que fasciné. Elle s'asseyait parfois sur une pierre, un tronc couché. Souvent, une manche de sa robe, déboutonnée, glissait sur son poignet, découvrait son bras jusqu'au creux du coude.

Tiénot retenait sa respiration.

Elle cueillait une fleur, appelait les oiseaux, répondait à leurs cris en s'essayant à siffler, tête levée, lèvres avancées. Quelquefois, dans les prés, les chevaux et les ânes du château s'approchaient d'elle d'un air à la fois paisible et décidé, le front baissé et les oreilles inclinées vers l'avant. Ils s'arrêtaient et la regardaient.

Tiénot avançait à pas d'Indien, le cœur battant la chamade. Il ne voulait pas manquer le merveilleux moment où elle se décoiffait, où sa chevelure enflait dans les rayons du jour, bouffait sur sa tête, noyait son visage... Elle se tenait immobile quelques secondes, le cou un peu penché sur le côté, les yeux cachés par le flot de la chevelure, les paupières peut-être closes. Et le soleil, filtré par les feuillages, éclatait en mille rayons autour d'elle, sur sa robe, sur ses cheveux d'ombre et de feu, sur sa peau mate un peu rosie par la chaleur et l'effort de la marche. Elle secouait la tête et sa crinière léonine se gonflait encore, roulait sur ses épaules et sur son corsage, se dépliait dans son dos. Puis elle ramassait son ombrelle et s'en allait en gambadant, sans hâte.

Un jour, elle marchait dans un chemin creux, du côté du moulin de Gervinie, décoiffée et son ombrelle sous le bras. Tiénot la suivait par un sentier en surplomb. Il respirait son parfum, à peine distinct du parfum des fleurs sauvages : suave comme l'églantine, poivré comme la fleur de myrte, musqué comme le muguet, citronné comme la mélisse... Elle ne mettait jamais de « sent-bon » au château ni au village ou quand elle visitait les métairies. Alors, pourquoi se parfumait-elle pour se promener seule ? Insondable mystère de l'âme féminine, songeait le jeune Tiénot... pas tout à fait en ces termes.

Soudain, un nuage creva, l'averse chiffonna les feuilles, martela l'herbe et la terre. La demoiselle se réfugia dans une grange, qui servait aussi d'abri pour les moutons du château, au lieu-dit Jouyanne-basse. Tiénot entra de l'autre côté du bâtiment et se dissimula sous un tas de foin. Mlle Julie avait quitté sa robe. Elle la secoua, la mit à sécher, puis, pour se réchauffer, elle dansa en jupon.

Elle chanta et dansa pour elle seule, grave et gaie à la fois. Elle n'était plus Mlle de Réaux, la fille des maîtres du château, mais une femme-fée dont le jeune Tiénot était fol amoureux.

Tiénot admirait aussi deux jeunes femmes, ses voisines, la Marguerite Pantissou, une belle jument brune qu'on appelait la veuve Savon, et Henriette Dupoux, la Poussinette, une petite rousse mignonne à la chevelure de feu.

Il rendait visite à la veuve chaque fois qu'il trouvait le temps et l'occasion, et tâchait de lui rendre de menus services. En échange de quoi, elle lui décrassait le museau avec une main de toilette, qu'elle appelait un gant. Le museau et quelquefois d'autres parties plus secrètes. Veuve de guerre, dans la trentaine, elle avait la manie de se laver au savon presque tous les jours. Elle achetait des savonnettes chères, parfumées à la rose, à la violette, à la lavande, aux amandes amères. Elle se plaignait de « sentir la mort » depuis que son Georges avait été tué aux Éparges, en 1915. Les matrones et les femmes de bon sens la disputaient.

— Si tu continues de t'enlever ton odeur de femme en te frottant au savon, tu ne trouveras plus jamais d'homme !

La veuve riait.

— Il y en a qui aiment le propre, vous savez. Surtout les jeunes...

On disait qu'elle ne portait pas de pantalon en été. Les méchants contaient aussi qu'elle pouvait couver les œufs de ses poules, tant elle avait les fesses chaudes.

— Seulement quand une *clouque* abandonne le nid un ou deux jours avant que les poussins sortent ! avouait-elle en riant.

Tiénot admirait ses yeux très clairs sous ses cheveux presque noirs. La poitrine haute et pleine, les hanches rondes, musclée et forte comme un troupier, la peau mate et lisse, elle avait tout pour plaire aux hommes. Mais ceux qui restaient ne lui convenaient pas, même avec une pension. Elle préférait vivre seule, à la Mouthe du Loup, une petite maison noyée dans les glycines, aussi propre qu'elle. Certains soirs des journaliers jeunes et gaillards la rejoignaient derrière les rideaux qui ressemblaient à des robes de poupée.

Elle possédait une oie apprivoisée nommée Tantine qui lui servait de chien, lâchait des cris stridents et la défendait du bec. La bestiole ne manquait pas de charger Tiénot à chacune de ses visites, le cou tendu, le bec ouvert. On aurait juré un vieux jars, mais c'était bien une femelle.

— Faut pas croire, disait la veuve, que seuls les hommes savent se battre ! Tantine, viens ici.

L'oie obéissait. La veuve lui jetait quelques grains de maïs qu'elle picorait goulûment. Puis elle se penchait sur le jeune visiteur.

— Elle ne t'a pas mordu, au moins ? Montre-moi tes cuisses, je vais te mettre un peu d'huile.

Coco, le petit-fils de mémé Nanie, un gros garçon de

dix-huit ans à peu près, simplet, bavard et vantard, lui avait dit à l'oreille, comme un secret :

— Bientôt, tu pourras marier la Savon si elle te fait envie...

— Moi ? !

Coco se reconnaissait à sa face lunaire, à demi recouverte par un béret immense qui tombait sur son front et ses oreilles, à son menton fourchu et à ses culottes courtes qu'il portait par tous les temps. Un eczéma que la Tocabraso n'avait jamais réussi à guérir rongeait ses maigres quilles et il ne supportait pas les étoffes sur ses plaies. Il avait appris trois mots de français au château, comprenait tout de travers, parlait de même et se croyait malin.

Tiénot avoua qu'il n'avait aucune envie d'épouser une veuve qui aurait pu être sa mère.

— *Ei uno bello fenno*, répétait Coco d'un air pensif. Tu pourras la marier quand tu auras quatorze ans et demi...

— Pourquoi quatorze ans et demi ?

— C'est la loi. Parce que les veuves dégotent plus de mari. Moi, je l'aurais bien mariée, mais elle aime pas mes putains d'*azémas* !

6.

Ainsi vivait-on à Gignac, Hautefage, la Petite-Borde et les environs, presque heureux, en tout cas assez paisiblement, après les années d'épreuves et de détresse de la guerre. Ainsi vivaient les Jouannet, malgré les menaces toujours présentes de la maladie et de la pauvreté. Malgré encore l'inquiétant secret de la Mado, ses bizarreries, ses cachotteries, ses sempiternels voyages à Bergerac.

La bicyclette facilitait ses allées et venues... elle n'en voyageait que plus ! Elle s'absentait au moins deux fois par mois, sans explication, si ce n'est son habituel demi-mensonge :

— Bon, alors, je vais voir Georgette !

Elle rapportait de plus en plus de cadeaux pour Justine, Lisa et Tiénot, surtout des vêtements. Tiénot aurait aimé des livres, mais il n'osait pas les demander. Elle avait commencé à renouveler le vestiaire du père, qui avait fini d'user ses vêtements d'avant-guerre. Où prenait-elle les sous ?

— Ta mère a peut-être rencontré quelqu'un de quand elle était jeune, supputait Justine.

— Quelqu'un qui lui donne de l'argent ?

— Moi aussi, quand je serai grande, je connaîtrai quelqu'un qui me donnera de l'argent !

Non seulement Justine était maligne comme une petite

guenon, mais elle avait l'oreille au guet. Presque chaque jour, elle allait travailler au château une heure ou deux. Elle entendait les racontars des servantes, écoutait aux portes, ajoutait deux et deux pour faire cinq.

Tiénot aussi s'échappait de temps en temps pour aller au château. La demoiselle lui demandait de petits services, plutôt pour le plaisir de le commander, de bavarder et de jouer à cache-cache avec lui dans les massifs de buis que par vraie nécessité.

Le manoir de Hautefage se haussait du col sur la vaste terrasse qui le portait. Les feuillages touffus des grands chênes dissimulaient plus qu'à moitié les deux tourelles, une mer de toitures, de toutes formes et de toutes hauteurs. Une trentaine de fenêtres et portes-fenêtres s'ouvraient sur la façade principale. Des deux côtés les dépendances, plus basses, épaulaient le bâtiment principal. Et devant, les jardins s'étalaient, foisonnants, parterres, massifs, plates-bandes, tonnelles buissonnantes de roses à la saison....

Quand Tiénot arrivait à deux ou trois cents mètres, il ne pouvait résister à son envie, il se mettait à courir comme s'il allait vers la terre promise. Les chiens, Perrette et Tzar, lui faisaient fête. Les jardins étaient son domaine. Il aidait la demoiselle, qui craignait les épines et les pollens des fleurs, et le jardinier invalide, Jeantou, dit Pè-Tord, qui avait du mal à monter aux échelles. Le bonhomme touchait une pension de guerre et ne se fatiguait pas trop.

— Putain de caisson, qui m'a écrasé la patte !

Marius Jouannet ne touchait presque rien du gouvernement pour ses poumons brûlés, il ne cachait pas sa jalousie.

— Pè-Tord, ah oui, il l'a mise exprès, sa patte, sous la roue du caisson. Y en a qui ont été fusillés pour moins que ça !

Et Jeantou rétorquait, un sourire mauvais sur sa lippe :

— C'est vrai qu'il touche pas gros de pension, le Marius. Peut-être qu'il est pas si malade qu'il le dit !

Pè-Tord aussi était jaloux du père, qui avait la Mado. Tiénot avait surpris deux ou trois fois ses confidences à Mlle Julie.

— Je donnerais bien ma bonne jambe pour les genoux de la Mado...

— Oh, Jeantou, vous êtes un malotru !

Ou bien :

— Le pauvre Marius, avec ses poumons *coufis*, il doit être vite essoufflé sous l'édredon, ha, ha !

— Jeantou, ne m'obligez pas à me boucher les oreilles !

Elle ne se bouchait pas les oreilles, elle écoutait, rêveuse, en soupirant, les joues roses et les yeux baissés

— Je vous oblige pas, mademoiselle. Et puis vous savez bien que la Mado, elle en demande. Même le Frédo lui court après ! Même cette canaille de Joseph Sembat !

— Jeantou, si vous n'arrêtez pas vos calomnies, je vais prier mon père de vous chasser du château !

Mais le ton de sa voix démentait son propos. Le jardinier entendait : Continue, bonhomme, ton histoire m'intéresse. Et il se rengorgeait.

— Me chasser, moi, un grand invalide de guerre ? Monsieur le comte ne ferait jamais ça.

— Il ne vous donnerait peut-être pas vos huit jours, mais il vous enverrait à la ferme, sous la coupe d'Hilaire Bezeau. Ça vous plairait ? Vous ne me verriez plus... et encore moins la Mado !

Malgré les avertissements de la demoiselle, Pè-Tord revenait toujours à son idée fixe. Elle seule l'écoutait. Les servantes se moquaient de lui et répondaient à ses gaillardises par d'autres plus crues et fort déplaisantes pour le bonhomme.

— Ah, mademoiselle, ce n'est pas juste. Marius a la Mado et moi pas plus de femme qu'au chemin des Dames ! Ha, ha !

— D'abord, vous n'avez jamais été au chemin des Dames. Et puis si vous vous en donniez la peine, avec votre pension et votre emploi chez nous, vous trouveriez une gentille veuve à épouser. Vous ne seriez plus seul sous l'édredon, mon ami.

— Oh oui, une veuve sèche et jaune, qui ne ressemblerait pas plus à la Mado qu'une mule de débardage à votre jument Cléo ! Et regardez Sosthène Guigou, dit Cambo dé boï, le pauvre qu'il a son pilon qui le blesse et pas de femme non plus. La pire veuve ne veut point de lui !

— Tout ce que je vous demande, c'est de laisser la Mado tranquille. Pensez qu'elle a trois enfants et un mari invalide.

— C'est à Frédo que vous devriez le dire, ou à Joseph Sembat !

— Et la Marguerite Pantissou ? Elle est bien accorte et même plus jeune que la Mado. Lui avez-vous proposé le mariage ?

— La *viouso* Saboun ? La veuve Savon qui dandine du cul comme un sonneur ! Je veux pas qu'on me récure du matin au soir. Et puis elle préfère les tout jeunets, ils se laissent mieux savonner. Sûr qu'elle les prendra bientôt au berceau !

Tiénot savait bien que son ami Frédo avait le béguin pour sa mère. Il n'y voyait rien de mal. Il était même plutôt fier. Et ça valait en plus aux Jouannet de petits avantages, comme des réparations gratuites d'outils et de matériel. Le père maniait mal la pince et le tournevis et appréciait le renfort de l'ingénieux Alfred.

Tiénot se méfiait davantage de Joseph Sembat, le journalier, ce bonhomme sans vergogne. Quant à Pè-Tord, il lui en voulait un peu de toucher plus d'argent du gouvernement que son père. Mais le jardinier lui donnait souvent des bouquets pour sa mère et il les rapportait à la maison, fier comme un artiste.

Il aimait bien les histoires de béguin. Il en avait quatre, en comptant la gentille Ninette, la femme de Frédo. Une veuve, une femme mariée et deux jeunes filles. Hélas, Mlle Julie, la passion de sa vie, épouserait bientôt un « de », peut-être un vicomte, et quitterait Hautefage pour aller vivre dans son château. Le vicomte, on le voyait régulièrement à Hautefage depuis quelques mois. Il accompagnait même le comte Antoine à la chasse. Il traversait quelquefois les jardins, en compagnie de la demoiselle, qui marchait toujours à deux ou trois pas de lui, devant, derrière ou sur le côté. Il saluait les domestiques d'un signe distrait. Tiénot soulevait bien haut son béret.

— Bonjour, monsieur le vicomte !

Jeantou se contentait de toucher son galure du bout des doigts, privilège d'un grand blessé de guerre. N'importe. Un des deux aurait baissé sa culotte en guise de salut que le vicomte ne s'en serait même pas aperçu !

Oui, Tiénot aimait Mlle Julie d'un amour de roman, pour la vie, et sans espoir, sauf celui, guère consolant, de la voir nue en rêve. Néanmoins on n'est pas de bois, et Ninette, fort appétissante dans son genre, ne manquait jamais une occasion de dévoiler ses charmes à qui voulait les admirer. Cette grande fille, aux épaules fortes, à la poitrine haute, se tenait toujours très droite, les mains sur ses hanches rondes. Ses boucles claires moussaient sous son bonnet, un sourire moqueur et tendre éclairait son regard et plissait ses lèvres.

Elle invitait quelquefois Tiénot chez elle pour lui offrir une limonade ou un chocolat. Le couple disposait, au-dessus de la lingerie, de deux pièces où Frédo n'entrait que pour dormir et où elle s'ennuyait seule, son service fini. Jolie brune, mince de visage mais charnue de corps, juste assez grande pour n'avoir pas l'air grasse. « Bien dotée, disait Frédo, en miches et tétins. » Et il ajoutait sans façon :

— C'est pour ces quatre raisons que je l'ai épousée...

Elle ne se fâchait pas, riait avec son mari.

— Et aussi parce que je te donnais ton bain dans la baignoire de madame comme à un gros bébé. Et je te frottais sans oublier aucun endroit !

— Tu faisais la même chose à la demoiselle, avoue. Alors, mettons six raisons en comptant tes douces mains.

— Et ma bouche, elle ne vaut rien ?

— Huit raisons !

Frédo venait de la ville, et Ninette, d'après la cuisinière, avait appris son métier de femme de chambre chez une cocotte de Bergerac. Tiénot ne savait pas trop ce qu'était une cocotte, mais il ne demandait qu'à s'instruire. Il assistait bouche bée à leur petit théâtre. Il se disait : « Frédo compte la bouche pour deux, à cause des deux lèvres, c'est juste... » Ninette se dandinait, provocante, comme une poule qui tourne autour du coq, et s'offrait le mot de la fin.

— Sois chic, mon Alfred. Mets-en deux de plus, ça fera dix !

Et Tiénot essayait de deviner où nichaient ces deux raisons-là.

Tandis qu'il sirotait sa limonade ou son chocolat, elle se cachait à moitié, ou au quart, derrière un paravent à dessins chinois pour ôter ses vêtements de jour et enfiler une robe de chambre.

— Il faut bien que j'use les robes de chambre que me donne la demoiselle. Jamais elle ne les garde plus de deux ou trois mois, et je suis la seule qui puisse les porter. Les autres sont trop grosses ou trop grandes ou trop mal fichues !

Et une fois...

— Tiens, cette mauve, je l'étrenne, elle est neuve. Enfin, je me comprends, la demoiselle vient de me la donner. Je ne l'ai pas encore lavée, je préfère garder son parfum. Sens...

Elle ouvrit la robe, releva les pans et les mit sous le nez de Tiénot.

— Tu reconnais son parfum ? Et là, le mien ?

Elle posa la main sur la nuque du garçon et attira sa figure sur ses dessous.

— Mlle Julie est une jeune fille, tu comprends, et moi une femme mariée. C'est différent !

Tiénot avait les joues en feu, la tête lui dansait sur les épaules. Il se disait : Si Frédo entre par surprise, il va bien rire. Rire de moi, c'est sûr !

Et s'il se fâchait ? Non, il ne se fâchait jamais.

Pour finir, Ninette embrassait Tiénot sur le front et le chassait d'une tape sur les fesses. Ou bien elle le prenait par la main pour le guider à travers le château et lui faire visiter telle ou telle pièce, tel recoin secret, telle commodité, genre cabinet ou buanderie. Tiénot admirait les vastes cheminées plus que les pièces immenses, les nombreux couloirs, les meubles si lisses et si brillants qu'ils semblaient fabriqués de bois précieux et inconnus, les fauteuils et canapés sur lesquels aucun fils de métayer ne poserait jamais ses fesses... Certaines cheminées auraient pu recevoir un tronc entier. Jeantou, qui avait la charge de les alimenter, y consacrait les trois quarts de son temps en hiver. Quelques-unes, celles des salons, deux en bas, une à l'étage, disposaient d'un cantou, avec bancs et tabourets, presque aussi grand qu'une cuisine de paysans. Toute une famille s'y serait sentie à l'aise, pourtant on n'y voyait presque jamais personne. Quel dommage !

Ninette préférait les lieux, comme elle disait par respect, ou encore les waters, qui faisaient sa gloire et son bonheur.

— Tu sais qu'au château de Lambertie, ils n'ont qu'une seule commodité à l'intérieur. C'est miteux. Ici, on a quatre waters, plus celui de la cuisine, en bas, et celui des écuries, dehors. Il y en a deux que tu ne verras pas, parce qu'ils sont avec les cabinets de toilette, dans les chambres de nos messieurs-dames. Mais les deux des couloirs, au rez-de-chaussée et à l'étage, tu pourras y aller, ils sont pour tout le monde, les maîtres, les invités, les domestiques et même les ouvriers qui viennent pour l'entretien. Et aussi bien tenus, avec du papier de soie... C'est qu'on est bien traités, dans cette maison, comme des vraies personnes. Tiens, l'été dernier, il y a un plâtrier qui y allait tout le temps, pour le plaisir. Il m'a dit qu'il avait encore jamais cagué dans un château et qu'il s'était encore jamais essuyé le derrière avec du papier de soie ! Tu ne veux pas les essayer ? Quand tu es chez toi, tu fais pipi dehors, comme tous les paysans, et à l'école les cabinets ne sont pas propres. Au château, ils sont nickel. C'est mon travail d'y veiller... Attention, pas de nettoyer, mais de regarder tous les jours. Et s'il y a des saletés, j'envoie la mère Prune... et pas pour des prunes !

Ninette était aussi fière des cabinets du château que des soixante-quinze portes et fenêtres, tout compté, devant, derrière, en haut en bas, mais sans les lucarnes, œils-de-bœuf, tabatières et vasistas.

— Ça coûte cher en impôts, toutes ces ouvertures, disait-elle avec mélancolie. Le château de Cavalerie, près de Bergerac, en a trois-cent-soixante-cinq, autant que de jours dans l'année. Je voudrais bien les compter moi-même. Ça m'empêche de dormir rien que d'y penser !

La mère Prune était la servante vouée aux tâches pénibles, ennuyeuses et sales. Cette femme du pays rentrait chez elle tous les soirs et revenait tous les matins à l'aube, presque une lieue deux fois par jour. Elle avait à la maison un grand garçon simplet et deux fillettes de l'assistance, dont une de l'âge de Justine, qui gardait l'imbécile. Elle ne se plaignait jamais, ne prononçait jamais plus de trois mots à la suite. Elle devait son *chafre*, son surnom, à son air noiraud et à une tache de vin de vin violacée sur la joue.

Un jour, Tiénot la croisa dans le couloir des commodités principales, le corridor du rez-de-chaussée. Elle lui prit le bras et lui demanda en patois s'il était bien le gouillat de la Mado ? Surpris, Tiénot resta sans voix jusqu'à ce qu'elle se mette à rire, la main devant sa bouche. Elle savait donc rire, la mère Prune ? Il reconnut qu'il était bien le garçon de la Mado.

— Tu veux me faire plaisir et à ta mère en même temps ?

Elle parlait à voix basse, toujours en patois. Sûr qu'il voulait. Elle lui tint alors le plus long discours de sa vie.

— Quand tu viens au château, va donc aux cabinets. Chaque fois, tu prendras une douzaine de feuilles de papier de soie qu'on s'en sert pour s'essuyer. Les messieurs-dames les comptent pas, c'est moi qui les en mets tant qu'il faut et même plus. On les achète par mille... Alors, tu bourres tes poches et tu donnes les papiers à ta mère. Elle sera contente, ça lui rappellera sa jeunesse.

Voilà un renseignement qui ne lui tomba pas à côté de l'oreille. La Mado avait donc passé sa jeunesse dans une maison où on s'essuyait les fesses au papier de soie ! L'idée de la mère Prune lui parut bonne, il décida de la mettre tout de suite en application. La première fois qu'il osa entrer dans les gogues du rez-de-chaussée, trois fois grands comme sa chambre, il était si intimidé qu'il ne réussit pas à pisser une goutte. Il finit par s'habituer, mais pas pour caguer : il n'avait jamais besoin au bon moment.

Chaque fois qu'il travaillait au jardin, il demandait la permission d'aller aux cabinets. Jeantou rigolait.

— Pourquoi tu pisses pas dans les buis, comme moi ? Alors c'est peut-être pour poser culotte ? Tu aimes t'essuyer les fesses au papier de soie ! Ha, ha, tu es bien le fils de la Mado !

La demoiselle, au contraire, le félicitait.

— Les enfants de la campagne doivent apprendre très jeunes à faire leurs besoins aux cabinets... enfin, s'il y en a chez eux.

Tante Jupiter avait exigé que chaque métairie ait son édicule, pas trop loin de la maison, pas trop près non plus. Celui des Jouannet était bien placé, dans le jardin, et on pouvait s'y rendre sous la pluie presque sans se mouiller.

Quand il eut récupéré une grosse poignée de papier de soie, il en fit un paquet pour sa mère, qui s'extasia.

— Quelle bonne idée ! Comme tu es gentil, mon Tiénot ! Rien ne pouvait me faire plus plaisir. Même en ville, la plupart des gens s'essuient avec du papier journal qu'ils économisent comme leur costume de mariage. Je connais une famille de quatre qui s'arrangent pour que *Le Pèlerin* et *Le Chasseur français* leur fassent tout le mois !

Tiénot avait d'autres amis parmi les domestiques. La vieille cuisinière, mémé Nanie, lui gardait de temps à autre un bon morceau dans les restes de viande. Andréa, la lingère, ses ciseaux toujours pendants à sa ceinture, était parmi les servantes une sorte de contremaîtresse. Elle lui parlait quelquefois de ses parents qui avaient été tous les deux domestiques au château avant de se marier.

— Je suis chez les comtes depuis trente-six ans, mon drôle. À l'époque, on était plus souvent à Puyrobert qu'à Hautefage. Tu sais que nos messieurs ont dû vendre Puyrobert pour payer toutes leurs dépenses et doter Mlle Marie-Antoinette. C'est bien triste. Enfin, moi, je préfère Hautefage. On est vraiment chez soi, ici, au milieu des bois. Ton père est entré au service vers 1900 pour s'occuper des chevaux. Il y en avait une bonne vingtaine, surtout des juments. Le comte Joseph faisait de la reproduction, on appelle ça un haras. Ton père était bon soigneur, le comte Joseph l'aimait bien. Mais quel caractère, toujours de mauvaise humeur, à engueuler tout un chacun, même les maîtres. M. Antoine ne pouvait pas le supporter. Mais le comte Joseph tenait à lui, surtout faute de mettre la main sur un remplaçant qui s'occupe bien des chevaux. Ton père montait aussi, et il était joli homme, ah oui, pour ça ! Les comtes, ça les posait devant les autres « de », un palefrenier, comme on dit, qui avait du chic.

« Puis la Mado est arrivée, ça devait être en 1904. Elle avait juste vingt et un ans, si je me souviens. On croirait qu'elle avait attendu d'être majeure pour se tirer des flûtes. Belle fille et très propre. Elle a plu tout de suite. Elle savait s'y prendre avec les dames... et même avec les messieurs. Veux-tu que je te dise ?

Un jour, ainsi, l'Andréa s'était penchée vers Tiénot et lui avait soufflé à l'oreille :

— Ah, la Mado, c'était quelqu'un de bien. Autre chose que la Ninette. Celle-là !

Par Andréa, Tiénot apprit donc comment ses parents s'étaient connus. Ils n'en parlaient jamais à la maison. Ou s'ils échangeaient parfois, à ce sujet, des confidences aigres-douces, ils se gardaient des oreilles enfantines. Le père racontait la guerre. Pour la mère, le passé devait rester caché. Tiénot lui avait toujours connu le goût des secrets. Il finissait par croire qu'elle n'avait pas connu d'enfance ni de jeunesse.

Il questionna les domestiques qui l'avaient fréquentée au château. Nanie, la cuisinière, l'Andréa, bien sûr, et même la mère Prune. Nanie chassait ses questions comme des mouches sales.

— J'ai plus mémoire de cette époque. Demande à ta mère.

L'Andréa lui répondait d'abondance, mais toujours un peu à côté. Elle ne voulait pas trahir les secrets de la Mado. Marius Jouannet, lui, n'en avait pas. La lingère vantait ses mérites, déballait ses frasques. Et puis ce qu'elle aimait surtout, c'était célébrer la gloire des Réaux au temps de leur fortune, la magnificence des châteaux à l'époque de ses débuts, Hautefage, Puyrobert et tous ceux où elle avait séjournés, partout, en accompagnant les maîtres dans leurs voyages. À travers ses confidences, Tiénot put tout de même deviner que sa mère avait déjà *servi* lorsqu'elle était arrivée à Hautefage. Elle s'y connaissait en lingerie et dessous, elle aimait le chic. Personne ne savait mieux qu'elle habiller les dames. La comtesse Joseph, Mme Edwige, l'avait même prêtée quelque temps à une cousine, riche et généreuse, la marraine de M. François-Xavier. Cette femme était très grosse. On racontait qu'il aurait fallu deux chevaux pour aider à attacher son corset. Or la Mado y réussissait toute seule. Un exploit que les servantes des châteaux n'oublieraient pas !

7.

On ne voyait pas deux fois l'an la comtesse Herminie, Mme Antoine, une dame aux cheveux très blancs, toujours de noir vêtue, car elle portait le deuil de son fils aîné, Jean-Henri, tué en 1918 au chemin des Dames, comme simple caporal d'infanterie.

À l'intérieur, elle marchait toujours droit, sans tourner la tête, évitant de justesse les meubles, passant les portes par miracle. Il suffisait de s'écarter prestement de son chemin pour ne pas risquer d'être aperçu. Tiénot demanda à Ninette si elle était aveugle.

— On le croirait presque. Peut-être qu'elle y voit mal. Je ne sais pas. Elle est rarement à Hautefage. Elle préfère habiter sa maison de Périgueux, ou alors vivre chez sa fille Marie-Antoinette, la baronne de Tarsac, au château de Saint-Ayran.

Pour Tiénot, la comtesse avait l'air d'un fantôme. Il ne croyait guère aux fantômes, enfin juste assez pour avoir un peu peur. Quand elle sortait du château, c'était pour se rendre à la petite chapelle, à deux cents mètres du bâtiment principal, au milieu des hêtres, le seul bosquet de hêtres qu'il y eût dans le domaine. Une fois l'an un vieux curé y venait dire une messe pour la pluie et contre la grêle et la foudre. *Accommodez-vous, Seigneur, de notre demande : de l'eau, de l'eau, mais surtout pas d'orage !*

L'Andréa lui raconta que Mme Antoine allait à la chapelle prier pour le pardon de son défunt fils.

— Mais il a été tué à la guerre, qu'est-ce qu'on doit lui pardonner ?

La lingère :

— C'est toute une histoire. Autant que tu l'apprennes de moi, que je l'aimais bien, plutôt que d'une langue de vipère comme il y en a pas bien loin d'ici...

Et baissant la voix :

— M. Jean, on l'appelait. C'était un révolté. Il n'aimait pas les chevaux ni la chasse. Il ne savait pas monter, à peine tirer. Avant la guerre, il était parti à Paris pour étudier le droit. Le droit, qu'on disait, c'est l'affaire des avoués et des notaires... Il était pacifiste, ça veut dire contre la guerre, ce qui n'était pas d'un méchant homme. Seulement voilà, il aurait bien laissé l'Alsace-Lorraine aux Prussiens. Que veux-tu, c'était la jeunesse. En 1912, juste majeur, il a suivi une danseuse à Berlin. Française ou allemande, qui sait ? Quelle honte pour les parents. Le comte riait parce qu'il rit de tout, mais la comtesse... Si M. Louis-Pierre n'était pas entré à Saint-Cyr à la même époque, elle serait morte de chagrin. En août 14, M. Jean-Henri a été porté déserteur. Par chance, M. Louis-Pierre était déjà aspirant, et on lui disait « mon lieutenant ». Quant à M. François-Xavier, en voilà bien une autre : il finissait son service comme chauffeur d'un colonel ! Une sorte de cocher, quoi, un domestique. Pauvre Mme Antoine... Enfin, M. Jean-Henri est rentré en France au mois d'octobre, il a été amnistié, comme on dit. Et il est parti comme simple soldat. Vu qu'il était instruit, il a été vite nommé caporal, mais il n'a jamais voulu monter plus haut. Ça, Madame l'a sur le cœur. Si seulement il avait été tué sous-off ou lieutenant !

Sous-off, c'était le grade que M. Xavier avait gagné à la fin de la guerre. Louis-Pierre, lieutenant en 1918, était devenu capitaine des chasseurs d'Afrique en 1920 ou 1921.

La chapelle des hêtres attirait Tiénot pour son charme, son air de mystère et aussi parce que les jeunes femmes du pays fréquentaient régulièrement ce lieu. Il se glissait parfois dans le bosquet en s'assurant qu'il ne risquait pas de rencontrer la comtesse. Il l'avait aperçue de loin un soir, noire et droite, sous un hêtre pourpre, aussi immobile que les troncs qui l'entouraient comme des gardes du corps. Il avait failli en pisser de trouille.

Mais il était fasciné par la *pierre des femmes*, un morceau de rocher en forme de poire, usé par des siècles de frottements, embrassements et papouilles. Sa réputation s'étendait sur la moitié du département. Les femmes qui ne pouvaient avoir d'enfant venaient de loin la toucher, la caresser et s'asseoir dessus. Rares étaient celles qui ne devenaient pas grosses dans les deux mois... Jadis, les châtelains de Hautefage ouvraient grand leur propriété un jour ou deux par mois ou à certaines fêtes. Puis la tradition s'était perdue. Mais la France avait besoin d'enfants après la saignée de la guerre. Quelques curés avaient relancé la mode. Les Réaux de Hautefage acceptaient les visiteuses le dimanche après la messe à Gignac et tout le jour pour certains saints... Les galopins guettaient souvent aux alentours. Quelques femmes levaient leurs jupons pour s'asseoir sur la pierre, dont le mystérieux pouvoir était ainsi augmenté. Surtout, disait-on, si la personne ne portait pas de pantalon !

Pour dissuader les garçons de traîner autour de la chapelle, on leur racontait que la pierre les changeait en filles s'ils avaient le malheur de la toucher. Un regard d'un peu près suffisait, même, si le diable les surprenait. Les grelots leurs tombaient comme des prunes mûres. Après six ans, les gouillats rigolaient de l'histoire. Mais ils se tenaient à distance. Au contraire, Tiénot était attiré par la pierre magique. Il la guignait d'un œil et guettait le diable de l'autre. Il ne croyait pas aux miracles, pourtant on ne sait jamais. La curiosité lui touillait le cœur. Il avait un peu envie de devenir une fille... Pour toujours ? Peut-être, peut-être. En tout cas pour voir.

Des quatre enfants Réaux vivants, Marie-Antoinette, François-Xavier, Louis-Pierre et Julie-Anne, seule la benjamine, qu'on appelait Mlle Julie, habitait Hautefage toute l'année.

Louis-Pierre, qu'on appelait le capitaine, commandait ses chasseurs d'Afrique au Maroc, où certains chefs arabes s'étaient révoltés contre les Espagnols et les Français. C'était toujours le héros de la famille. Il venait à peine deux fois par an à Hautefage, car, selon Frédo et Ninette, il ne s'entendait pas avec sa tante, Mlle Pauline. Frédo expliqua à Tiénot que le capitaine reprochait à son père, le comte Antoine, d'abandonner la conduite du domaine à cette femme autoritaire et riche.

— Et puis c'est la marraine de son frère, François-Xavier, elle lui a déjà donné une grosse part de ses biens et elle va sûrement l'avantager dans son testament. Le capitaine n'est toujours pas marié, il claque sa solde au jeu et avec des poules... enfin des garces, quoi. Il réclame tout le temps de l'argent à ses parents, qui n'en ont guère. Mlle Pauline lui envoie l'oseille au compte-gouttes et il maronne comme un chien castré. Ça fait une sacrée zizanie dans la famille ! La Tante Jupiter en a son sac de s'occuper de tout, ici, de payer de sa poche la grosse moitié des dépenses du château. Elle prétend que sans elle les Réaux auraient déjà perdu trois métairies sur quatre et qu'elle seule défend l'héritage des enfants. En plus, elle est détestée par toute la famille, ou presque. C'est vrai que la comtesse, Mme Antoine, ne vit pas à Hautefage parce qu'elle est en bisbille avec sa belle-sœur. Et la baronne de Tarsac, Mlle Marie-Antoinette, ne vient presque jamais pour la même raison. Et les Bardat de Montardit, la famille de la comtesse, sa sœur et ses quatre frères, c'est pire. Ils ont déclaré la guerre à la Tante Jupiter. Ils ont juré qu'ils la feraient partir... et c'est uniquement pour ça qu'elle reste. Par défi. Mais elle a soupé de ce petit jeu, elle commence à graisser ses bottes et un de ces jours elle filera à l'anglaise. Alors, on sera dans une sacrée panade, vous, les métayers, et nous, les domestiques !

Le cœur de Tiénot sauta dans sa poitrine. Il demanda d'une voix toute menue :

— Qu'est-ce qui se passera, dis-moi, Frédo ?

— La famille de la comtesse et le capitaine prendront les affaires en main, ils chasseront Hilaire Bezeau et embaucheront un nouveau régisseur. Un méchant. Et gare ! La moitié des domestiques recevront leur huit jours... mais Ninette et moi, on n'attendra pas d'être foutus à la porte, on prendra nos cliques et nos claques bien avant. On suivra peut-être Mlle Pauline à Paris... On retombera sur nos pattes comme des sacrés chats de gouttière qu'on est tous les deux !

Les nuages noirs se levaient déjà au fond du ciel tranquille.

8.

Quand M. François-Xavier débarquait de sa belle auto, costume clair et grand chapeau, c'était une fête pour les domestiques. Et les enfants des métayers couraient au chemin ou à la route pour le voir passer. L'auto ayant le plus souvent la capote levée, il saluait ses admirateurs à grands gestes, lâchant son volant d'une main et quelquefois des deux, ce qui paraissait le comble de l'audace. Il lançait de retentissants « bonjour ! » et souvent même des « adissias, adissias ! », mêlant le patois à l'accent parigot.

Bien sûr, le grondement du moteur étouffait plus qu'à moitié les clameurs joyeuses que le vent emportait. Très grand, il dépassait d'une tête son frère l'officier, qui ne lui pardonnait pas cette injure à l'armée française. Un peu dégingandé, il avait des bras trop longs, qui l'encombraient jusqu'au ridicule quand il ne tenait pas le volant de sa voiture, un outil ou un verre. Il étirait ses jambes jusque sur les tables du château, et la Tante Jupiter, d'habitude tant à cheval sur les convenances, béait d'admiration devant le sans-gêne de son filleul, digne des grands ancêtres de la famille, hobereaux, soudards et mousquetaires.

Elle appréciait autant que lui les voitures puissantes, élégantes, pittoresques et, à l'occasion, confortables, enfin toutes les voitures automobiles, le sport et la course. Il avait choisi pour elle la Voisin que Frédo conduisait : pas tout à fait le modèle du président de la République, mais presque. Elle ne s'offusquait pas qu'il change de véhicule et de fiancée à chaque visite.

On le vit, début 1923, avec une toute nouvelle Dion-Bouton, repeinte en rouge.

— Pour aller, raconta-t-il, avec la chevelure brune de Mlle Caroline.

En fait, une crinière noir de jais qu'une jument pure race aurait portée fièrement. Cette auto-là, il ne lui manquait que de voler au-dessus des nuages. Et la nouvelle fiancée était encore plus jolie que les précédentes, quoique les servantes aient gardé presque toutes une inclination pour la dernière blonde.

— Blond vénitien, expliqua Ninette. Un blond qui tire sur le roux, mais mieux que le blond et le roux ensemble.

— Moi, ajouta Frédo, j'aimerais voir si ses duvets d'en bas sont de la même couleur que ses crins !

— Moi, je l'ai vue à poil ! s'exclama Ninette. J'ai l'œil pour ce genre de chose, tu peux me faire confiance. C'était une vraie blonde !

Pour la nouvelle brune, on n'avait aucun doute. C'était l'été, moulée dans une robe sans manches, elle exhibait ses dessous de bras. Frédo l'avait vue de près, promenée dans la Voisin, et Ninette l'avait aidée à sa toilette. Elle était noire de la tête aux pieds comme la jument du diable. Frédo méditait, un œil à demi fermé, la bouche pincée, les mains sur les hanches.

— Quand même, il devra bien arrêter de collectionner les mignonnes toujours plus mignonnes et en épouser une, de préférence une qui ne soit pas trop panier percé. Qu'elle ait un joli cul, je veux bien, mais qu'elle ne pète pas plus haut ! Qu'elle fasse la différence entre un registre de caisse et un chameau vert !

Ces réflexions, que Tiénot surprit, le laissèrent comme

deux ronds de flan. Pas péter plus haut que son cul, passe, la Mado aimait bien l'image. Mais l'employer pour la fiancée de M. François, était-ce permis sans péché mortel ? Et le chameau vert, alors ?

Un peu plus tard, il comprit que Frédo envisageait de s'associer aux affaires de M. François-Xavier, pour le cas où il ne suivrait pas Tante Jupiter en quittant Hautefage.

— J'aimerais que notre homme cale un peu la voile, confia-t-il à sa femme. Je veux bien que toutes ces pépées soient des rosières déguisées, qu'aucune n'ait jamais rôti le balai. Mais il y en a-t-il une seule qui compte vingt sous dans un franc ?

Tiénot rectifia en son for intérieur : cent centimes. Le maître avait recommandé aux grands de ne jamais compter en sous.

Un après-midi dans les beaux jours, Tiénot aidait Jeantou à tailler des arbustes et des rosiers abîmés par la grêle quand M. François traversa le jardin en compagnie de la brune Caroline, en robe légère et bras nus. C'est vrai qu'elle était belle et que deux touffes noires aux aisselles la paraient mieux que le plus riche bijou. Tiénot faillit se trancher un doigt au sécateur. Il poussa un petit cri, M. François se retourna et le vit.

François-Xavier de Réaux ressemblait sur un point à M. Antoine, son père, et à Mlle Julie, sa jeune sœur. Les paysans et les serviteurs existaient pour lui. Ainsi, à chacune de ses visites, il s'enquérait de la santé des métayers, ceux qu'ils connaissaient, les plus anciens, les plus proches en distance du château, les blessés ou les gazés comme Marius Jouannet... Il fit un signe d'excuse à sa compagne et s'approcha du jardinier et de son aide.

— Ami Jeantou, fidèle au poste !

Il posa la main sur la tête de Tiénot, força le garçon à relever le front.

— Mais c'est le fils de Mado ! Rappelle-moi ton prénom, s'il te plaît, jeune homme.

Tiénot répondit qu'il s'appelait Étienne. M. François lui donna une tape dans le dos et s'exclama :

— Mais oui, Tiénot. Tu as deux sœurs, je me souviens de ton aînée, elle a travaillé ici quelques mois. Georgette, n'est-ce pas ? Et la petiote, c'est... aide-moi.

— Lise. On l'appelle Lisa.

— Et comment vont les poumons de ton père ?

Il se retourna vers Mlle Caroline, qui l'avait suivi à trois ou quatre pas.

— Marius Jouannet a été gazé en... euh, excusez-moi si j'ai oublié la date.

Tiénot répondit que son père toussait des nuits entières, quelquefois, qu'il s'essoufflait vite et peinait aux gros travaux. M. François le prit aux épaules, le repoussa à bout de bras pour mieux l'observer.

— Et toi, tu n'es pas encore prêt à le remplacer ? Mais tu le seras bientôt... Quel âge as-tu, treize ans, quatorze ans ?

Tiénot baissa les yeux et expliqua qu'il avait presque treize ans, remplaçait déjà son père à certains travaux, commençait à conduire la faucheuse et à labourer à la petite charrue.

— Ce que je trouve le plus difficile, c'est semer le blé. Et puis...

Il jugea le moment bien choisi pour évoquer ses projets secrets. Qui sait ? M. François pourrait l'aider un jour.

— Je n'ai pas envie de rester à la métairie. J'aimerais aller en ville quand j'aurai mon certificat, ou un peu plus tard, pour apprendre la mécanique et devenir aviateur.

Il sentit ses joues s'enflammer tandis qu'il lâchait son aveu. Sûrement, M. François allait éclater de rire et se moquer de lui devant la belle Caroline. Jeantou s'éclipsa, soit par discrétion, soit parce qu'il était vexé de l'attention que le jeune monsieur portait au drôle. M. François ne gouailla pas. Il repoussa son chapeau sur le haut de sa tête et regarda le ciel, l'air de chercher un aéroplane au milieu des nuages. Il n'en passait pas souvent, si loin des villes.

— Hé, hé, mon gars, ça suffit pas d'apprendre la mécanique pour être aviateur. Ce sont des choses différentes. Mais si tu es travailleur, courageux, je dirai même un peu casse-cou, tu peux y arriver. Et si tu aimes la mécanique, tu ferais bien de commencer par les automobiles. Tu verras les avions plus tard. C'est ce que j'ai fait, mais j'ai renoncé à l'aviation après la paix. Il y a trop de pilotes de guerre qui ont du mal à gagner leur vie. Je connais des as de la chasse qui traînent leur casquette dans les meetings de campagne et donnent des baptêmes de l'air à cent sous. Oh, dans dix ans, tout aura changé. Il y aura cent mille avions en France, ou peut-être encore plus. Pour moi, il sera trop tard, mais ça fera de la place pour les petits gars comme toi.

Il s'adressa à sa compagne et montra, vers le bout du château, les anciennes écuries, vastes mais presque vides aujourd'hui.

— Quand j'étais gamin, Marius Jouannet s'occupait des chevaux ici. Et mieux que bien. C'est lui qui m'a appris à monter, du moins au début. Si la guerre ne l'avait pas abîmé... Et les chevaux. Mon grand-père ne voulait pas qu'ils finissent à la boucherie. La plupart mouraient ici, dans leur lit, si j'ose dire, ha, ha, ha ! C'est une autre sorte de boucherie qu'ils ont connue. La guerre ne leur a pas laissé beaucoup de chances à eux non plus. Une hécatombe pire que celle des hommes. Je crois que la presque totalité des chevaux qu'on avait ici vers 1910, 1912, sont morts à la guerre, d'une façon ou d'une autre. Il faudra que je fasse une visite à ton paternel, Tiénot. Et à la Mado ! Il y a une paye que je ne l'ai pas vue. Elle ne vieillit guère, malgré le travail de la métairie, pas une sinécure !

Il passa un bras sous celui de sa belle.

— Elle est arrivée en 1903, si je ne me trompe, elle avait

vingt ans ou un peu plus. C'est elle qui m'a fait découvrir la femme ! Caro, je t'en prie, ne rigole pas. J'avais onze ans et, à vivre la moitié du temps avec les petits paysans, j'étais plutôt précoce. Je commençais... Tu devines ? Elle était très jolie à mon goût, surtout comparée aux autres servantes. Les vieilles étaient... vieilles, ma foi, les jeunes lourdaudes, rougeaudes et pas finaudes. La Mado venait de la ville, parlait français, se parfumait et portait des dessous de dame. Hum. Et propre ! Remarquez, la propreté était le cadet de mes soucis. Mlle Mado s'en est aperçue. Elle se bouchait le nez en me reniflant, mais gentiment, de façon que je ne puisse pas me vexer. Vrai, on s'entendait bien, tous les deux. Elle m'a proposé de me donner mon bain le dimanche, comme elle le faisait pour Julie tous les jours. Je précise que mon frère, Louis-Pierre, dès l'âge de sept ans se lavait tout seul, au gant de crin et à l'eau froide. J'ai dit : « Merde, à onze ans me faire baigner comme un *baby*, par une petite bonne ! » Mais la Mado n'était pas une petite bonne comme les autres. Bon, je me suis abandonné à ses mains expertes. Elle houspillait la grosse gourde qui s'occupait de l'eau chaude et m'offrait un bain brûlant. « Vous êtes tellement crasseux, M. François, qu'il faudrait vous tremper dans l'eau bouillante pour vous décrotter ! » Elle me récurait à fond et, à ma grande surprise, c'était très agréable. Je lui ai même demandé de me tutoyer en secret, et de m'appeler François, que personne ne le saurait. Elle a répondu en riant : « Hou, hou, hou ! » Je garde un délicieux souvenir de ces moments. Est-ce qu'elle fait encore hou, hou, hou, quand elle est... ah, je ne sais pas, troublée, contente, outrée et comblée en même temps, tu vois ?

Tiénot réfléchit en se grattant le coin de l'œil. M. François s'esclaffa et lui donna une bourrade.

— Mais dis, ce petit geste, là, comme si la paupière te démangeait quand tu rumines dans ta tête, tu le tiens d'elle, de la Mado. Tu le savais ? Non, tu n'as pas remarqué...

Tiénot n'avait pas l'impression de ressembler à sa mère. Plutôt à son père, pensait-il. Tempérament soucieux, renfermé, la tête pleine de rêves et de cauchemars, toujours bayant à quelque songerie et épiant les signes de catastrophe. Enfant de Marie et songe-creux !

M. François serait bien resté une heure à parler de la Mado. Le sujet le passionnait presque autant que les automobiles. Mais Mlle Caroline tira son fiancé par la manche, puis par le poignet, puis par l'épaule.

— Viens me montrer les chevaux, chéri.

— Ah, les chevaux, fit-il. Les chevaux et les loups... il y a une légende sur la guerre entre les chevaux et les loups. Mais on n'a plus qu'une demi-douzaine de chevaux et plus un seul loup, quoi que racontent les paysans !

Il se laissa entraîner et, à vingt pas, se retourna.

— Quand je pense qu'elle avait vingt ans...

La Tante Jupiter, Tiénot ne l'avait presque jamais vue de près, encore moins regardée en face. Quand il entendait son pas claquant, sa voix de maîtresse d'école fredonnant *Brave marin revient de guerre, C'était Anne de Bretagne, En passant par la Lorraine...* ou quand son cheval préféré Fanfan signalait leur approche par un hennissement de pure gloriole... lui, pauvre petit Tiénot, passait sous terre, s'évanouissait dans l'air. Il voyait en elle la déesse de la foudre qui tonnait au fond du ciel. Elle régnait sur les métayers et aussi sur les apprentis aviateurs.

Il connaissait à peine son visage, pourtant elle hantait ses rêves, surtout ses rêves d'aviation. Une fois, il était assis au poste de pilotage de son biplan... Il aimait les biplans, persuadé que deux ailes valaient mieux qu'une. Pilote ? Enfin, il essayait de s'en persuader, sans arriver à décoller. Le zinc, posé tout seul au milieu des champs, refusait de lui obéir. En plus, le manche à balai avait tendance à se changer en poireau. Il vit alors la Tante Jupiter arriver au bout du champ. Il la reconnut à sa haute taille, à peu près celle des portes-fenêtres du château, et à sa courte cravache qu'elle appelait un jonc. Alors, il s'était posé chez elle ? Peut-être possédait-elle le monde entier... Vite, vite, décoller ! Il tapait du pied, tirait sur le poireau et poussait mentalement la machine. Ça marchait, d'habitude, mais pas ce jour-là.

Variante du cauchemar où, poursuivi par un animal sauvage ou n'importe quel ennemi, il ne pouvait bouger ses pieds collés au sol pour fuir. La femme géante fonçait vers lui, sa badine levée, qui se révélait être la baguette d'une mauvaise fée. Le malheureux biplan perdait une aile, se changeait en une misérable avionnette. Le manche à balai n'était même plus un poireau, seulement un brin de bruyère maculé de bouse !

L'avion rapetissait, lui aussi. La plus petite baignoire du château aurait suffi à le contenir. Puis la mangeoire des cochons... Tiénot était assis dans une flaque de « boire », la pâté trempée dans l'eau qu'on donnait le soir aux porcs. Il essayait encore de décoller avec ce triste équipage. La Tante Jupiter arrivait sur lui, il cachait sa tête sous la couverture et se disait qu'il avait bien de la chance d'être, en réalité, dans son lit.

Tiénot avait raison de caguer dans ses chausses. Un jour, la Tante Jupiter surprit à la corne d'un bois un braconnier qui la menaça d'une pétoire de gros calibre. Elle montait Hérode, un cheval entier un peu batailleur. Elle le lança sur le bonhomme, qui fut renversé. Le coup partit, ne blessa personne, mais le cheval, effrayé, s'enfuit. Mlle Pauline eut le temps de sauter à terre. Elle ramassa le fusil et le fracassa contre un arbre. Puis elle se précipita sur le braconnier qui essayait de se relever et le frappa de sa cravache. Il cria que ça ne se passerait pas comme ça, qu'il allait porter plainte et qu'on verrait bien si on était en République.

— Si tu portes plainte, je te crève un œil avec mon diamant. Si tu insistes, l'autre !

L'homme se le tint pour dit.

9.

Pire qu'un cauchemar une crainte hantait Tiénot : ne jamais pouvoir semer le blé. Et le seigle, l'orge, l'avoine, plus importants pour les Jouannet et plus difficiles encore à jeter en terre...

Les métayers avaient peu de terres à froment. Leur petite récolte de blé suffisait à peine pour la part des châtelains et la livraison au boulanger. Pendant la guerre, les femmes cuisaient le pain au château, ce qui entretenait des allées et venues incessantes et, par malheur, quelques chapardages. Cette pratique avait été remplacée par l'échange avec le boulanger : tant de kilos de pain pour tant de kilos de blé, sous forme de bons de différentes couleurs. La petite Lisa trouvait ces bouts de carton très jolis et les empochait sans vergogne. Il fallait la poursuivre et quelquefois lui donner une calotte pour les récupérer...

Mais avant de récolter, il fallait semer. Le geste auguste du semeur, écrit Victor Hugo. Auguste ? Tiénot ne comprenait pas très bien ce mot. Les essais de la mère, à l'automne 1914, avaient donné de mauvais semis, irréguliers, avec des touffes épaisses et de grands espaces vides. Au printemps 1915, on venait de loin visiter les champs de la Petite-Borde et se gausser de la Mado. Elle riait, levait les bras en un geste d'excuse ou d'impuissance, tirait sur son chignon et fusillait les moqueurs d'un regard noir.

— Je suis trop nerveuse, voilà. Je n'y arriverai jamais. Enfin, les hommes vont rentrer cet été !

Elle était trop nerveuse. Fantasque, aurait dit M. François. Un mot qui plaisait à Tiénot et qui s'appliquait bien, sans doute, à sa mère. Les hommes n'étaient pas rentrés à l'été 1915, sauf les grands blessés. Pendant toute la guerre, le pépé Jean avait semé chez son fils et à la ferme du château. Jean Jouannet, né en 1848, âgé de soixante-six ans à la déclaration de guerre, encore bon pied bon œil, avait perdu sa femme, mémé Lalie, morte de la grippe espagnole fin 1918. C'était le temps où les cercueils, et même les couronnes, venaient à manquer dans les villes et les campagnes. Et avec son épouse, les forces du vieux et son courage s'en étaient un peu allés.

— Le vieux *birbe* a fait son temps, grommelait Joseph Sembat. Un trou l'attend au cimetière, ça serait l'heure qu'il plie ses chemises et laisse la place aux jeunes !

Tiénot serrait les poings. « Sa place, tu l'auras pas, charogne ! » Il aimait son grand-père. Le peu qu'il savait du travail de la terre, le vieil homme le lui avait enseigné, avec la patience des paysans d'autrefois.

— Je t'apprendrai aussi à semer, si un an ou deux me restent.

— Un an ou deux, mais...

— Si je ne plie pas mes chemises plus tôt, comme dit cette teigne de Glouriou ! Il faudra bien deux saisons. Semer le blé est difficile, et puis tu as encore le bras un peu court.

Le bras court, oui, Tiénot le savait. Il s'en apercevait, à son grand désespoir, quand il essayait de boucler les chaînes des vaches autour de leur cou. Justine y parvenait facilement, elle avait le bras plus long, peut-être était-elle aussi plus habile.

— Le bras court et la main faite au porte-plume, disait le grand-père avec une tape sur son épaule. Mais tu y arriveras, je te promets.

Une promesse du grand-père, le bon Dieu la contresignait !

Depuis son retour de guerre, le père ne pouvait plus semer.

— Je ne supporte plus la poussière du grain, disait-il.

Tiénot avait humé quelques poignées, de blé, de seigle ou d'avoine, sans avoir le nez chatouillé. Mais son père était gazé, il avait de l'emphysème, les bronches et les poumons tout râpés. Ça expliquait que les poussières le brûlaient.

— Et puis ce geste du bras droit, se plaignait-il encore, est mauvais pour mes pauvres soufflets...

Un geste large, infiniment répété, qui lui serrait la respiration au bout d'un moment.

— Je pourrais essayer de la main gauche...

Pourtant, il n'essayait pas. Tiénot surprit une discussion entre ses parents. Il devina un sentiment de révolte profond chez son père.

— De fait, tu veux plus semer, disait la mère. Voilà ce qu'il y a dans ta tête.

Tiénot comprenait la souffrance de son père. Marius Jouannet ne pardonnait pas à son pays l'enfer qu'il avait vécu, la mutilation qu'il avait subie, sa poitrine rongée, ses forces diminuées, sa vie suspendue. Et la trop maigre pension que lui accordait le gouvernement lui semblait une insulte à son malheur. Par son refus de mettre le grain en terre, il criait sa colère aux officiers, aux bourgeois, aux « gens de la ville ». Voyez ce que vous m'avez fait, à moi, pauvre paysan sans terre. Ce sont les vôtres que je défendais, vos biens, vos richesses. Maintenant, je refuse de vous engraisser encore !

La Mado, elle, lui reprochait de ne pas avoir profité des droits que lui donnait sa situation de père de famille, avec trois enfants à charge. Lisa était née juste avant la déclaration de guerre.

— Tu aurais pu rester chez les territoriaux ou aller au train. Non, monsieur voulait jouer au héros, gagner ses galons de sergent. Tu l'es, sergent, maintenant, ça te fait une belle jambe !

— J'ai ma conscience pour moi.

Il prenait un air buté, son regard se voilait de regret, de désespoir peut-être. Tiénot savait déjà qu'avoir sa conscience pour soi sans l'approbation de quelques-uns, sinon de tous, n'était pas un sentiment très consolant, quoi qu'en disent les livres de morale.

La mère insistait, remuant le fer avec une franche délectation.

— Ah oui, ta conscience, parlons-en. On devrait la faire encadrer pour l'exposer sur le buffet ! Moi, je veux bien. Mais quand tu as attrapé l'ypérite la première fois, tu avais fait plus que ton devoir. Tu aurais pu rester à l'arrière, ou même rentrer chez toi. Oui, rentrer à la maison. Avec tes trois enfants, merde ! Gazé, plus trois enfants, et ton âge. J'en connais qui ont été renvoyés à leur foyer pour bien moins. Mais tu as voulu repartir. La croix de guerre ne te suffisait pas. Il te fallait aussi la médaille militaire, jaune et vert, de bien jolies couleurs !

Tiénot écoutait derrière le rideau qui servait de porte à sa logette, au bord du couloir. Il était censé dormir. À ce moment de la dispute, il aurait aimé entendre une protestation de son père, une réplique qui aurait cloué le bec de sa mère. Mais Marius Jouannet se taisait. La Mado avait toujours le dernier mot.

— Et maintenant, tu ne peux même plus semer ton grain. Sans parler du devoir conjugal, il faut dire ce qui est ! concluait-elle d'une voix un peu nouée.

Tiénot se terrait dans sa chambre, les mains sur les oreilles. Il ne voulait plus entendre son père s'excuser, demander pardon. Ni sa mère soupirer, bousculer une toupine ou une marmite, chasser le chien d'un coup de pied et, pour finir, s'exclamer :

— Il vaut mieux en rire qu'en pleurer !

Il admirait son père. Marius Jouannet avait voulu se battre, pour un galon, pour une médaille, ou pour sa conscience, Tiénot s'en fichait. Il avait fait son devoir, et même un peu plus. À l'école on parlait du devoir matin, midi et soir. C'était le dernier mot de la morale. Des soldats plus jeunes que son père, souvent sans femme ni enfants, s'étaient efforcés d'échapper au front ; son père avait choisi d'y retourner. Choisi alors qu'il n'était pas obligé. On parlait à voix basse d'untel qui s'était abîmé une main pour être évacué, de tel autre qui s'était arrangé pour avoir les doigts de pieds gelés. Pire, on chuchotait des histoires terribles à propos d'un déserteur qui se cachait encore dans la forêt ou chez les charbonniers. Déserteur, un mot honni et terrifiant.

Tiénot remerciait son père de n'être pas cet homme-là. En même temps, il le plaignait d'être si mal récompensé par le gouvernement et si mésestimé par les gens. Les paysans riaient de son grade et de ses décorations. Ils enviaient sa pension, que certains jugeaient imméritée parce qu'il était revenu avec ses deux yeux et ses quatre membres. Et ils la moquaient parce qu'elle était bien maigre à côté de certaines, par exemple celles des veuves.

Le père grommelait quelquefois, après avoir considéré tristement sa famille, ses bêtes, sa maison, ses champs :

— J'aurais mieux fait d'y rester.

Et les yeux brillants, un sourire triste et tendre sous sa fine moustache, il soufflait à la mère :

— Tu aurais fait une belle veuve, la Mado.

La mère haussait les épaules, cependant on voyait bien que cette idée ne l'affligeait pas outre mesure. Et le père, l'air de la chiner, mais une lueur de jalousie dans le regard :

— Veuve avec pension. Un beau parti pour un veuf plein aux as !

La Mado riait. Tiénot serrait les poings et songeait : « Un veuf plein aux as, je l'aurais tué ! »

Elle riait, puis plus tard elle mordait les draps en gémissant.

La Mado allait en ville encore plus souvent depuis qu'elle avait une bicyclette. On savait bien que ce n'était pas pour voir Georgette, du moins chaque fois... Elle avait de l'argent, elle rapportait des cadeaux pour toute la famille. Un jour, pour le père, une pipe de chasse avec un couvercle. Ça n'était pas une très bonne idée, tout le monde lui disait qu'il aurait dû arrêter de fumer s'il ne voulait pas cracher bientôt ses poumons !

Tiénot avait cherché la page des pipes dans le tarif-album de la manufacture de Saint-Étienne. Une du même genre coûtait neuf francs. Et le père dépensait aussi pour son tabac, qui le faisait tousser : il en tombait la moitié en bourrant sa pipe et jetait ce qui avait refroidi trop longtemps dans le fourneau. Il buvait aussi quelques verres, de vin blanc et d'apéritif, encore plus mauvais pour sa santé, aux deux cabarets de Gignac.

— Deux de trop ! disait le maître d'école, grand ennemi de l'alcool.

La mère offrit à Justine, qui avait toujours froid aux mains, une paire de moufles en peau de mouton. Dans le tarif de la Manufacture, Tiénot repéra à la page des gants une paire de moufles à cinq francs, une autre à dix francs. De toute façon, c'était une bonne dépense. Justine en pleurait de joie. La mère se mit à pleurer aussi.

Enfin elle rapporta à Tiénot le *Petit Larousse illustré* dont il rêvait depuis longtemps. Le dictionnaire lui servirait pour le certificat, mais surtout après pour continuer ses études s'il avait cette chance. Les pages roses des locutions latines, entre la partie « langue française » et la partie « histoire-géo », l'impressionnèrent fort.

— Pour devenir pilote d'avion ou chauffeur de maître

en automobile, lui conseilla Frédo, tu devrais apprendre toutes les phrases en latin que tu pourras te fourrer dans le crâne. Rien de tel pour en boucher une surface aux gens importants, les officiers, les patrons, tous les bourgeois. Ils se diront : « Tiens, en voilà un qui est allé à l'école des pères. Il est de la famille ! »

La mère rapportait aussi des billets. Un jour, elle laissa son sac sur le buffet de la cuisine. Tiénot résista à l'envie de fouiller dedans. Il résista... le temps de jeter un regard aux alentours. Il était seul. Au moins pour une minute ou deux, ou un peu plus. La curiosité lui tordait le ventre. Le sac bâillait, plus qu'à moitié ouvert. À se demander si sa mère l'avait fait exprès !

Personne. Il bondit, fourra le nez dans le sac et découvrit une poignée de billets. Un qu'il voyait de temps en temps, le billet de vingt francs tout bleu : le chevalier Bayard qu'on reconnaît moins à sa figure qu'à sa devise, *sans peur et sans reproche.* Le filigrane était très joli, on devinait aussi le chevalier, par transparence.

Et puis... Un billet de cent francs !

Tiénot en avait aperçu un une fois, mais n'en avait jamais touché aucun. Grand comme une page de livre et de toutes les couleurs, vert, rose, bleu, jaune, doré... Magnifique. C'était le soir, mais pas encore le crépuscule. Un rayon de soleil se glissa par la fenêtre et éclaira le billet. D'un côté, on voyait deux paysannes vêtues à l'ancienne, l'air grave, un peu triste, et deux enfants nus. De l'autre côté, un forgeron assis et une jeune femme très jolie, debout, qui le regardait. Les cheveux châtain roux, la jeune femme ressemblait un peu à Mlle Julie et un peu à la Poussinette. Et pour combler ses rêves, elle était vêtue d'une longue chemise, retenue sur une seule épaule et qui découvrait un sein entier. Mieux encore, la chemise tombait à ses pieds d'un côté, mais elle la relevait très haut de l'autre, montrant ses genoux et ses cuisses !

Le diable trottait dans la poitrine de Tiénot, il en

oubliait de respirer. Il avala un peu de salive et une bouffée d'air. La tête lui tournait. Il se fichait bien de la valeur du billet. Cent francs, c'était à peu près le quart du prix d'une bicyclette neuve. Mais que peut-on faire avec le quart d'une bicyclette ? S'il avait possédé cette image sans pareille, il l'aurait précieusement gardée pour la contempler dix fois par jour et le soir dans son lit, à la lueur de la bougie. Il aurait couru dans les bois, cherché la lumière au milieu des clairières, il se serait caché dans le grenier à foin, sous un rayon tombant du toit... Et la nuit, il aurait brûlé sa chandelle avant le jour pour contempler l'image et s'en régaler jusqu'au vertige !

Le forgeron à côté de la belle serrait son marteau, appuyé à l'enclume, arrogant, dédaigneux, bouffi d'orgueil, pareil au roi sur son trône. La jeune femme le regardait d'un air qui ne trompait pas, elle était amoureuse, elle allait ôter sa chemise pour lui.

Sale type ! Trop grand, trop fort, trop beau... Le pire, c'est qu'il ressemblait à Joseph Sembat, le Glouriou !

La tentation de chiper les billets donnait à Tiénot des frissons et des secousses dans les mains. Il résista de toutes ses forces.

Plus tard, il gagnerait d'autres billets de cent francs qu'il entasserait sous son oreiller. Il dormirait avec une demoiselle à demi nue, dix ou cent demoiselles ou poussinettes qui seraient à la fois son bonheur et sa fortune et qui peupleraient ses rêves !

Il rangea soigneusement le billet dans le sac de sa mère et s'enfuit.

10.

Le bras court et la main faite au porte-plume... Il en aurait pleuré. Enfin, son grand-père lui apprendrait quand même à semer. L'automne venu, pépé Jean lui demanda de l'observer, puis de le suivre pas à pas dans les champs où il épandait d'une main sûre le blé, l'orge et les autres grains. On le disait encore un des meilleurs semeurs du domaine, peut-être de la commune.

— Et de bien loin ! ajoutait-il fièrement.

Le vieil homme montra au gamin ses larges mains calleuses, carra son torse épais, leva un genou pour le frapper d'un tape comme on flatte un animal.

— Toujours solide au poste, le grand-père Jouannet. Grâce à la guerre, petit, grâce à la guerre. Si les jeunes n'étaient pas partis au front, on aurait mis au rebut les gens de mon âge. À trancher les chardons, ramasser le bois de vigne, ou même à guetter les alouettes, assis sur un banc devant la porte. Mais on avait besoin des vieux. J'ai donc continué ce que je savais faire le mieux. Je me suis même perfectionné, parce qu'il fallait économiser, avoir les meilleures récoltes avec le moins de semences. Et je devais montrer aux femmes comment s'y prendre pour la culture... Mais je commence à être bien fatigué certains jours et presque tous les soirs. Combien ça va-t-il durer encore ? Le bon Dieu seul le sait.

Il aurait ses septante-cinq ans le mois du certificat, juin 1923. Difficile pour Tiénot d'imaginer la vieillesse. Pourtant le grand-père n'était pas vieux. Tiénot le sentait plus proche de lui que n'importe qui, même Frédo. Il s'efforçait de parler français à son petit-fils pour l'aider à préparer son examen. Quand il était parti au régiment en 1868, pour sept ans, il ne connaissait que le patois. Il avait fait six ans de service, dont un an de guerre. La loi de 1872, qui ramenait à cinq ans la durée d'appel sous les drapeaux, avait avancé de quelques mois son retour. En Algérie, avant la guerre de 1870, il s'était pris d'amitié pour un sergent qui voulait se fixer dans le pays. Le sergent venait de la ville. Avec lui, Jean Jouannet apprenait un français meilleur que le baragouin des simples soldats. Ils étaient convenus d'un échange. Jean inculqua au sergent quelques rudiments d'agriculture et d'élevage. Le sergent lui montra le b.a.ba de la lecture et lui apprit assez d'écriture pour signer son nom.

Le reste de son temps, pépé Jean s'exerça à prononcer la langue de Victor Hugo et aussi à la lecture, journaux, almanachs, missels, catalogues, chansons... Il avait même lu un vrai livre : *Notre-Dame de Paris...* Plus tard, il parla français autant que possible à son fils Marius et à sa fille Marie-Jeanne et les envoya à l'école, le garçon jusqu'au certificat, la fille jusqu'au cours moyen.

Il parlait bien, presque sans faute, avec la sage lenteur qu'on pouvait attribuer à l'âge mais qui avait sans doute été sa façon d'être toute la vie. On aurait cru que son esprit pensif freinait ses gestes. C'était pain bénit pour son jeune apprenti, qui avait tout le temps de l'observer et de l'imiter.

— Tu marches derrière moi, les bras ballants, et tu regardes. Après une journée ou deux, ta main droite se lèvera toute seule. Tu la laisseras faire sans la retenir ni la pousser. Elle retombera un moment, c'est bon, puis elle repartira. Tu ne t'occuperas pas d'elle. Tu te contenteras de me suivre tranquillement, deux pas derrière, ni trop loin, ni trop près.

On était en novembre 1922. Pépé Jean l'avait conduit à la terre des Capucins qui faisait partie de la métairie.

— Ça sera la dernière fois que je sème pour ton père. Semer me donne mal à l'épaule au bout d'une demi-journée. Et marcher dans les mottes n'est pas bon pour mes genoux. Alors, tu prendras ma place. À moins que ton père veuille s'y remettre, mais ça m'étonnerait !

Tiénot ne savait que souhaiter. Il avait peur d'échouer dans une tâche au-dessus de son âge. Il songeait : « Si mon père guérissait, on serait heureux, tous, et je pourrais apprendre la mécanique... » D'un autre côté, il savait déjà labourer avec la petite charrue, il ne tarderait pas à être assez fort pour tourner le brabant, du moins il l'espérait. Mais c'est seulement quand il saurait semer qu'il serait un homme. Tant pis pour la mécanique !

En attendant, il trouvait son apprentissage bien fastidieux. Marcher derrière le grand-père et observer le grain qui s'envolait, c'était amusant au début. Ce fut vite embêtant, et pénible aussi par les efforts que Tiénot devait faire pour rester au pas lent du vieil homme. Il avait des fourmis dans les jambes, puis des crampes dans les jarrets. Il ne regardait plus le grain mais le ciel, la terre et le dos de son grand-père. Il attendait que sa main se lève toute seule, comme promis. Rien ne se passait. Il voulut aider son bras en amorçant le geste. Non, sa main n'avait aucune envie de semer...

Il supplia son grand-père de le laisser essayer pour de bon.

— Pas ici. Ton père est juste en provisions de semence, tu n'aimerais pas en gaspiller ? Et puis si on manquait seulement un quart de journal, trop clair ou trop serré, tu en entendrais parler toute ta vie, même aviateur en chef !

Le grand-père décida que Tiénot s'exercerait chez lui, à

sa terre de Passalongas. Sur le tard de l'âge, il avait pu acheter une masure, au lieudit Le Peloux. Ainsi la grand-mère avait pu habiter chez elle, le rêve de toute son existence. C'était pendant la guerre. Elle n'avait pas vu l'armistice.

Le grand-père avait acquis aussi une longée de terre au bord des bois, d'une surface de trois journaux, un peu plus d'un hectare. Passalongas était une pièce humide, au fond d'une combe, tout à longueur, comme son nom l'indiquait, et à presque deux kilomètres du Peloux. Tous les matins, il partait de sa maison, gagnait Passalongas et rentrait à midi manger sa soupe. Il repartait après une courte sieste pour la ferme du château, où il travaillait encore, avec quelquefois un détour par la Petite-Borde au moment des semailles et des gros travaux. À la belle saison, il parcourait ainsi chaque jour une bonne douzaine de kilomètres... trois lieues, disait-il. Et il travaillait, durement ou pas, de l'aube au crépuscule.

Si Tiénot lui glissait une remarque, il s'esclaffait.

— C'est que j'ai pas de pension du gouvernement, moi. Pourtant, je me suis bien battu, contre les Pruscos et les Arbis. Si je croyais au bon Dieu, je le remercierais de gagner ma vie en allant sur mes quatre-vingts ! Avec plus d'un million de morts à la dernière, on manquera d'hommes encore longtemps. Les vieux comme moi sont obligés de tenir bon. Quand je lâcherai, ça sera tout d'une fois !

Il avait plu des trombes à la Toussaint, et la terre de Passalongas était grasse vers le haut, détrempée par places. Les sabots de Tiénot collaient à la glaise. Le grand-père lui fit faire un essai au seigle, puis à l'orge d'automne. Tiénot pataugeait au milieu des mottes comme un basset dans la vase. Il pensait à marcher ou il pensait à semer, mais jamais aux deux à la fois. Il en avait les larmes aux yeux. Il se rendit compte bien vite qu'il gaspillait le grain. Le chagrin au cœur, il fit signe à son grand-père qu'il voulait arrêter.

Pépé Jean lui donna une tape sur l'épaule et cracha sa chique.

— Tu as raison, petit. Savoir s'arrêter quand il faut, c'est le commencement du métier. Pour ta peine, tu tenteras la chance une autre fois cet après-midi à la ferme du château.

À la ferme du château, une grande pièce presque plate, d'au moins une demi-douzaine de journaux de sable et d'argile douce, s'offrait aux exploits du jeune apprenti. Et on disposait d'un sac entier de semence !

En guise de semoir, la mère avait cousu pour Tiénot une vieille musette que le grand-père avait ajustée à sa taille et qui lui pendait sur le ventre à la bonne hauteur, ou presque. La terre, devant lui, semblait s'allonger à l'infini, l'extrémité se perdait dans la brume. L'émotion lui fauchait les jambes au-dessus des genoux.

— Cette fois, on essaie pour de bon, annonça le grand-père.

Une main plongée dans la musette semoir, Tiénot caressait le grain lisse et doux. Du vrai blé. Sa main gauche pendait et tremblait. Il ne savait où la mettre.

Le grand père, lui, avait attaché son tablier à sa ceinture pour faire une poche qu'il remplissait environ aux trois quarts. Il poussa doucement le garçon vers la lisière du champ. Une buée légère montait de la terre labourée.

— Tu feras le bord pour commencer.

Tiénot soupira de soulagement. Les irrégularités, les maladresses se verraient moins sur la bordure de la pièce. Il se sentit un peu moins crispé.

— Je vais prendre à ta droite, dit le grand-père. Je mènerai deux fois plus large, vu que ma main est deux fois plus grande que la tienne. On marchera au même pas, fais attention de ne pas courir.

Le grain glissait dans la paume de Tiénot et s'envolait à chaque lancée du poignet.

— C'est bien, approuvait pépé Jean. Tu as le geste. Doucement. Un peu plus fort. Un peu moins haut. Va bien droit, tu as tendance à t'approcher trop du bord. Respire bien. Souffle, souffle. Si tu retiens ta respiration, ton geste raccourcit. Là, c'est bon. On va aller jusqu'au bout et tu te reposeras un moment.

Tiénot frappa du pied et força le pas sans le vouloir.

— Je n'ai pas besoin de me reposer. Ce n'est pas fatigant.

Le grand-père lui lança un regard un peu moqueur.

— Tu vas voir, tu vas voir.

Il avait bien raison de railler. Avant d'arriver au milieu du champ, Tiénot avait la poitrine serrée et une crampe à l'épaule. Il était presque au bout de ses forces.

— Dommage qu'on ne puisse pas changer de main...

— On peut si on est bien exercé. Je l'ai fait souvent. Maintenant, mon épaule gauche est trop raide. Ça commence à me nouer la droite. Vivement que tu me remplaces.

Au bout de la pièce, Tiénot ne put se retenir de considérer avec fierté la longueur de terrain qu'il venait de parcourir. Il s'aperçut que sa musette était presque vide. Le tablier du grand-père aussi...

— Tu vois que j'avais bien calculé ? Et toi, tu as bien semé. Je te laisse cinq minutes pour souffler. Fais aussi bouger ton épaule, détire-toi les reins. Je vais remplir ta musette et ma poche, et on repartira dans l'autre sens. Ce n'est pas plus difficile.

Un sac à moitié plein avait été posé contre le talus. Le grand-père y puisa avec une mesure et rendit à Tiénot sa musette, qui parut au garçon plus lourde que la première fois.

— J'ai mis quelques poignées de blé en supplément. On

va mener un peu plus large tous les deux. On ira plus lentement, mais à peine. Tu n'as qu'à suivre mon pas comme à l'aller. En route, belle troupe !

Tiénot n'eut pas à se forcer pour aller moins vite. L'émotion, encore plus que la fatigue, cassait son élan. Ses gestes manquaient de sûreté et le grain lui échappait parfois. Il tâchait de rester à la hauteur de son grand-père, au demi-pas près. Le vieil homme le guettait. Il se prépara à recevoir une réprimande. Non, pépé Jean lui fit signe que tout allait bien.

Soudain, un appel les arrêta. Un appel suivi de grands cris, on aurait dit une douzaine de corbeaux en colère.

— C'est Hilaire Bezeau...

Le grand-père prit à sa ceinture deux jalons feuillus qu'il planta en terre.

— Il est toujours utile de poser des marques quand on est dérangé.

Le bonhomme courait maintenant vers eux en rageant.

— Milodiou dé milodiou ! Le drôle n'a pas l'âge pour semer !

— Il apprend vite, dit le grand-père sur un ton conciliant.

— Tant mieux pour lui. Mais qu'il vienne pas s'exercer sur les terres du château avant d'avoir seize ans !

Pépé Jean regarda son petit-fils en souriant. Après cette algarade, Tiénot n'aurait pu continuer de semer, même si le régisseur l'avait commandé. Il grelottait de trouille. Il craignait surtout de causer du tort à son grand-père. La tranquillité du vieil homme, qui ne se fâchait pas ni ne montrait le moindre repentir, le rassura à peine. Un clin d'œil affectueux et complice lui mit un peu de baume au cœur.

— Tu vois, petit, il te faudra revenir dans trois ans. Si tu n'es pas aviateur d'ici là !

Hilaire Bezeau en eut la chique séchée.

— Aviateur ?

— Ma foi, oui, monsieur Hilaire. Mon petit-fils veut être aviateur, plus tard. En attendant, il se prépare à me remplacer pour les semailles. Je commence à sentir l'âge. C'est ma dernière année...

Le régisseur souleva son chapeau pour se gratter la tête.

— Qu'il se prépare ailleurs. Hé, enfin, on verra quand il aura son certificat et le bras un peu plus long !

Le grand Hilaire tourna le dos et fit mine de s'éloigner. Puis il s'arrêta et se retourna.

— Finissez quand même la longée tous les deux, puisque vous êtes au milieu. Je suis curieux de voir ce que ça va donner à la poussée !

— Ça va donner du bon froment, maître Bezeau, marmonna le grand-père.

Et à Tiénot :

— Allez, fils, on vide sa besace d'ici le bout.

Tiénot se plaignit qu'il ne pouvait pas : il était trop saisi, ses mains et ses pieds ne bougeaient plus ensemble... Le grand-père le regarda dans les yeux, secoua la tête.

— Si tu ne finis pas avec moi maintenant, tu auras honte de toi et tu ne seras jamais bon semeur ni vaillant homme.

Hilaire Bezeau sauta sur sa carriole, fouetta son cheval et s'en fut par le chemin. Le grand-père sourit.

— D'abord et d'une, quand Bezeau verra que ton semis vaut le mien, à la levée du grain, il oubliera ce qu'il a dit. Et puis, tu dois apprendre la persévérance. Les impatients qui courent décembre en juillet ne sont pas de bonne étoffe. Et de deux. Ce que le temps te promet, pense comme si tu l'avais et agis de même.

Tiénot venait de recevoir une belle leçon. Pépé Jean lui donna une tape plus forte que d'habitude.

— L'an prochain, tu sèmeras avec moi... ou peut-être sans moi. Enfin, si tu n'es pas parti dans les airs !

Un miracle se produisit alors. Tiénot sentit un picotement dans le gras du bras, un peu au-dessus du coude. Un picotement, puis une secousse. Et sa main partit toute seule pour le geste de Victor Hugo... Vide, bien sûr. L'envie de la remplir le prit tout de suite.

En deux secondes, il fut ragaillardi. Il enfouit ses doigts dans sa musette et palpa avec un plaisir sensuel le grain lisse et doux, qui glissait si bien dans sa paume.

— Je suis prêt !

11.

Une petite fille de l'assistance, âgée d'une dizaine d'années, Toinette, vivait avec la famille Bragou, au lieudit Le Maine-Loubot à Saint-Romain-de-Gignac. Le vieil Auguste Bragou, chef de famille, était connu sous le nom de père La France. Gros propriétaire à Saint-Romain, le bonhomme avait été le tout premier à assurer ses bâtiments contre l'incendie. Il avait cloué sur le portail de sa grange, au lieu de la chouette traditionnelle, une plaque en métal dorée au nom de sa compagnie, La France. Ses voisins se rappelaient l'avoir vu contempler des heures entières, tête levée, les mains sur les hanches, l'inestimable trésor. « Les maudits bougres qui voudraient mettre le feu chez moi apprendront vite que ça servirait à rien. La Compagnie me rembourserait aussitôt le prix en bon argent, et même un peu plus, pour que je puisse reconstruire tout à neuf, ha, ha, ha ! » C'était un homme influent et bouffi de vanité, ignare mais malin. L'aîné de ses petit-fils, Paulin, qu'on appelait Braguette, lui ressemblait.

Toinette venait du même couvent de bonnes sœurs que la Justine des Jouannet. Les sœurs ne s'occupaient guère des enfants confiés aux paysans. Toinette, qu'on appelait aussi Dansotte, était devenue le souffre-douleur des trois garçons de la famille Bragou et des deux plus jeunes cousins. Ils l'accusaient, entre autres vilenies, de baisser sa culotte pour dix sous devant l'homme au pilon, Sosthène Guigou, dit Cambo dé boï. Bien sûr, c'était un mensonge.

Blonde et menue, des yeux fleur de lin, pâles et immenses, qui s'étiraient vers les tempes et exprimaient un étonnement sans fin, elle suscitait la convoitise et la hargne des rustres Bragou, Paulin, Léon et Tatave. Sur le chemin de l'école, ils l'obligeaient à danser, pour divertir toute une bande de garnements. Et ce n'était que le plus innocent des tourments qu'ils lui infligeaient...

Quelques filles avaient averti Mme Coly, la directrice de l'école des filles, qui avait questionné Toinette avec assez d'insistance pour la forcer aux aveux. Avertis de faire cesser les mauvais traitements sous peine de voir l'enfant retirée à leurs soins – c'était la formule –, les Bragou avaient inscrit la petite à l'école de Saint-Romain, une classe unique d'assez mauvaise réputation. Mme Coly avait prévenu les sœurs. Mais le père La France était un généreux donateur, de plus, il avait obtenu du curé une lettre dénonçant un complot des maîtres et des maîtresse de l'école sans Dieu. Les deux cousins de Braguette étaient enfants de chœur. Des petits saints, tous.

Le sort de la pauvre Dansotte ne s'était pas amélioré, au contraire.

Mme Coly parlait de porter plainte à la gendarmerie ou d'écrire au procureur de la République. Plus timoré, le bon M. Beugnac, directeur de l'école des garçons et maître de la grande classe, cherchait à éviter l'esclandre. Pour apaiser le père La France et les Bragou, il présenterait Paulin, dit Braguette, au certificat d'études, en priant pour un miracle. Un miracle républicain, bien sûr.

Seule Mme Coly semblait se soucier de Toinette. Mme Coly et un peu Justine, qui avait toujours essayé de protéger sa compagne d'infortune.

— Tu sais, avait-elle dit à Tiénot, ça sera pire pour Toinette à Saint-Romain.

Tiénot s'intéressait davantage aux exploits des aviateurs

qu'aux malheurs des filles. Il écoutait Justine par politesse, parce qu'il était un garçon bien élevé et, au fond, assez gentil. Bête mais gentil. Elle insista.

— Les garçons de Saint-Romain savent qu'on peut lui faire tout ce qu'on veut sans rien risquer, puisqu'elle n'a pas de parents...

— Comment, tout ce qu'on veut ?

— Toi, tu es toujours dans la lune. Tu ne sais même pas ce qu'ils font aux filles !

— Toi non plus, tu n'as pas de parents.

— Nos messieurs-dames me défendent. Si les garçons m'embêtent, je n'ai qu'à dire que je me plaindrai à Tante Jupiter. Ils prennent la cagade !

Un peu honteux, Tiénot voulut bien réfléchir avec Justine au cas de Toinette.

— Je le dirai à Frédo. Lui parlera à Tante Jupiter.

— Mais on ne peut pas. Les Bragou ne sont pas métayers du château. Ils sont riches et ils n'habitent même pas la commune.

— Les comtes ont au moins deux métairies à Saint-Romain... C'est aussi leur commune.

Justine se cacha les yeux sous ses paumes.

— Je ne sais pas.

Elle baissa les mains et regarda Tiénot. Ils avaient un peu peur tous les deux. Si les messieurs-dames se mêlaient de l'affaire, ils seraient peut-être soupçonnés par les Bragou, et les représailles ne manqueraient pas. Mieux valait se tenir loin des querelles l'année du certificat. Justine aussi le passait, mais elle avait besoin de travailler encore plus que Tiénot.

Chacun observa le bout de ses pieds un moment.

— On attend l'examen ?

— Oui. On décidera ce qu'on fait quand on sera reçus...

Tiénot et Justine rentraient ensemble à la maison. C'était un après-midi de février, environ un an après le soir où Tiénot avait attendu longtemps sa mère en écoutant la crierie du bois. Tiénot profitait du chemin, trois quarts d'heure de marche sans traîner depuis l'école, pour faire réciter à Justine les tables de multiplication, les formules de géométrie et les conjugaisons. Elle était plus intelligente que lui et meilleure en rédaction, en histoire-géo, en lecture... Elle lui reprochait d'être tout le temps dans la lune, mais elle n'avait pas la tête aux études. Ainsi elle n'arrivait pas à retenir, entre mille choses, la surface du cercle.

— La surface du cercle π r carré. Ça veut dire le carré du rayon par 3,14. Répète.

— Le rayon par 3,14, oui.

— Le carré du rayon. Pense à une grosse pierre carrée...

— Une grosse pierre carrée, oui. Et la circonférence, alors, c'est pareil !

— Non. Pour la circonférence, c'est diamètre, qui vaut deux rayons. 2 r par 3,14. Tu n'as qu'à penser à deux pierres rondes.

— J'y comprends rien. Je peux pas réfléchir, je me soucie trop ! C'est pas le certificat qui me soucie, ajouta-t-elle. Ni les Jouannet, ni les gens du château...

— Alors qu'est-ce que c'est ?

Justine se tut quelques secondes puis lâcha, d'une voix étouffée, grave :

— Toinette de chez les Bragou a disparu depuis deux jours !

— Dansotte ?

— Oui, Dansotte, si tu veux l'appeler comme ça. Personne ne l'a plus vue depuis avant-hier !

— On l'a cherchée ?

— Idiot. Qui va courir après une petite orpheline dans cent mille hectares de bois ?

— Cent mille hectares... Tu crois que la forêt est aussi grande ?

— Quel idiot ! Il y a peut-être une petite fille de huit

ans qui est morte de froid dans les bois, de froid ou pire. Et toi tu penses au calcul... Je m'en fiche bien. J'ai trop de chagrin. J'espère que Guigou Cambo dé boï ne l'attrapera pas !

— Il ne court pas assez vite, avec son pilon, pour attraper une petite fille. Et puis qu'est-ce qu'il lui ferait ? Il ne la mangerait quand même pas !

— Toi, tu as été élevé à la soupe d'andouille. Tu es trop bête. Il lui ferait la même chose que les Bragou, en pire !

— Mais c'est un adulte...

— Et alors ? *Couilloun qué séi* ! Tu es trop bête !

Tiénot se sentit désemparé et honteux. Une petite fille de huit ans... la même chose que les Bragou ou pire encore. Pire ?

— Et les gendarmes ? Quelqu'un pourrait les avertir, ils chercheraient Toinette, non ?

Justine lui frappa le bras de son poing comme pour l'écarter d'elle.

— Idiot, va. Mme Coly les a prévenus tout de suite. Ils ont répondu que la forêt était trop grande. Ils s'en fichent bien, d'une orpheline. Même les bonnes sœurs s'en fichent !

Gaspar attendait Justine et Tiénot au chemin du château. Comme d'habitude. C'était encore un tout jeune chien, un peu fou, mais on aurait cru qu'il avait une horloge dans sa grosse tête rousse. Il accourut en les voyant, jappa de joie et se mit à tourner autour d'eux, à la poursuite de sa queue.

— On pourrait chercher Toinette avec des chiens, dit Tiénot. Mais Gaspar est trop jeune, Pitou pas très docile. Ah, si on avait encore Bella... Peut-être Pacha, le chien du château.

— La forêt est trop grande. Et puis c'est trop tard, je suis sûre que Toinette est morte !

Moins d'une demi-heure plus tard, on entendit rouler

une voiture et tinter les grelots d'un cheval devant la Petite-Borde.

— Justine, Tiénot !

En même temps que la voix de Mlle Julie, Tiénot reconnut le hennissement de la jument Muse. La demoiselle arrêta son cabriolet au milieu de la cour, sauta par terre souplement, bien qu'un peu entravée par son manteau de pluie. Gaspar courut à sa rencontre et entama une nouvelle ronde joyeuse.

Tiénot arriva le premier. Mlle Julie lui montra l'intérieur du cabriolet, que la capote baissée cachait plus qu'à moitié.

— J'ai une petite passagère. Tu la connais peut-être. Viens voir, je crois qu'elle dort.

— C'est peut-être Toinette de chez Bragou. Elle a disparu depuis deux jours !

— Bien sûr, voilà !

Tiénot se dandinait devant la voiture, n'osant pas approcher. Il avait trop peur que Toinette soit morte. Justine arriva à son tour, haletante.

— Mademoiselle, alors vous l'avez découverte ? Elle vit ?

Mlle Julie expliqua à voix basse :

— L'enfant est sortie du bois à la cafourche de l'Écureuil, elle a couru devant la jument. Elle a dix ans, n'est-ce pas, non, un peu moins ? Elle m'a dit qu'elle voulait aller au château mais qu'elle s'était perdue. Je ne crois pas qu'elle se soit perdue. Elle a dû s'échapper de chez elle.

— Oui, elle s'est échappée, dit Justine. Elle était chez les Bragou, des sales gens !

— Je lui ai demandé son nom, continua la demoiselle, mais je n'ai pas bien entendu sa réponse. Elle a essayé de me dire quelque chose à propos de... à propos d'une fée.

— La fée des bruyères ! s'écria Justine. Elle y croyait, elle voulait la rencontrer. C'est pour ça qu'elle est partie...

— Ah bon ? Elle s'est endormie aussitôt. Elle devait courir la campagne depuis des heures. Elle cherchait donc la fée ? Elle est trempée et épuisée. Je vais l'emmener à

Hautefage, on la réchauffera, on lui donnera des vêtements secs et un bouillon pas trop épais... Mais j'aimerais en savoir un peu plus sur elle.

Justine monta dans le cabriolet et redescendit tout de suite.

— J'ai soulevé ses cheveux pour lui voir la figure. La pauvre ! C'est bien la Toinette des Bragou de Saint-Romain. Elle vient de chez les sœurs, comme moi !

— Oui, je comprends, une enfant de...

Mlle Julie retint le mot assistance. Un si vilain mot. Justine lâcha un hoquet, un demi-sanglot.

— Ils lui font tellement de misères !

— Qui ? Les Bragou ? Personne ne s'occupe de la défendre ?

— Oh si, Mme Coly, la maîtresse de l'école des filles.

— Justine, veux-tu m'accompagner au château ? Tu me raconteras en chemin tout ce qui se passe et tu parleras aux domestiques, et peut-être à mon père ou à Mlle Pauline. Tiénot, préviens ta mère que j'emmène Justine et que je la ramènerai d'ici une demi-heure ou une heure.

Soudain, elle frappa dans ses mains et s'écria :

— Je comprends, ce n'est pas une coïncidence. La pauvre enfant voulait se réfugier au château !

Tiénot courut à la maison puis à la grange, appela sa mère sur un ton joyeux. La bonne demoiselle avait sauvé l'enfant et tout s'arrangeait comme dans un conte !

Il trouva finalement sa mère avec les deux petits cochons, sevrés trop tôt et qu'il fallait nourrir au biberon ou à la cuiller. Il bredouilla en essayant de lui raconter l'événement. Les mots lui manquaient, ou peut-être ne voulaient-ils pas sortir de sa gorge serrée. Soulagé, il se sentait quand même un peu coupable. Il n'avait rien fait pour secourir la petite Dansotte. Il ne s'était jamais préoccupé de son malheur. C'était si loin de lui... lui, le futur aviateur. Il se voyait déjà le roi du ciel et se moquait bien de la terre. Alors, les jérémiades des petites filles... Et l'enfant avait fui la maison de ses bourreaux pour chercher la protection de la châtelaine. Elle ne croyait pas que les paysans pouvaient la sauver du malheur.

Il ne s'occupait que de lui-même parce qu'il était encore un gosse. Un mauvais drôle égoïste, sans cœur. Quelle honte !

Une révélation lui descendit dans la cervelle comme la colombe du Saint-Esprit. Cette fantaisie de devenir aviateur, c'était l'idée d'un enfant de huit ans. Pour être franc, il n'y croyait plus depuis... impossible de se souvenir. Depuis longtemps peut-être. Il s'accrochait à cette chimère parce qu'elle le gardait en enfance, elle lui permettait de refuser la réalité, la misère de la vie autour de lui. Pourtant elle ne le rendait pas heureux. Il se sentit prêt à abandonner ses enfantillages et bêtises d'écolier. Le moment était venu pour lui de perdre son innocence. Un passage cruel mais nécessaire.

Enfin, Mlle Julie avait sauvé la pauvre Toinette. Tout allait bien.

Tout allait bien, n'empêche que son cœur battait le tambour, que son estomac se tordait comme un ver coupé et qu'une montée de bile lui brûlait le fond de la gorge.

La mère releva le capuchon de son fils, porta sa lanterne à hauteur de son visage, posa sa main libre sur son front.

— Est-ce que tu as la fièvre ? Non, tu es trop blanc. Tu ne vas pas tourner de l'œil ? Viens à la maison.

Il ne tenait plus sur ses jambes. Gaspar, en voulant le lécher, faillit le renverser. La mère passa un bras sous le sien et le tira vers le havre tiède de la salle. Lisa surgit aussitôt et réclama la meilleure place du cantou. Elle repoussa son frère en se moquant. Il vomit sa bile et son goûter.

Lisa s'enfuit de la cuisine.

— Titi, le sale ! Le grand sale !

Gaspar, lui, fit le ménage à petites léchées sur la figure,

les mains et les vêtements de Tiénot. Soutenu par sa mère, le garçon marcha jusqu'à son lit. À peine couché, il s'endormit.

Il se réveilla à la fois tremblant de froid et trempé de sueur. Il sentit une brique chaude à ses pieds. Il n'avait pas dormi longtemps ou bien sa mère avait changé la brique pendant son sommeil. Il avait la tête encore pleine d'un cauchemar. Toinette était morte... Il lui fallut un moment pour qu'il se rende compte qu'il avait rêvé !

... Toinette était morte et il l'emportait, enveloppée dans un drap, un linceul. Il connaissait le mot à cause du saint suaire, le linceul du Christ. Il serrait dans ses bras le petit corps qui ne pesait presque rien. Il devait le rendre aux bonnes sœurs qui allaient l'enterrer dans le jardin du couvent. Il courait. Il savait que les Bragou l'attendaient sur le chemin. Il tenta un détour par les bois, où il se perdit. Il était seul avec l'enfant morte sur sa poitrine. Une situation tellement insupportable qu'elle le réveilla.

Plus tard, Justine vint lui apporter un bol de bouillon.

— Tu es réveillé ? Tu vas manger un peu ? Qu'est-ce que tu as eu ?

Ce qui s'était passé dans la tête et le cœur de Tiénot Jouannet resterait toujours un mystère.

Justine lui balança la lanterne devant la figure, puis le toucha au front, comme la mère un moment plus tôt.

— Je pense que tu as attrapé froid. Tu as la fièvre. Bois ton bouillon.

Gaspar vint poser les pattes sur le lit. Justine le chassa d'une tape. Tiénot se redressa pour boire son bouillon. La tête lui tournait, le bol pesait entre ses mains, il faillit le lâcher. Il osa enfin demander à Justine des nouvelles de Toinette.

— Elle ne va pas bien. Je crois que les Bragou lui ont fait de sales choses. Et puis elle a pris froid comme toi, mais pire. Elle a passé une nuit sous un tas de paille, avant-hier. La mère Prune lui a posé des cataplasmes. C'est Ninette qui va la veiller ce soir, puis Mlle Julie dans la nuit. La demoiselle prend le malheur très à cœur. Demain, les messieurs-dames préviendront les Bragou. Ils demanderont à garder Toinette quelques jours, jusqu'à ce qu'elle soit guérie. Enfin, c'est ce que dit Mlle Julie, il faut encore que Tante Jupiter soit d'accord. Après, ils la ramèneront chez les sœurs.

— Et si les Bragou veulent la reprendre ?

— Nos messieurs-dames les empêcheront. Je crois que Toinette est très malade. Les Bragou ne voudront pas la soigner, ils seront très contents de la rendre aux sœurs.

— La demoiselle va appeler le docteur ?

Justine fit un signe d'ignorance et ne répondit pas. Tiénot avait très peur que son cauchemar se réalise. Si la petite Dansotte mourait, ce serait un peu sa faute.

Justine lui tira gentiment l'oreille.

— Te soucie pas. Aie confiance dans la demoiselle !

Il résista au sommeil, de peur de retomber dans son cauchemar. Il se rendormit à moitié. Il revit des scènes qu'il croyait avoir oubliées. Qu'il avait bien voulu oublier... Ce fut pis qu'un cauchemar. Il avait vu. Il savait. Il avait tourné la tête ou regardé le ciel. Mais il n'ignorait pas grand-chose des sévices que les Bragou avaient fait subir à la petite Dansotte, en plus de l'obliger à danser. Il préférait regarder ailleurs, mais il avait deviné ce qu'il n'avait pas surpris. Après, il s'était dépêché de penser à autre chose. Il n'avait rien dit.

Justine aussi s'était tue. Mais une fille, une enfant de l'assistance, il valait mieux qu'elle tienne sa langue. Lui, Tiénot, était en faute. Il pressentait qu'il ne se le pardonnerait jamais, surtout si un malheur arrivait.

Le lendemain, il ne se sentait pas le courage de marcher jusqu'à l'école et encore moins de se concentrer sur le travail de la classe. Il laissa Justine partir toute seule.

Vers le milieu de la matinée, on entendit les fers d'un cheval sonner sur le chemin du château. Le Dr Lagrange s'arrêta à la Petite-Borde en revenant de voir Toinette. Les messieurs-dames lui avaient dit que le père Jouannet toussait un peu trop, il voulait l'ausculter. Lui-même blessé à la deuxième bataille de la Marne, il surveillait de près la santé des anciens combattants. C'était un petit homme toujours vêtu d'une redingote à l'ancienne. Il claudiquait des suites d'une blessure à la jambe, gardait le cou raide et parlait avec une certaine difficulté parce qu'il avait eu aussi la mâchoire cassée. Il lui manquait un doigt à la main droite et ses favoris cachaient mal des cicatrices de brûlure sur ses joues.

Tiénot s'avança pour s'occuper du cheval, que le docteur lui demanda de mettre à l'abri dans la grange s'il y avait de la place. Tiénot acquiesça, mal à l'aise.

— Oui, monsieur le docteur.

— Docteur suffit. N'essaie pas de dételer ni de le faire entrer à reculons. Jason n'aime pas reculer. C'est un cheval de réforme. Blessé de guerre, comme ton père et moi. Il a dû tomber dans un trou ou une tranchée en reculant...

Tiénot ouvrit grand le portail et fit entrer le cheval avec le cabriolet. C'était un gris pommelé au cuir couvert de cicatrices, avec une oreille fendue, peut-être par une balle. Il rua quand Tiénot voulut lui donner une tape sur la croupe. Pas commode, le brave bourrin !

Le Dr Lagrange examina le père assez longuement. La mère était avec eux. Tiénot guettait depuis la grange en essayant de s'abriter du vent. Gaspar, assis sur son derrière, tourné vers la maison, attendait aussi. Tiénot aurait voulu savoir comment le docteur avait trouvé Toinette. Son père... eh bien, on savait depuis longtemps qu'il allait mal, qu'il devrait partir pour l'hôpital de Périgueux un jour ou l'autre. Tiénot s'habituait à cette idée.

Le médecin apparut enfin à la porte de la cuisine, de dos. Il sortait à reculons, parlant à la mère qui le suivait, tête basse. Il lui serra la main et marcha à petits pas saccadés vers la grange. Il tenait une grosse serviette à la main. Son manteau long, pareil à une capote militaire, boutonné jusqu'en bas, couvrait sa jambe infirme. Il sortit du caisson de la voiture une petite poignée d'avoine que le cheval aspira dans sa paume.

Il regarda Tiénot en hochant la tête.

— Ton père ne va pas bien. Tu le sais ?

Sa voix un peu déformée prenait un ton sec et bourru à cause de ses efforts de parole. Tiénot répondit qu'il comptait aider son père et peut-être le remplacer un peu, après le certificat.

— Oui, ta mère me l'a dit. Je vais lui donner un nouveau médicament, c'est-à-dire un remède. Je pense qu'il pourra faire les travaux de printemps. Je l'enverrai à l'hôpital après les foins... et le certificat.

Le docteur posa la main sur l'épaule du garçon.

— Cette petite fille qui s'est réfugiée au château, Toinette, je n'ai pas pu lui tirer trois mots, ni en français ni en patois. Sait-elle au moins parler ? Tu la connais ?

— Je sais que les garçons de Saint-Romain lui ont fait du mal.

— Ah oui, les garçons de Saint-Romain. Ceux de Gignac sont des anges, c'est bien connu. Tu es sûr de ce que tu dis ?

La veille encore, Tiénot aurait avoué qu'il n'était pas sûr ou bafouillé n'importe quoi. Il tint bon : c'était l'occasion de se racheter.

— Oui !

— Et tu le répéterais si quelqu'un te questionnait ?

— Oui, docteur.

— En jurant de dire la vérité ?

Le cœur de Tiénot battit la charge. Il avait les jambes en coton, il sentait les larmes monter dans sa voix, et ses mains tremblaient tant qu'il dut les cacher derrière son dos. S'il avait pu se rétracter, il l'aurait peut-être fait à ce moment. Il pensa à sa mère, à la demoiselle et à son ami Frédo pour se donner du courage. Ceux qu'il aimait n'auraient pas voulu qu'il soit lâche. Il respira jusqu'au fond de son souffle. Le oui s'étrangla un peu dans sa gorge, mais enfin il le prononça.

— Bon, je compte sur toi si nécessaire, dit le médecin. Je vais écrire aux sœurs de Saint-Cyprien pour leur demander de reprendre cette enfant. C'est le moins qu'on puisse faire. Et puis je parlerai au juge de paix. Tu en as dans la culotte ? Tu ne vas pas caponner s'il te questionne ?

Tiénot marmonna une promesse. Il sentait son courage l'abandonner. Le juge de paix pouvait l'envoyer en maison de correction s'il croyait les Bragou, le père La France plutôt qu'un fils de métayer. Mais le docteur et la demoiselle le soutiendraient...

Il attendit longtemps l'occasion de donner son témoignage, qu'on ne lui demanda jamais.

La mère lui répéta que le père devait se reposer pour le moment. En hiver, ce n'était pas trop grave, sauf pour le bois. Hilaire Bezeau avait donné aux Jouannet des taillis sous futaie à éclaircir vers le Haut-Broussu. La provision de bûches de la métairie pour plus d'un an et assez de fagots pour deux ou trois ans. La mère le rassura d'une tape à la joue.

— Ne t'inquiète pas, mon Tiénot. Je vais demander à Joseph Sembat. Il aime bien travailler au bois et il n'est pas trop occupé en ce moment. Il nous prendra la coupe à prix-fait...

— Mais il faudra le payer.

— Je le paierai, va. C'est mon affaire.

Tiénot pensa aux billets qu'il avait vus dans le sac de sa

mère. Surtout au billet de cent francs, avec la jeune femme demi-nue qui nourrissait ses rêves certaines nuits... Il les vit en imagination passer aux mains du Glouriou. C'était comme s'il avait surpris l'autre en train de caresser Mlle Julie ou la Poussinette !

Mlle Julie arriva au début de l'après-midi, montant la jument Cléo en tenue d'homme. Ce n'était pas la première fois que Tiénot la voyait vêtue d'une culotte de cheval, mais il était toujours déçu : il l'aimait tellement plus dans ses longs jupons.

De plus, ce jour-là, elle lui parut bizarre. Elle riait et gesticulait, elle faillit même tomber en sautant à bas de sa jument qui la regardait de son œil calme et comme étonné. Elle gémit, se tint la cheville mais elle continua de rire. Il s'approcha pour la soutenir. Elle le repoussa, puis changea d'idée et l'attira contre elle.

— Mon petit Tiénot, ah, mon petit Tiénot !

Si elle avait été en jupon, il aurait connu la joie de sa vie. Mais son costume l'intimidait et ses façons aussi. Cette exubérance, ces démonstrations affectueuses ne lui ressemblaient pas. Il se demanda si elle avait bu.

Soûle, Mlle Julie ! ? Eh, ça arrivait bien à la mère, de temps en temps, quand elle allait à Bergerac. Il s'était habitué à voir la Mado tout émoustillée en rentrant, et ça ne le choquait plus. Enfin, presque plus. Mais la demoiselle ! La fille des messieurs-dames, des châtelains !

Cléo, la fine jument baie, tellement douce et calme, lui parut aussi sur les nerfs. Elle levait la tête, frémissait des oreilles, encensait... L'agitation de la bête tenait sans doute à celle de sa maîtresse. Que se passait-il au château ? La demoiselle se mettait-elle dans tous ses états à cause de la pauvre Toinette ? Elle le serra contre sa poitrine, en répétant :

— Mon Tiénot, mon Tiénot...

Il respira un parfum qui mêlait des effluves de fleurs

sauvages et d'autres, inconnus, plus enivrants encore. Son cœur dansa la sarabande.

Elle le laissa aller. Tiénot osa enfin poser la question qui roulait dans sa tête et sur sa langue.

— Mademoiselle... Toinette... elle va mieux ?

— Toinette ? Non, elle ne va pas trop...

L'inquiétude lui pinça le ventre. Mlle Julie le guignait en se retenant de pouffer. Oui, il en était sûr maintenant, elle avait un verre dans le nez, et peut-être plusieurs ! Elle secoua ses cheveux qui tombaient en désordre, gracieusement, sur son cou orné de perles blanches. Elle étouffa à demi son envie de rire.

— Mais si, la petite Toinette va bien. Le docteur a dit... Oh, le docteur n'y connaît rien, mais je crois qu'elle va bien. Je suis allée à Saint-Roman, euh, à Saint-Romain, chez ces gens... Comment déjà ? Oui, oui, les Bragou. Je suis arrivée comme ils finissaient de manger. Je l'ai fait exprès pour être sûre de rencontrer les hommes à la maison. Ils ne se souciaient pas du tout de Toinette. Je les ai disputés très fort. Tu m'entends, Tiénot ? Très, très fort ! Oh ! là, là, ils se sont rebiffés. Ils m'ont dit : « Vous pouvez la garder, cette petite bonne à rien, cette... » Je ne sais pas si je peux répéter le mot. Enfin, oui. « Gardez-la, cette petite pisseuse, on ne veut pas la reprendre, de toute façon ! » C'est le père La France qui parlait, le grand-père des garçons. Je n'ai su que répondre. J'étais contente qu'ils ne réclament pas Toinette. Je... J'ai peur de m'être laissé amadouer. Ils m'ont fait compliment de ma tenue de cheval. Le grand-père a sifflé en me regardant. J'ai dû rougir comme une dinde. Il m'a dit : « Ah bien, Mademoiselle de Réaux, c'est la première fois que je vois une femme en culotte, et je ne regrette pas que ce soit vous. Vous êtes mieux en homme que toutes celles que je connais avec leurs beaux cotillons ! » J'étais gênée, j'avais très envie de m'enfuir, mais je ne voulais pas avoir l'air de céder à leurs flatteries. J'ai répondu : « Il ne s'agit pas de ma culotte ! »

Ils ont tous ri comme des peignes. Ils pensaient à ma culotte de dessous. Je devais être écarlate. Le grand-père a dit : « C'est promis, dès que je pourrai, j'irai à la messe à Gignac pour vous voir en jupons ! » Je m'en fiche pas mal. À partir de dimanche, j'irai à la messe à Réverac ou à Villefranche ! Enfin, je me suis laissée un peu fléchir. Ils m'ont versé un verre de vin blanc. Je voulais refuser de boire avec eux, bien sûr. D'un autre côté, je souhaitais qu'ils aient un peu peur de moi, qu'ils ne me prennent pas pour une petite nature. J'ai accepté. Oh ! là, là, j'ai vidé mon verre d'une lampée, en fermant les yeux. Ils me l'ont rempli aussitôt. Alors, je les ai regardés bien en face et j'ai relevé le défi. Il y a eu un troisième verre. Ils riaient, ils s'amusaient bien. Je...

Elle ne retint pas plus longtemps le rire qui la secouait en dedans. Elle pouffa jusqu'aux larmes.

— Ils m'ont soûlée, voilà. J'ai un peu honte, mais j'ai gagné. Ils m'ont laissé Toinette. Ce qui ne veut pas dire qu'on pourra la garder au château...

Tiénot se sentit un peu rassuré. La demoiselle, si gentille et conciliante, avait tenu tête bravement à ces mauvaises gens. Il se réjouissait qu'elle ait pris tant à cœur la détresse de Toinette. En quelques minutes, elle redevint la Mlle Julie sérieuse, calme et rêveuse qu'il aimait.

— Je suis contente, Tiénot. Je n'ai pas si souvent l'occasion d'aider quelqu'un. J'ai payé le docteur et les médicaments qu'il a donnés avec mon argent de poche. Je vais aussi acheter des vêtements à Toinette et je ne permettrai pas qu'elle retourne chez ces Bragou. S'il le faut, je me disputerai aussi avec les sœurs. Elles ne me font pas peur ! Enfin si, un peu...

Elle sourit au garçon d'un air de s'excuser.

— Quand je vois la mère supérieure de Saint-Cyprien souffler de colère, je rentrerais dans un trou de souris. Eh bien, je prendrai sur moi. J'ai besoin de m'aguerrir.

Elle ôta son chapeau pour arranger ses cheveux, puis

elle tira la badine glissée dans sa botte et la fit claquer sur sa jaquette de peau.

— Surtout si je me marie bientôt !

Elle le considéra avec attention, les paupières plissées et le nez froncé.

— Je suis très naïve. Je ne croyais pas qu'il y ait des enfants aussi... aussi pervers. Oh, je sais que le mal existe. Il y a eu la guerre. Mais les enfants... Toi, tu es un garçon. Tu te doutais de ça, n'est-ce pas ? Tu as vu ce qu'ils ont fait à la petite Toinette, toi ?

Elle le fixa dans les yeux, avec son sourire gentil qui lui allait toujours au cœur. Il baissa la tête sans répondre. Oui, il avait vu. Il avait eu un peu de peine pour la petite Dansotte aux grands yeux bleus. Et il avait oublié.

La demoiselle soupira longuement, se baissa pour caresser Gaspar qui reniflait sur elle l'odeur de La Fumée.

— Oui, oui, bien sûr. Tu es moins sot que moi. J'ai vécu loin de la réalité, je crois. Comme mon père...

Nouveau soupir, si profond qu'elle sembla en perdre un instant le souffle.

— Les vêtements de Toinette sont très abîmés. Il lui en faut d'autres. Je vais l'habiller complètement. Ça ne lui fera pas oublier ce qu'elle a subi, mais j'espère qu'elle sera contente. Je vais tâcher de lui choisir des vêtements simples et seyants. Pas trop jolis quand même, ça choquerait les sœurs et les autres petites filles...

Les mots roulaient en cascade sur ses lèvres. Quel plaisir de l'écouter !

— Ta mère a deux filles à habiller et je trouve qu'elle y réussit très bien. Toinette est entre Justine et Lisa, en âge et en taille. La Mado m'aiderait si elle avait le temps de venir avec moi à Belvès ou à Réverac pour choisir les vêtements de la petite. Aux Dames de France à Réverac, peut-être. Crois-tu qu'elle voudra ? Ça ne te choque pas qu'on appelle ta mère, la Mado ?

Non, ça ne choquait plus Tiénot, il était habitué. Et

même, quelquefois, il se disait en lui-même « la Mado » quand il pensait à sa mère...

Et la Mado surgit alors, les quatre œufs du jour dans les mains – les poules ne pondaient guère en hiver – pour les offrir à la demoiselle.

— Je voulais vous remercier de ce que vous avez fait !

Aussitôt un rendez-vous fut pris.

— Samedi aux Dames de France à Réverac...

Tante Jupiter prêterait la Voisin. Frédo conduirait Mlle Julie et la Mado.

12.

Le samedi soir, la mère Prune s'arrêta à la métairie pour donner des nouvelles de Toinette aux Jouannet.

— Elle va bien, mais elle avait un creux dans l'estomac plus grand qu'un cuveau. Elle aurait vidé tous les placards du château... Les messieurs-dames comptent la garder une semaine ou deux et, quand elle sera toute remplumée, ils la ramèneront aux sœurs de Saint-Cyprien.

La mère rentra de la visite aux Dames de France, à Réverac un peu éméchée.

— Frédo nous a offert à boire. La demoiselle y prend goût, on dirait. Moi, je ne pouvais pas les vexer tous les deux... Enfin, on a acheté un paquet de vêtements, la pauvre gosse n'en a jamais vu autant de toute sa vie. C'est même dommage parce que les sœurs vont tout engranger !

Le dimanche matin à l'heure de la première messe, Frédo arriva à la Petite-Borde en poussant sa bicyclette dans le brouillard épais.

— Ho, les amis, on est bien embêtés, Ninette et moi...

Il se frappa la poitrine puis la cuisse, tira de sa sacoche une poignée de biscuits pour les chiens.

— Figurez-vous, la gosse a filé à l'anglaise. C'est Ninette qui la gardait, elle se méfiait pas. On croyait tous qu'elle demandait qu'une chose, rester au château jusqu'à la saint-glinglin. Les femmes croient qu'elle est partie dans les bois, je ne sais pas trop pour quelle raison. Il faut qu'on lui coure après. Je cherche des volontaires, tous ceux qui veulent. Je vais à Gignac, tâcher de recruter du monde à la sortie de la messe. Il faut se dépêcher, la gamine est à peine habillée, elle risque de prendre un autre coup de froid. Et alors... Toi, Tiénot ?

Il tendit un chiffon de laine au garçon.

— C'est une chaussette de la petite. Fais-la sentir à Gaspar, ça lui dira peut-être quelque chose.

— Il est trop jeune.

— On a essayé avec Pacha et La Fumée, ils n'ont rien flairé. Mais toi, tu connais la forêt comme ta poche !

En cinq minutes, tout le monde fut sur le pied de guerre.

— J'ai une idée, dit la mère. Qui vient avec moi ?

Lisa se précipita. La Mado avertit Tiénot d'un clin d'œil. En fait, elle n'avait aucune idée, elle voulait seulement empêcher Lisa de courir dans les bois avec n'importe qui.

— Mets ton manteau, Lisa chérie. Je crois que Toinette a plutôt marché vers Saint-Cyprien pour rentrer chez les sœurs.

Tiénot souhaitait que Justine et lui partent ensemble. Elle préféra aller de son côté.

— Ça ne sert à rien de rester groupés, il faut qu'on visite le plus d'endroits possible. Et puis j'appellerai Toinette. En me voyant toute seule, elle aura moins peur de s'approcher...

Ça semblait raisonnable. Tiénot fourra la chaussette de Toinette sous le nez de Gaspar, qui la renifla gaîment. Il s'emmitoufla le mieux qu'il put, bourra ses sabots de paille fraîche et prit le chemin du château. Il espérait un peu que le chien prendrait la piste de l'enfant entre le château et les bois. Sans trop y croire. Gaspar était un chiot joueur, tête en l'air, il n'avait pas encore le flair d'un animal adulte.

L'un marchant d'un bon pas, l'autre trottinant à son

côté, ils rejoignirent deux domestiques qui partaient en chasse, Coco, le petit-fils de la cuisinière, et Fantine, la nièce de la mère Prune.

Fantine raconta que Toinette avait parlé la veille d'aller dans la forêt pour chercher son petit chat perdu.

— Un petit chat ? Elle avait un petit chat ?

Coco se frappa le front du plat de la main.

— C'est la fièvre. Elle croit qu'elle avait un petit chat qui s'est échappé et qui s'est perdu. Elle ne sait pas bien où elle est. Ça m'étonnerait qu'elle ait jamais eu un petit chat !

Tiénot frotta de nouveau la chaussette de l'enfant sur la truffe de Gaspar. Le chien se trémoussa et fila vers les bois.

La brume semblait une araignée grise, grosse comme une montagne, qui enserrait la terre sous ses pattes velues. La forêt était sombre et effrayante. La pâle lumière du jour mourait sur la terre gelée. Invisibles de loin, les arbres nus devenaient, quand on s'approchait, une longue cohorte minérale. Pas un souffle de vent. Le froid figeait les odeurs. Tout de suite, Tiénot s'étonna du silence. Il s'arrêta et baissa son capuchon pour écouter.

Un effet du brouillard, mais aussi le silence du dimanche. Les bûcherons, les charbonniers, les ouvriers qui débardaient les grumes, les paysans qui taillaient leurs fagots, tout le monde était au repos. La chasse fermée, les vaches à l'étable, les chiens au coin du feu... Les petits animaux du bois se terraient encore dans leurs abris, leurs nids, leurs trous. On n'entendait pas un seul chant d'oiseau. La nature engourdie respirait à peine.

Puis un cri monta. Quelqu'un appelait Toinette. Un aboiement répondit. Gaspar dressa l'oreille, regarda son maître. Tiénot lui caressa la tête et dit tout bas :

— Cherche, Gaspar. Va !

Il avait presque peur du son de sa voix. Le jeune chien

se lança à travers une futaie de chênes qui abritait un sous-bois de bruyères, de fougères, d'ajoncs... Tiénot le suivit. À un moment, il trébucha sur une racine et choqua ses sabots l'un contre l'autre, ce qui fit un bruit de cognée frappant le bois. L'écho dansa jusque dans les hautes branches. Tiénot fit la grimace. Il s'était cogné les chevilles. Il se baissa pour tâter son pied gauche. Le sang collait sa chaussette à sa peau. Il se commanda de faire attention et marcha plus prudemment, sans se forcer à suivre Gaspar de près.

La forêt, il la connaissait comme le creux de sa main, surtout aux environs de Hautefage. Pourtant, elle lui paraissait changée, dans le dépouillement et l'uniformité de l'hiver. Au lieu de s'éclaircir avec le jour, l'air devenait encore plus cotonneux. La brume remplissait l'espace entre les arbres, lui mouillait les yeux et brouillait sa vue.

— On va pas se perdre, tous les deux, hein, Gaspar !

Chaque pas l'enfonçait dans le chagrin. Fallait-il que la petite fille soit effrayée et désespérée pour fuir le château où elle avait trouvé refuge ! Il pouvait presque sentir sa souffrance et il en avait la gorge serrée.

Il suivit un sentier, se glissa sous un taillis, Gaspar sur ses talons. Il sortit la chaussette de sa poche de pèlerine et la donna encore à flairer au chien. Gaspar renifla longuement, l'air de se prendre au jeu, et commença même à mâchouiller la laine. Tiénot lui tira le chiffon de la gueule, tout gluant, et le remit dans sa poche. Gaspar, voulut le reprendre.

— Non, idiot, on joue pas. Cherche !

Gaspar ne comprenait rien. Il sautillait, courait après sa queue.

Ils repartirent à l'aventure. Tiénot ne se souvenait pas d'avoir été aussi malheureux de toute sa vie. Une pensée le hantait : Pourvu qu'elle ne soit pas morte de froid, la pauvre drôlette !

Une cloche carillonna au loin. Pas si loin quand même...

Il reconnut le son grêle et plaintif de la cloche de Gignac. Juste quelques sonnailles, la sortie de la première messe. Peut-être Toinette s'était-elle réfugiée au village ? Peut-être avait-elle entendu la sonnaille du matin et voulu assister à la messe ?

Le sol céda sous ses sabots avec un gargouillis. Il arrivait à la fontaine des Poutous. La fontaine des baisers, ainsi nommée sans doute parce que les amoureux s'y rejoignaient autrefois, avant la guerre. De vieux chênes étirés par l'ombre et fourrés de lierre mêlaient leurs têtes au-dessus d'une grosse flaque d'eau croupie. Tiénot guetta les reflets, écouta les bruits. Un clapotis, un murmure de vent, un friselis d'herbes froissées ou de feuilles battues. Un peu de vie qui le réconforta. Mais la mélancolie de cette mare noire lui tomba sur le cœur. La source n'était plus entretenue ni fréquentée depuis des années. Elle s'était embourbée et presque tarie. Même les crapauds ne s'y plaisaient plus. Toutes sortes de grandes herbes immangeables pour le bétail se répandaient de la berge au sous-bois. On respirait l'odeur de la boue et du lierre humide.

Toinette ne connaissait sûrement pas l'endroit. Tant mieux, elle aurait eu envie de s'y noyer. Par chance, la mare était peu profonde et la vase durcie par le gel. Ce bourbier semblait à Tiénot une sorte de purgatoire où macéraient les âmes des anciens amoureux que le temps, la guerre et la maladie avaient emportés. Il pensait rarement à la mort. Pendant la guerre, il était trop jeune. Et depuis le retour de la paix, on vivait comme si la mort n'existait plus... Ce matin-là, pourtant, l'idée se mit à le poursuivre. Le froid le pénétrait avec l'humidité des lieux. Il avait très envie de s'en aller, de retrouver la lumière du jour, la chaleur du foyer. Mais il restait là, il songeait à Toinette et les larmes coulaient sur ses joues, dans son nez.

Il entendit soudain un aboiement, deux, trois. La Fumée, il l'aurait parié. Gaspard aussi avait reconnu la voix de sa sœur chérie. Il se campa dans la direction de l'appel et répondit d'un jappement puissant. Moins d'une minute plus tard, La Fumée bondit à travers le sous-bois et rejoignit Gaspar devant la mare. Les deux chiens se frottèrent le museau et se firent mille fêtes. Tiénot pria pour que la demoiselle ne soit pas loin. À sa place, une silhouette sombre apparut, le comte Antoine avec son chapeau noir, sa canne et ses bottes.

— Oh, oh, Tiénot de la Mado !

Il se claqua la cuisse.

— Cette chipie de La Fumée aurait préféré suivre sa maîtresse, mais Mlle Julie est partie par les chemins avec le cabriolet. Et voilà que cette follette a senti son frère. Naturellement, derrière Gaspar il y a Tiénot Jouannet, ha, ha !

— Oui, monsieur le comte. On cherche la petite fille.

— Oui, la petite. Moi aussi.

M. Antoine tira de la poche de son manteau un flacon plat d'environ un demi-litre.

— Avec ce froid de canard, j'ai pris mes précautions. Tu ne veux pas boire une gorgée de cet excellent marc, bonhomme ? Ah, j'oubliais, l'école laïque vous enseigne à fuir l'alcool comme la peste noire. L'école a tort. Le marc et le bon vin sont la principale joie de la vie... qui ne vaudrait pas d'être vécue si les moines n'avaient inventé la distillation !

Il s'enfourna le goulot de sa bouteille dans le bec, leva haut le coude et but jusqu'à s'étrangler. Puis il s'essuya la bouche d'un revers de manche et remit le flacon dans sa poche.

— Ne voilà-t-il pas que Mlle Julie nous a tous lancés aux trousses de sa filleule, elle-même à la poursuite de son chat, ha, ha !

Il menaça le sous-bois de sa canne-fusil.

— Saura-t-on jamais où est passé ce petit démon ? Quelle aventure, un dimanche matin aux aurores !

Il observa le ciel entre les branches et commenta d'un ton pensif :

— Mlle Julie a beaucoup de filleules. Je n'avais jamais vu celle-ci. Elle nous est arrivée dans un triste état. Je me demande comment des parents peuvent laisser courir une gamine vêtue de loques sous la pluie et le gel. Ma foi, c'est le monde moderne, on n'arrête pas le progrès. Qu'en dis-tu, jeune Tiénot ?

Le jeune Tiénot avait le caquet calé. Filleule ? C'était la fable qu'on avait raconté au maître de Hautefage ? Le chat échappé en prime ! M. Antoine savait-il seulement qu'il existait des enfants de l'assistance, sans parents pour les empêcher de courir en loques dans le froid de l'hiver ? Un brave homme, le comte de Réaux. Il n'aurait peut-être pas donné sa chemise aux pauvres, mais il leur aurait volontiers prêté son mouchoir pour pleurer. Seulement il ignorait que le monde était plein de pauvres ! Tiénot eût bien aimé lui ouvrir les yeux. Il commença en bafouillant :

— La petite Toinette...

Le comte lui coupa la parole, poursuivant son idée. Déjà la chaleur de l'eau-de-vie rosissait ses pommettes.

— Bah, à défaut des parents, Mlle Julie s'est occupée de l'habiller chaud. On la retrouvera, ne t'inquiète pas. Elle a de beaux yeux bleus qui se voient de loin !

Tiénot le regarda monter lentement vers le haut du bois. Les chiens jouaient autour de la source sans craindre de se mouiller les pattes. Ils éclaboussaient Tiénot d'eau et de boue, mais il se retenait de les gronder, de peur que La Fumée s'en aille et que Gaspar la suive.

Tiénot restait là, blotti sous sa pèlerine, frissonnant et bien près de claquer des dents. Cet endroit était plus humide et plus froid que le couvert de la forêt, pourtant il ne bougeait pas, parce qu'il ne savait où aller. Il eut soudain la bouche sèche. Soif, oui, malgré le froid. Le goût de la fièvre lui poissait encore la langue.

Il étudia les environs, cherchant la meilleure direction pour rentrer à la maison sans passer par le château. Il tourna la tête vers le bois et vit M. Antoine, immobile en haut de la pente, de dos. Le comte oubliait même de brandir sa canne. Tiénot l'avait observé plusieurs fois – pas très souvent – dans cet aplomb, figé comme un arbre, l'air de réfléchir. Oui, il réfléchissait si fort qu'il ne pouvait pas marcher en même temps. Quand il aurait la réponse à la question qu'il se posait, il lèverait sa canne, ferait quelques moulinets, puis repartirait... Tiénot espéra un instant qu'il reviendrait pour lui confier ses réflexions ou l'interroger sur Toinette. Ses œillères allaient peut-être tomber et la lumière s'allumer dans sa tête de buse. Tiénot lui aurait parlé des pauvres, des malheureux, des enfants de l'assistance, et lui aurait pardonné son ignorance... Honnête homme à sa façon de riche, il ne savait rien de la vie, mais ce n'était pas sa faute.

Tiénot connaissait la misère du monde, sûrement moins que Toinette, moins que Justine, mais un peu tout de même. Ses yeux s'étaient dessillés – un joli mot pour le certificat. Il avait envie de partager sa science de fraîche date avec le châtelain de Hautefage. C'était le devoir du comte de s'instruire sur la vie de tous les pauvres gens qui vivaient autour du château. Monsieur Antoine, venez s'il vous plaît, j'ai quelque chose à vous dire !

Le châtelain bougea enfin, commença par balancer sa canne, baissa les épaules et... Déception, il repartit vers le chemin du bois sans se retourner. Le maître d'école avait cité aux grands élèves une phrase fameuse à propos des émigrés rentrés à la chute de Napoléon : « Ils n'avaient rien appris et rien oublié... » Plus d'un siècle après la restauration, un siècle et la guerre, les nobles n'avaient pas appris grand-chose. Ils vivaient toujours dans leurs cocons à tourelles, couleur dragée de baptême ! Tiénot se retint de lever le poing dans la direction où le comte Antoine avait disparu. Il ne respectait plus cet homme. La bise aigre de la révolte courut sur sa peau, et il en eut la chair de poule.

Bon, il était peut-être injuste avec la famille Réaux. Mlle Julie avait fait ce qu'elle avait pu pour se rapprocher des pauvres et les aider. M. François-Xavier sans doute aussi... Gaspar rejoignit son maître, joyeux et penaud à la fois. Tiénot lui raconta toute l'histoire à haute voix, sans crainte que des oreilles humaines surprennent ses confidences.

— C'est la vérité, Gaspar. Tu dois le savoir, toi aussi !

Le vent s'était levé, la forêt grondait doucement. Le murmure qui montait des futaies remuait aussi le cœur de Tiénot. Il prit le chemin de la métairie, tête baissée, poings serrés, un peu au hasard des bois.

En arrivant à la métairie, il vit le cabriolet de la demoiselle arrêté dans la cour. La Fumée avait retrouvé sa maîtresse. Elle et Gaspar se mirent à gambader ensemble, s'arrêtèrent pour se lécher, se donner des caresses de museau et des poussées d'épaule, montrant tous les signes d'une joie extrême, comme s'ils ne s'étaient pas vus depuis une semaine. Tiénot se dit : Ils sont heureux, les chiens ! Des mots de sa pauvre grand-mère qui lui revenaient de temps en temps et lui serraient le cœur. Les chiens étaient-ils vraiment heureux ? Ou cherchaient-ils désespérément une sorte de bonheur ?

Mlle Julie bavardait avec la Mado. Vêtue d'un manteau à pèlerine et sans manches, genre macfarlane, sous lequel on apercevait une jupe, et coiffée d'une casquette qui lui couvrait à demi les oreilles, elle avait un air frileux et énervé, le feu aux joues et les poings serrés. Elle appela Tiénot d'un signe. Il courut à sa rencontre. Elle lui cria de loin, sur un ton aigre :

— On a retrouvé la chipie ! Ta mère avait raison, elle

n'était pas partie dans les bois mais vers le bourg. Elle avait peut-être inventé l'histoire du petit chat pour nous tromper... Elle s'est réfugiée à son école, chez Mme Coly. Je n'y comprends rien... oh, et puis je préfère ne pas comprendre !

Ses yeux brillaient de colère, elle se tordait les mains.

— Enfin, tu vas me dire pourquoi elle s'est échappée ? Elle était en sécurité, au chaud, nourrie, soignée comme un bébé !

— Quelque chose lui a peut-être fait peur, dit la mère. Les enfants ont souvent de drôles d'idées. J'en sais long sur les lubies des drôles, avec mes trois. Et puis elle avait encore la fièvre, n'est-ce pas ?

Mlle Julie se claqua la cuisse de sa badine.

— Mais pourquoi se précipiter chez sa maîtresse d'école ? Qu'a-t-elle fait pour l'aider, cette Mme Coly ? Pas grand-chose jusqu'à maintenant !

Justine arriva par le chemin du village.

— Je sais tout, Toinette est chez Mme Coly !

Mlle Julie lui prit le bras et serra un peu fort. Justine gémit.

— Mademoiselle, vous me faites mal !

— Pardon. Je me demandais... Tu pourrais m'expliquer, toi, pourquoi elle a fiché le camp du château ? Comme si elle avait peur de nous !

Justine baissa les yeux et frappa la terre de la pointe de son sabot.

— Oui, elle avait peut-être peur...

Mlle Julie rougit des joues au front et son visage se crispa.

— De quoi ? Tout le monde était aux petits soins pour la mignonne poupée aux yeux bleus !

Le joli visage de Mlle Julie se convulsait de colère. Tiénot compatissait à sa peine et, en même temps, il lui en voulait de moins ressembler à l'image de celle qu'il admirait tant. Justine détourna la tête, scruta la porte de l'étable, puis la lisière de la forêt, les tourelles du château par-dessus les arbres.

— Toinette a peut-être eu peur parce que c'était trop grand. Elle n'avait jamais été dans un château avant... Ou alors, ça ressemblait trop au couvent des bonnes sœurs, ça lui rappelait des mauvais souvenirs... comme à moi. Au début, j'avais peur, aussi, les pièces sont si grandes, on se sent perdu. Et puis je me suis habituée...

— Tu te serais enfuie, toi, à la place de Toinette ?

Justine osa enfin regarder la demoiselle en face.

— Je ne sais pas, mademoiselle. Maintenant, j'aime le château, mais à sa place je me serais peut-être sentie en prison.

Mlle Julie souffla comme un chat en colère. Elle frappait du pied et son regard, qui allait de Justine à la mère, en évitant Tiénot, brûlait d'offense et de reproche. La mère s'avança, esquissa un geste pour la prier de se calmer.

— Mademoiselle, s'il vous plaît, vous devriez...

La demoiselle recula d'un pas.

— Ah non, vous n'allez pas défendre cette petite peste. Je me demande si les Bragou n'avaient pas raison ! Et pourquoi est-elle partie chez sa maîtresse d'école ? Pourquoi l'école ?

Elle répéta à mi-voix, les lèvres serrées :

— L'école, l'école... quelle honte ! La dame Coly me le paiera !

La fuite de la pauvre Toinette à l'école sans Dieu déshonorait à jamais le château. Tiénot aurait pouffé de rire s'il n'avait vu que Mlle Julie souffrait cruellement. Il la comprenait. Elle avait aidé de son mieux la petite orpheline, elle avait même inventé une histoire pour se justifier devant son père. Et, maintenant, elle se sentait bien mal récompensée, elle perdait la face devant sa famille. Et la maîtresse d'école qui n'avait pas fait grand-chose pour secourir l'enfant remportait la mise à peu de frais ! Tout de même, Tiénot aurait aimé Mlle Julie belle joueuse. Il souhaitait très fort qu'elle oublie la querelle du château et de l'école pour ne penser qu'à l'enfant.

Justine prononça alors une phrase magnifique, qui méritait bien, à elle seule, le certificat d'études.

— L'école, c'est le seul endroit où elle a été un peu heureuse !

La demoiselle recula encore de deux pas, puis elle se retourna et courut vers le cabriolet en faisant claquer les talons de ses bottes. Sa nervosité et sa colère la rendaient maladroite. Emportée par l'élan, elle glissa sur le marchepied et manqua s'étaler. Si la bonne Muse avait été aussi émotive et agitée que sa maîtresse, on aurait vu la demoiselle à quatre pattes dans la boue. Elle se rattrapa, fit mine d'être gênée par sa casquette qu'elle jeta à terre d'un geste rageur. Tiénot la ramassa et courut derrière le cabriolet pour la lui tendre. La demoiselle refusa d'un geste.

— Garde-la, je te la donne...

Elle tira sur les rênes, arrêta la jument et se pencha vers lui.

— Dis à ta mère que je lui renverrai les vêtements que nous avons achetés pour la petite. Qu'elle en fasse ce qu'elle voudra !

13.

Gaspar s'assit sur son derrière, la tête un peu penchée, l'oreille dressée. Les bruits, les odeurs distrayaient à tout moment son attention. Tiénot le soupçonnait de ne pas prendre très au sérieux son rôle d'apprenti berger. Il fit claquer son pouce.

— Qu'est-ce que tu écoutes ? La tourterelle ou le coucou ? Ils ne sont pas encore arrivés ! La pie ? Les corbeaux ? Les pinsons ?

On était au tout début de mars. Les oiseaux du printemps se faisaient attendre. Encore maîtres du ciel, de la terre, des bois et des haies, les oiseaux de l'hiver lâchaient de temps à autre de petits cris aigres ou étouffés, ici et là, comme pour marquer leur territoire. En haut d'un frêne, une pie balançait sa queue, pareille à un éventail refermé. Une douzaine de corbeaux se promenaient dans un champ de seigle voisin, l'air digne d'une troupe de dindons miniatures. Les merles voletaient au bord des fourrés où les houx offraient encore leurs boules rouges.

La réserve de foin s'épuisait. Comme le temps était beau, plutôt sec, on avait commencé à conduire les vaches au champêtre des Galajières, au-dessus de Costebrave, vers la butte de Monte-au-ciel, où se dressaient trois pins solitaires. Les pins des Landes, les pins noirs ou ceux d'Amérique croissaient de préférence au sommet des tertres ou le long des crêtes. Ils servaient de repères aux chasseurs, aux bûcherons et aux chercheurs de champignons, car ils dépassaient souvent une vingtaine de mètres de hauteur. Tiénot levait la tête pour les observer et il se sentait rassuré en les voyant, toujours à leur place sous le ciel.

Le champêtre était un pré buissonneux, réservé à la pâture et qu'on ne fauchait jamais. Il fallait veiller au grain. Bon apprentissage pour le jeune Gaspar. Le champ des Galajières n'était pas clos. D'un côté, les vaches pouvaient courir sans causer des dégâts vers les brandes à bruyère, où dominaient les ajoncs. Des trois autres côtés, des pièces de seigle et d'orge, encore en herbe, à hauteur de cheville, d'un vert vif et dru, les attiraient davantage. La vieille limousine rousse qu'on appelait la Rouge se montrait la plus habile à déjouer la surveillance du berger et de son chien. Elle s'approchait en tapinois des lisières, le long d'une haie ou à l'abri d'une touffe d'ajoncs ou de genêts échappés du couvert... Nana, la Bretonne, suivait la Rouge de près, ombre dans son ombre. Toutes les deux feignaient d'être très occupées à brouter l'herbe un peu plus verte au pied des arbustes ou des broussailles. Des frissons couraient sur le cuir de leur dos. Braves bêtes... Et soudain, voilà qu'elles se rejoignaient par un grand mystère au milieu des céréales !

Gaspar finissait son premier hiver. Tiénot lui enviait sa curiosité toujours en éveil. Il se sentait vieux à côté du fougueux animal. Le chien découvrait un monde tout neuf et ne se lassait jamais de guetter, le nez au vent, la pointe de l'oreille frémissante. Tiénot aurait bien voulu voir la nature avec ses yeux, la respirer par son flair, l'entendre dans sa tête... Parfois, le chien se tournait vers son maître comme pour le questionner. « Qu'est-ce tu penses du monde, berger ? C'est grand, c'est mystérieux, plein de bruits et d'odeurs. Et si on allait voir plus loin ? Non, je sais, on ne peut pas. On doit garder ces vaches qui n'arrêtent pas de courir d'un côté de l'autre. Plus tard, n'est-ce pas ? »

Tiénot prononça doucement son nom : Gaspar ! Simplement pour l'habituer au commandement et lui rappeler son devoir d'obéissance. Gaspar s'aplatit, baissa le nez d'un air contrit. C'était encore un gros chiot, dégingandé, le museau trop rond, les pattes trop grosses, pas tout à fait adulte. Roux à poil long, frisé à la croupe, barré de quelques taches noires sur le dos, les oreilles mi-dressées, la mâchoire un peu barbue, il ressemblait de loin à son père, Pacha, le chien du garde-chasse. Mais il avait des yeux très doux sous une broussaille de poils. Toujours d'humeur joueuse, il ne montrait jamais de méchanceté, de hargne, ni de jalousie. Il s'essayait à mordre les vaches aux jarrets, pourtant on voyait bien que c'était sans conviction. Tiénot n'avait jamais vu un chien aussi gentil. Le père ricanait.

— Ton cagnot, fils, ne sait que lécher et vessiner !

Vessiner voulait dire péter. Et ce bon Gaspar pétait souvent, c'était son pire défaut. Justine se bouchait le nez.

— Empêche-le de manger la bacade du cochon, Tiénot, il lâche tout le temps !

La mère accusait son garçon de trop câliner les chiens, Gaspar après Bella, et même La Fumée.

— Tu vas en faire un toutou de comtesse, hou, hou, hou ! Et la chienne de la demoiselle, tu l'attires trop chez nous, ça finira mal.

Tiénot se laissait attendrir par l'affection que Gaspar témoignait à sa sœur. Il s'étonnait de voir deux bêtes montrer un tel attachement l'une à l'autre. Les défauts de Gaspar l'amusaient.

— Tu peux péter tant que tu veux, ça me gêne pas, moi !

Gaspar se laissait serrer le cou jusqu'à presque étouffer, gratter les oreilles, flatter le dos et chatouiller le ventre, au contraire de Bella que les caresses appuyées agaçaient. Gaspar fermait les yeux sous les câlineries et bavait d'extase. Il récompensait son maître par des lèchements sans fin, aux mains et au visage. Il reniflait sa cheville saignante et la séchait à petites lichées précautionneuses...

Partir à travers champs et bois en compagnie de sa sœur, c'était son grand bonheur. Mais il revenait toujours assez vite, humble et repentant. Tiénot avait déjà pris l'habitude de lui parler pour le plaisir de partager ses réflexions, pour éclaircir ses idées en les exprimant à haute voix, et plus encore pour partager ses peines. Depuis quelque temps, Justine ne l'écoutait plus. Lisa ne l'avait jamais écouté. Sa mère avait mille soucis. Son chien était le seul ami qui lui prêtait l'oreille à tout instant du jour, et même de la nuit, car il avait son coin de paille dans le passage, à quatre ou cinq pas de son jeune maître.

— On ne s'ennuie pas, hein, mon Gaspar ? On ne s'ennuiera jamais tous les deux. Je te raconterai tout, sans oublier mes petites misères. Et tu es bien placé pour savoir que j'en ai ma bonne part ! Je te lirai des pages de *Vingt mille lieues sous les mers* ou de *Robinson Crusoé*... Tu veux que je te chante ma chanson préférée ? C'est *La Madelon*. Celle de 1914... Je t'expliquerai.

Quand Madelon vient nous servir à boire
Sous la tonnelle on frôle son jupon
Et chacun lui raconte une histoire
Une histoire à sa façon

Tiénot chantait faux, bien sûr. Justine se moquait de lui. Il priait pour tomber sur la « récitation » au certificat. Mais Gaspar ne pouvait pas le savoir !

— Ma mère s'appelle Madeleine, on dit la Mado, c'est presque Madelon. Elle préfère la chanson de 1918, *La Madelon de la victoire*. C'est une autre chanson, composée par d'autres musiciens.

Nous avons gagné la guerre
Hein, crois-tu qu'on les a eus !

L'idée de frôler le jupon de la serveuse sous une tonnelle émouvait plus Tiénot que fêter la victoire avec Joffre, Foch et Clemenceau. Il aurait aimé que Gaspar comprenne ses sentiments, mais c'était peut-être trop demander... Quand donc pourrait-il prendre la taille ou le menton d'une jolie servante ? Il n'avait même pas pu choisir *La Madelon* pour le certificat, ce n'était pas permis !

Un soupçon lui passa tout de champ par la tête.

— Écoute un peu, Gaspar...

Le chien pointa une oreille, puis s'aplatit et s'approcha en rampant. À la voix de Tiénot, il pressentit une algarade.

— Ce n'est pas toi, par hasard, qui m'aurait volé la casquette de la demoiselle ? Ne fais pas cette tête, ce n'est pas si grave. La demoiselle, je m'en fiche, au fond. Qu'elle épouse son baron, son vicomte ou n'importe qui et qu'ils aient beaucoup d'enfants. Mais j'aimerais savoir pour la casquette. Hein ? Tu diras que c'est ma faute. Je ne savais pas qu'en faire, je la traînais de cachette en cachette, dans mon cartable, dans ma chambre, à la grange, dans le creux du saule de la mare... J'aurais voulu la garder dans mon cartable, mais elle sentait très bon et elle parfumait mes livres et mes cahiers, c'était embêtant. Si quelqu'un la voyait, je pouvais toujours dire que je l'avais trouvée et que je devais la rendre à la demoiselle. C'était pas sa culotte, quand même ! Tu crois que j'aurais préféré ? J'aurais préféré, peut-être, mais qu'est-ce que j'aurais fait d'une culotte de dame ? J'aurais pu la donner au Glouriou, paraît qu'il les collectionne... Et puis j'avais peur que Lisa me fauche la casquette ou que Justine se moque de moi. À mon avis, tu l'as reniflée, à la grange ou dans le couloir où j'avais pu la laisser tomber. Tu l'as ramassée et emportée. Regarde-moi. Oui ? Emportée où ? Tu es allé la mâchonner dans un coin ou tu l'as donnée à La Fumée ? C'est ça, mon vieux ? Ce n'est pas un crime, mais je voudrais en être sûr. La Fumée a reconnu le parfum de la demoiselle et elle a fiché le camp avec la casquette pour jouer. Elle t'avait apporté une paire de bretelles, alors, c'est un échange... Je vais te dire ce qui m'embête. Si la demoiselle voit sa coiffure dans la gueule de sa chienne, elle pensera que je l'ai jetée et elle sera très en colère contre moi. Mais on n'y peut rien. Tu ne comprends pas trop et tu n'es pas capable de la rapporter... Tant pis !

La vie de Tiénot était devenue d'une grande tristesse. L'anxiété et le chagrin lui moulinaient le cœur à longueur de jour et quelquefois de nuit. Ils provoquaient mille maux dans sa tête et son corps... Ses misères venaient du souci qui le tourmentait, non de la mauvaise santé. Malheur et misères allaient ensemble et se répondaient.

Mlle Julie allait se fiancer, puis se marier et quitter Hautefage. Au lieu du jeune vicomte qui lui semblait promis, elle allait épouser un vieux baron, pas loin de quarante ans, veuf avec des enfants. Elle aurait vite oublié les métayers. Mais Tiénot sentait qu'il l'avait déjà un peu perdue, le jour de sa colère contre Toinette. Il s'habituerait vite à son absence. Et au diable la casquette !

Plus grave, Frédo et Ninette se préparaient aussi à s'en aller. Peut-être rejoindraient-ils M. François-Xavier qui se lançait dans les affaires d'automobiles. Et puis Ninette parlait d'avoir un enfant.

— Je veux bien, répondait Frédo, mais mon fils ne sera pas un campagnard. Ma fille encore moins... Quittons d'abord la cambrousse !

Il ajoutait, maussade :

— À quoi sert d'avoir une voiture comme la Voisin avec les routes de ce pays !

Tiénot les regretterait longtemps. Il racontait à son chien :

— Tu sais, Gaspar, j'ai vu Ninette presque nue. Ah, si elle n'était pas la femme de mon ami Frédo...

Gaspar, tout bébé chien qu'il soit encore, rigolait doucement.

— Tu ne te vantes pas un peu, jeune maître ?

— Oh, pas toute nue, mais presque. J'ai même aperçu une bouclette à un endroit qui...

Tiénot avait promis à Frédo et Ninette de leur écrire une fois par mois, ou quand un événement important se produirait. Frédo maniait avec dextérité tous les outils inventés par l'homme, sauf la plume. Ninette répondrait. Et, d'abord, elle lui écrirait pour lui raconter leur installation, à Paris sans doute, ou dans la région parisienne. Lorsque l'enfant s'annoncerait, il serait le premier averti après la famille... À moins que Frédo et Ninette l'oublient. De toute façon ils laisseraient un vide cruel dans le petit monde de Hautefage, qui rétrécirait encore par leur absence.

Plus jamais Justine ne se confiait à lui. Elle devenait quasiment muette, certains jours. On aurait cru qu'elle le méprisait ou le détestait. Tant pis pour lui. Il le méritait sans doute. Le jeudi et le dimanche, elle montait travailler au château, elle y couchait quelquefois le mercredi et le samedi. Elle rentrait le lendemain à midi, un panier d'osier au bras, un *bouirricou* qu'elle portait comme le saint sacrement. C'est qu'il contenait une toupine en terre pleine de la bonne nourriture qu'elle avait aidé mémé Nanie à préparer. La cuisinière ne manquait jamais d'envoyer une part aux Jouannet.

— Elle dit que je pourrai bientôt la remplacer. Je serai peut-être engagée au château comme apprentie cuisinière. Mais je préférerais suivre Mlle Julie comme femme de chambre. Enfin, je ne sais pas, j'aimerais les deux ! La cuisine...

Elle avait le don de cuisiner. Elle aidait la mère aux toupines et aux marmites. Elle accommodait à merveille les champignons, le petit gibier que le père rapportait ou que le grand-père donnait de temps en temps à la Mado. Elle fricotait un hachis délicieux avec quelques restes de gras, une pincée de persil et trois herbes du jardin. Elle rêvait des plats riches, compliqués, odorants, qu'on mitonnait au château. Quelquefois, elle levait le nez et humait l'air, paupières mi-closes, sourire aux lèvres, comme s'il lui suffisait d'y penser pour que le parfum monte à ses narines.

— Un civet de lièvre, tiens, un coq au vin, une omelette aux truffes, un confit aux cèpes...

En attendant, elle négligeait ses devoirs et les révisions du certificat.

— J'ai pas besoin du certificat pour faire la cuisine ! disait-elle sur un ton de défi.

De toute façon, elle quitterait bientôt les Jouannet. Elle servirait chez les nobles, et Tiénot ne serait, pour la personne délurée qu'elle allait devenir, qu'un petit paysan mal dégrossi. Elle pouvait bien le mépriser.

Le grand-père avait beaucoup vieilli en l'espace d'un hiver. Il s'enraidissait, sa vue baissait. Il avouait broyer du noir et penser souvent à la mort. Surtout à celle de la grand-mère Marguerite. Un jour, il caressait Gaspar, les larmes aux yeux. Tiénot lui demanda pourquoi il n'avait plus de chien.

— Je n'en veux pas. Tu te souviens de Poupoun, le corniaud de ta grand-mère ? Ç'a été notre dernier. Il ne s'est jamais consolé de sa mort. Il la cherchait partout. Il ne voulait pas de moi comme patron. J'ai eu le tort de l'enfermer pour qu'il cesse de courir. Il s'est échappé, je l'ai poursuivi dans les bois, mais je n'ai pas pu le rattraper. Je l'ai trouvé mort le jour de Noël 1918, du côté du Plat des Fadettes... Je me suis dit : Si j'en prends un autre, est-ce que ça ne sera pas la même histoire, à ma mort ? Même si quelqu'un le prend, est-ce qu'il acceptera ? Non. Je ne veux laisser personne derrière moi pour me regretter !

Tiénot protesta de tout cœur.

— Moi, je te regretterai.

— Je sais. Tu seras le seul.

— Et puis tu dois finir de m'apprendre à semer, et tant d'autres choses.

— Si le bon Dieu veut, une grenouille peut dire la messe !

Tiénot aimait les sentences mystérieuses de pépé Jean. Il se creusait longtemps la cervelle pour essayer de les comprendre et n'y réussissait pas toujours.

Le père, la mère... Qu'est-ce qui était pire, la maladie du père ou les façons de la mère qui appâtait Joseph Sembat, l'attirait à la maison et lui faisait toutes sortes de mamours, comme si elle était déjà veuve et voulait se remarier ?

Tiénot croyait deviner que la Mado avait renoué avec sa famille. Troublée, inquiète, elle hésitait entre le bonheur et la méfiance. Elle cachait la vérité à ses enfants, mais Tiénot n'en souffrait pas trop. Il se disait : Peut-être ne sait-elle pas quoi décider. Ça le rassurait un peu. Allait-elle quitter sa famille ? Elle lui avait promis de rester toujours, le fameux soir où il l'attendait sous la neige. Promis, juré... Peut-être. Il savait maintenant que les promesses ne sont pas toujours tenues, non parce que les gens sont menteurs ou méchants, mais parce que les tempêtes de la vie emportent les bons sentiments comme fétus de paille. Et puis elle s'était prise d'un béguin pour le Glouriou. Tous les matins, Tiénot se demandait : « Est-ce qu'elle ne va pas partir aujourd'hui avec ce sale cochon ? Est-ce qu'elle sera encore là ce soir ? »

En attendant, elle rapportait de beaux billets dans son sac, et des cadeaux pour tout le monde, sans oublier Joseph Sembat. Un vélo d'homme récompenserait le succès de Tiénot au certificat... Le Glouriou se pavanait dans son costume des dimanches tout neuf. La Mado était riche, ou sur le point de le devenir. Tiénot avait grande envie d'une bicyclette, mais il se méfiait de cet argent inconnu. La mère insistait pour qu'il s'exerce sur son vélo à elle.

— Et si je le casse ?

Elle pouffait de rire.

— On le fera réparer ou j'en achèterai un autre.

De sombres pensées tournaient dans la tête de Tiénot. À quoi bon travailler dur pour gagner quelques sous quand la fortune peut tomber du ciel ? Ou seulement quelques miettes de fortune ? Pour les pauvres que les Jouannet avaient toujours été jusqu'ici, deux bicyclettes neuves à la maison, c'était un luxe. Un luxe que les autres métayers ne leur pardonneraient pas. Et les maîtres ? La mère leur avait-elle dit la vérité ? Quand on la questionnait, d'un mot ou d'un regard, elle riait, elle se taisait.

Elle ne négligeait pas la métairie, loin de là. Seulement sa façon de préparer l'avenir ne plaisait guère à Tiénot. Joseph Sembat prenait de plus en plus de place dans ses projets.

— Joseph coupera le bois. Joseph fera les gros labours. Tu es trop jeune pour semer le blé, mon petit Tiénot, Joseph a de grands bras, il s'en occupera...

De grands bras, certes. Il ceinturait la mère pour s'amuser, la serrait contre lui, la soulevait une seconde, sans effort. Ses jupons remontaient, elle riait, le repoussait gentiment.

— Je n'ai jamais vu un homme aussi fort !

Déjà elle confiait au Glouriou les petits travaux que Tiénot partageait autrefois avec elle ou le père.

— Tiénot, Joseph va taper la faux, tu ne sais pas t'y prendre.

Le grand-père l'avait initié à l'art de battre la faux sur l'enclumette avec un marteau spécial qu'il maniait assez adroitement. Du moins, il l'avait toujours cru...

— Joseph va aiguiser la lame de la faucheuse, tu tourneras la meule.

Un travail délicat, qu'il connaissait bien aussi. Avant, il tournait la manivelle tandis que le père présentait la lame à la meule, dent après dent. Il se croyait assez fort, maintenant, pour tenir la lame pendant que Justine tournerait la meule. La mère et le Glouriou le renvoyaient à son rôle d'aide, d'apprenti. Il se doutait que le certificat n'y changerait rien. Mais il n'avait aucune envie de tourner la meule pour Joseph Sembat et de subir ses reproches et ses moqueries. « Puisqu'il se charge de tout, qu'il se passe aussi de moi ! »

— Joseph va réparer le tombereau, tu l'aideras à sortir la roue...

Joseph ci, Joseph là. Le grand-père se voyait poussé dehors par la même occasion.

— Joseph s'occupera des semailles. Il taillera la vigne et les pruniers !

Même s'il ne se levait pas plus d'une heure par jour en cette fin d'hiver, le père observait leur manège. Un soir, Tiénot surprit une réflexion bien amère qu'il lançait à la Mado.

— C'était convenu que je rentre à l'hôpital après les foins, mais si ça t'arrange, je peux demander au docteur qu'on me prenne tout de suite !

— Si tu veux. Pour ce que tu m'aides en ce moment !

— N'empêche que ma pension est bien commode pour payer de belles nippes. Sans parler de la bicyclette...

Il ne s'apercevait pas que l'argent perdait de plus en plus de valeur, comme le maître le montrait en classe aux grands élèves, chiffres à l'appui. Il croyait sa pension plus forte qu'elle n'était et se persuadait que ces quelques sous procuraient à toute la famille un grand bien-être. Il ne connaissait pas les rentes secrètes de la Mado, ou peut-être préférait-il les ignorer.

Plus tard, elle se radoucit.

— Mon pauvre Marius...

Tiénot devina qu'elle le cajolait à sa façon, une tape par-ci, une tape par-là, puis la paume sur le front, plus longtemps.

— Un peu de fièvre, ce soir ?

Presque malgré lui, il fit un pas en avant pour les observer du couloir. Son père se tenait assis sur le bord du lit, en chemise, le buste droit, une main sur les genoux, l'autre sur la poitrine, la bouche ouverte et le regard fixe.

— Tu sais bien que j'ai toujours la fièvre.

— Plus vite tu partiras à l'hôpital, plus vite tu reviendras.

— Pour trouver ma place prise ?

La mère rit doucement. Elle riait de plus en plus souvent, sans raison, même quand elle aurait dû pleurer. Et, sur un ton grondeur, affectueux, pas du tout indigné :

— Hou, hou, hou ! Qu'est-ce que tu vas imaginer, mon pauvre Marius !

Le père marmonna, à travers une quinte de toux, une réflexion en patois que Tiénot entendit mal. Peut-être un proverbe... Il imaginait à peu près la même chose. Ça devait être pénible, presque insupportable pour la Mado de partager la vie et la couche d'un malade. D'être réveillée par ses quintes de toux plusieurs fois par nuit, de respirer l'odeur de sa fièvre et de ses médicaments, d'écouter le râle dans sa poitrine. Et pendant ce temps, des hommes plus jeunes lui tournaient autour, sans trop cacher leurs intentions moins qu'à moitié honnêtes. Joseph Sembat en tête. Et lui était libre...

Elle souhaitait sans doute que son mari reste longtemps à l'hôpital, qu'il laisse sa place à la maison, et même dans le lit... Et il le savait. C'était une situation cruelle. Tiénot désespérait de leur avenir chaque jour un peu plus.

Un matin, une moto déboula dans la cour en faisant gicler la boue. À peine si Tiénot reconnut Joseph Sembat, coiffé d'un bonnet serre-tête qui lui cachait le front et les oreilles. Le Glouriou fit gronder le moteur, le tuyau d'échappement lâcha une grosse bouffée de fumée et de gaz puants. Puis le bonhomme arrêta sa machine contre le portail de la grange, sauta à terre en ôtant son bonnet et courut vers la maison, où la Mado l'attendait.

— Une Alcyon deux chevaux et demi, comme neuve. Mille deux cents francs avec un pneu de rechange, c'est donné !

Tiénot pensa ce que tout le monde croirait bientôt : les douze billets de cent, avec la femme demi-nue qui ressemblait à la Poussinette ou à la demoiselle, c'est elle, la Mado, qui les avait sortis de son sac à malices. Peut-être l'avait-elle payé d'avance pour tout l'été !

Deux chevaux et demi... On écrivait H. P. pour cheval-vapeur. Le demi-cheval faisait rire les gens. Alors on pouvait maintenant s'acheter une moitié de cheval pour tirer sa machine ! C'était le progrès.

Tiénot en aurait pleuré.

14.

L'inquiétude lui donnait toutes sortes de malaises : maux de ventre, saignements de nez, vertiges... Ses plus grandes souffrances venaient d'une façon qu'il avait prise d'aller de travers, de buter en marchant ou en courant et de se cogner les chevilles l'une contre l'autre, jusqu'au sang.

Sa cheville gauche était blessée en profondeur et bardée de croûtes d'où suintait tout le temps un pus sanguinolent. Parfois, une croûte tombait, découvrant un trou qui se creusait de semaine en semaine. Sa cheville droite lui faisait presque aussi mal. Les croûtes ne s'y formaient pas, mais la peau était écorchée sur la pointe de l'os qui venait frapper celui d'en face comme un outil. Il suffisait à Tiénot d'y penser pour éviter de le cogner, au moins trois fois sur quatre. Mais alors il s'obligeait à marcher en canard, les jambes écartées, et il se sentait affreusement ridicule ! Justine, autrefois si gentille avec lui, se moquait sans pitié de son allure.

— On croirait que tu as cagué dans ton pantalon ! Tu cagues aussi, peut-être ?

Alors il partait pour l'école en avance, tout seul. Il pouvait marcher moins vite et il évitait les malices de Justine et des autres, surtout celles de sa petite sœur qui imitait Justine en répétant : « Titi, Titi... » À la récréation, il essayait de ne plus courir, il ne participait plus à aucun jeu. La préparation du certificat lui fournissait une bonne excuse. M. Beugnac lui avait prêté un mémento qu'il ne lâchait plus. Accroupi sous le préau ou assis sur un coin de mur dans la cour, quand le soleil brillait, il révisait, révisait, à se faire fumer la cervelle.

Au champ des vaches, Gaspar commençait à devenir un bon soutien et lui épargnait de nombreuses courses.

Le pire, c'était pour semer, avec le grand-père. Il se forçait à garder les jambes écartées, puis oubliait au bout de cinq minutes. Il ne pouvait pas penser en même temps à ses mains et à ses pieds ! Il piétinait et trébuchait dans la terre labourée, et ses pauvres chevilles ne tardaient pas à se choquer, une fois, dix et peut-être bien vingt fois dans une heure. Le grand-père, témoin de sa détresse, était seul à le plaindre. Après l'avoir badigeonné d'une pommade puante, il lui enveloppa les chevilles avec des bandes de chiffon qui servaient à soigner les bêtes à la ferme du château et noua les bouts au bas de ses mollets. Alors ses pieds ne rentraient plus dans ses sabots. Il ne pouvait même plus enfiler les beaux chaussons de feutre que la mère lui avait rapportés de la ville. Elle en fut vexée. Elle se moqua à sa façon, plus fine mais plus aigre que celle de Justine.

— Je crois que tu le fais exprès, sans le savoir. Tu n'as pas envie de semer, même pas d'aller à pied. Tu voudrais conduire une auto ou un avion, c'est ça qui t'empêche de marcher !

Tiénot se révolta contre cette accusation tellement injuste. Il cria, les poings serrés, les larmes aux yeux :

— Non, non, non, je le fais pas exprès !

La Mado riait encore plus haut.

— Ne t'inquiète pas pour les semailles. La prochaine saison, Joseph Sembat les fera pour nous.

Tiénot tenta de railler, en ravalant un sanglot :

— À moto ?

— Il est capable de marcher droit, lui, sans se cogner les pieds comme une vache saoule !

Elle s'adoucit soudain, pinça le nez du garçon.

— Peut-être bien que tu ne le fais pas exprès. C'est l'âge bête... Après le certificat, tu auras un vélo, ça ira mieux. À condition que tu ne te cognes pas aux pédales !

Il ne se plaignait à personne, sauf à son chien.

— C'est à cause de l'âge bête, mon pauvre Gaspar, que je me cogne les chevilles...

Gaspar venait renifler et lécher son pansement qui pour lui sentait bon. Pour lui, mais pas pour les gens. Un matin, Justine fit la grimace et se boucha le nez.

— Tu commences à puer, espèce de sale, pire que ton chien quand il pète. Tu veux que je t'enlève ces chiffons ?

Elle le guignait, l'œil allumé, la bouche gourmande. Elle n'offrait pas ses services pour l'aider, mais parce qu'elle avait très envie de lui faire mal en arrachant le pansement qui collait à ses croûtes. Une nouvelle occasion de le tourner en ridicule.

— Non ? Le petit douillet à sa maman, hi, hi !

Il s'enfuit en courant. Pourtant il serait bien obligé d'ôter les bandes de chiffons que le pus commençait à baigner et qu'il ne pouvait plus cacher sous sa jambe de pantalon.

Frédo le vit boitiller et le questionna sans railler. Tiénot lui avoua son infortune. Le chauffeur demanda à voir son pansement.

— Hum, c'est pas joli joli et ça sent, hum, pas très bon. Viens au château, Ninette t'enlèvera le pansement et t'en fera un propre.

Ninette se boucha d'abord le nez, comme Justine.

— Mais tu pues ! Bah, c'est pas grave, on va te bichonner.

Elle lui donna une bourrade à l'épaule, à la façon d'un homme. Il l'aimait bien, Ninette. Elle lui manquerait.

— Te soucie pas, dit-elle. Il y a toujours de l'eau bouillante à la cuisine, je vais te préparer une grande bassine aussi chaude que possible. Tu tremperas tes petons là-dedans, on ôtera les bandes et on t'en mettra des propres.

Miracle de l'eau chaude, le pansement tomba tout seul, ou presque, quand les pieds de Tiénot eurent trempé dix minutes dans la bassine. Les messieurs-dames avaient bien de la chance, et même les domestiques qui profitaient des commodités du château. Il tira enfin de la bassine ses pieds bien nettoyés. Ninette poussa de hauts cris.

— Oh ! là, là ! Oh, la, la ! Il y a un trou !

La plaie de la cheville gauche s'était encore creusée, on pouvait y enfoncer le bout du doigt.

— Mais c'est une maladie qui te ronge jusqu'à l'os. Il faut le faire voir au docteur !

— Non !

— Les messieurs-dames paieront, si ton père ne peut pas. Quoique avec sa pension...

— Non, non, je ne veux pas aller au docteur.

Avouer au médecin qu'il se cognait tout le temps les chevilles en marchant ? Il avait trop honte !

— Je vais en parler à Mlle Julie, décida Ninette.

Tiénot essaya en vain de la retenir. La demoiselle arriva cinq minutes plus tard, le chignon défait, l'air contrarié. Elle considéra le garçon avec une moue dégoûtée. Il avait, sans le vouloir, empuanti tout le logement de Ninette et de Frédo. La demoiselle porta à ses narines un mouchoir de batiste rose tout parfumé.

— Qu'est-ce qui t'arrive encore, toi ?

Pourquoi « encore » ? Avant, il n'était presque jamais malade, il se blessait peu. Justine avait peut-être *jabiassé* à son sujet, douillet, menteur, geignard... tout le mal qu'elle pensait de lui.

— Je n'y comprends rien, avoua Ninette. On dirait une espèce d'ulcère de jambe. Ça a l'air grave.

— J'allais sortir, dit la demoiselle. Je n'ai pas trop le temps...

— Votre chignon, mademoiselle !

— J'ai envie d'avoir les cheveux fous. Ça plaît au baron !

Elle leva son en-tout-cas, mi-ombrelle, mi-parapluie, vert à galon, puis l'abaissa vivement et toucha le pied de Tiénot avec le bout pointu. Il eut très peur qu'elle l'enfonce dans sa plaie. Il retint son souffle. Ninette posa la main sur sa cheville, comme pour la protéger.

— C'est très enflammé et très douloureux.

La demoiselle éloigna son en-tout-cas.

— Comment est-ce arrivé ?

Tiénot résista à la tentation du mensonge.

— Je me cogne les chevilles en marchant...

Elle éclata de rire. Jusqu'ici, Tiénot n'avait pas touché le fond du chagrin. Le rire de la demoiselle l'y jeta. Il eut envie de mourir. Elle le regarda, il baissa les yeux. Elle plia le genou pour s'approcher et examiner les pieds du garçon. Elle fit la grimace.

— Ce n'est pas très sain. Écoute, je pense... L'an dernier, tu as bien conduit ta chienne Bella à la Chalouse de Péchaud ?

La Touche-braise, ou pour ceux qui ne l'aimaient pas, *lo Blaco,* la sorcière. Il acquiesça d'un signe.

— Bella est morte au retour.

— Elle était vieille et malade, personne ne pouvait la sauver. À mon avis, ce serait une bonne idée d'y retourner pour toi, si tes parents veulent bien. Qu'en dis-tu ?

Peut-être, mais comment pourrait-il marcher si loin ? Il n'aurait plus de chevilles du tout en arrivant !

— C'est trop loin, je ne peux pas y aller.

Il montra ses pieds d'un geste. La demoiselle appuya la pointe de l'en-tout-cas sur sa poitrine.

— Si tu veux, je te conduis avec le cabriolet. Et je paierai la Touche-braise, qui n'est pas bien chère, de toute façon.

Tiénot se gratta le coin de l'œil et baissa la tête sans répondre. Qui ne dit mot consent.

Avertie, sa mère prit l'affaire à la blague.

— La demoiselle a raison, c'est une sorcière qu'il te faut. Quelque *mau-jovanto* a dû te jeter un sort pour que tu te cognes les chevilles. La sorcière te l'enlèvera !

Les *mau-jovants* sont des individus qui portent malheur, qui ont le mauvais œil. Bien sûr, la mère se moquait de lui, une fois de plus. Elle riait depuis toujours des superstitions paysannes. Maintenant qu'elle avait retrouvé sa famille, qu'elle se préparait peut-être à retourner en ville, elle avait honte de son fils, un petit paysan borné.

Enfin, elle voulut bien. Le père aussi, à condition de ne rien payer.

— La demoiselle a dit qu'elle paierait...

Tiénot demanda l'avis de son grand-père.

— La Touche-braise ? C'est une brave femme, et un peu moins que sotte. Elle te mettra un emplâtre, elle te soignera bien. Et aussi, elle te posera des questions. Elle veut toujours savoir d'où venait l'œuf qui a donné la première poule !

Des questions, ça ne plaisait guère à Tiénot, mais il voulait guérir. La demoiselle fixa le voyage au dimanche après-midi.

— La Chalouse aura du monde, mais on est sûr qu'elle sera disponible. Le dimanche après-midi, elle reçoit les gens au château de Mallevergne. Elle a guéri le comte de Beausac d'une grosse saleté à la figure. En reconnaissance, il lui ouvre un local au château tous les dimanches après-midi.

Tiénot savait que la demoiselle continuait de voir la Touche-braise pour ses furoncles. Le Dr Lagrange l'avait appris et s'était fâché tout rouge. Les gens riaient.

— La damizello, ça la démange au bon endroit. Quand elle sera mariée, on parlera plus des furoncles, vaï !

Et d'autres, plus méchants :

— Le derrière de la demoiselle, c'est de la braise. Y a que la Chalouse qui peut le toucher sans se brûler !

Tiénot se gaussait avec les rieurs, pas trop fier de lui quand même. Ninette lui fit savoir par Frédo qu'elle voulait le voir le samedi soir. Pour elle, il aurait couru, la nuit tombée, dix fois plus loin que le château.

Elle lui avait préparé une surprise.

— Tu vas être assis à côté de la demoiselle, Tiénot, tu ne dois pas sentir mauvais. Il faut te laver tout, même les fesses. Je vais te donner une douche chaude.

Il protesta qu'il pouvait se laver tout seul.

— Tu as déjà pris une douche avec un appareil ?

Jamais. Il dut l'avouer.

— Tu ne sauras pas. C'est compliqué parce qu'il y a un réchaud à pétrole pour chauffer l'eau, Ça te gêne de me montrer ta quiquette ? Ah, ouate, j'en ai vu de plus grosses !

Il dut quitter ses hardes, jusqu'au caleçon troué qu'il avait porté presque tout l'hiver. Il se laissa passer le collier, puisque c'était une douche à collier. Il apprécia l'eau, presque trop chaude. Et le regard de la gentille Ninette sur son corps ne lui déplut pas, finalement. Après l'avoir savonné et rincé, elle recula de deux pas pour le considérer.

— Je peux te dire que tu seras bientôt un homme, Tiénot !

Ils partirent après la grand-messe, le casse-croûte préparé par mémé Nanie dans un grand panier. La demoiselle fit prendre à sa jument un petit trot doux et coquet.

— Je suis contente de t'emmener, dit-elle. Je crois que la Chalouse te soignera bien. Ne fais pas la tête !

Le feu monta aux joues de Tiénot. Il était toujours en colère contre elle et contre tous les riches, à commencer par les châtelains. Il refusait de lui être reconnaissant et, au fond de lui, il espérait que la blaco ne saurait pas le guérir. Ainsi, il continuerait de boiter, de saigner et de puer. Le monde entier serait puni !

Il craignait aussi qu'elle le questionne sur sa casquette, devenue sans doute un jouet des chiens...

Il se trémoussait sur la banquette du cabriolet en remuant de mauvaises pensées, tout près de la demoiselle qui avait déboutonné son manteau. Les pans découvraient sa jupe claire un peu remontée. C'est tout juste s'il ne voyait pas ses genoux. Elle sentait bon, son parfum lui rappelait les fleurs des champs, surtout le chèvrefeuille. Et il ne pouvait pas s'empêcher de songer à la braise que la Chalouse touchait pour ôter les furoncles. Le feu qui couvait à cinquante centimètres de lui...

Le soleil, resté caché tout le matin derrière les nuages, brillait dans le ciel d'un feu printanier. La capote du cabriolet baissée, le vent aigrelet de mars fouettait la figure des passagers. Quelques mèches presque rousses volaient sous le chapeau de feutre de la demoiselle. Tiénot tira son béret sur ses oreilles, il n'était pas sûr que Ninette ait pensé à les lui laver la veille.

Bientôt, la jument se mit à transpirer, et l'odeur de sa sueur vint gâter le parfum de Mlle Julie. Des flèches de lumière dansaient sur les branches mouillées, aux bourgeons naissants. Les blés en herbe verdissaient la campagne livrée à la paix du dimanche. Les sabots de la bonne Muse sonnaient gaiement sur la route dure. Les oiseaux trillaient comme des fous dans les haies, le long des fossés. Les bêlements espiègles des jeunes agneaux montaient des prés... La tristesse et le chagrin quittaient peu à peu le cœur de Tiénot.

— Nous mangerons quand nous serons arrivés et que nous aurons pris notre tour, décida la demoiselle. À moins que tu meures de faim ?

Il avait la dent, mais il ne l'aurait pas avoué pour dix billets de cent francs. Il appréhendait ce pique-nique, il craignait de ne pas savoir manger proprement devant la demoiselle. Une fois arrivé, il chercherait un endroit pour se cacher et manger seul... Il approuva donc.

Il demanda à la demoiselle la permission de prendre dans sa musette les livres qu'il avait emportés pour réviser.

— Bonne idée. On attendra au moins une heure ou deux, tu pourras en profiter.

Mais il eut peine à lire, encore plus à étudier, dans la voiture qui virait et cahotait. Il continuait de se trémousser, ce qui finit par agacer la demoiselle.

— Écoute, on va s'arrêter et tu iras vider ta vessie derrière la haie... si c'est ça qui te tourmente.

Sa vessie avait-elle besoin de se vider ? Oui, peut-être. Il sauta du cabriolet, courut à la recherche d'un endroit propice. La colique le prit. Il découvrit un fossé qui lui parut un refuge presque aussi sûr que les cabinets du château. Il revint à la voiture les pieds trempés, son pansement imbibé et collé à sa cheville. Et son intestin continuait de lâcher des bruits de gouttière... Il avait un air de chien battu que la demoiselle remarqua forcément. Elle le lorgna avec un sourire perplexe, mais elle ne fit aucune réflexion, et ils repartirent.

Une pancarte taillée en relief dans un panneau de bois annonçait le château de Mallevergne à un kilomètre. Le cabriolet rattrapa une jardinière chargée de toute une famille, au moins quatre drôles et drôlettes. La demoiselle fit claquer son fouet au-dessus de la jument, sans même effleurer sa croupe.

— On va tâcher de passer devant ces braves gens. S'ils ont tous besoin de soins, il y en a pour deux heures !

Le château dressait ses hauts pans de mur et ses tourelles en poivrières au fond d'une allée droite, bordée d'ormeaux. Comme ils approchaient, un vieil homme s'avança à leur rencontre.

— Vous venez pour la guérisseuse ?

La demoiselle acquiesça. L'homme les guida vers les

communs, où on garait les voitures et dételait les chevaux dans une cour immense. La jument Muse huma des odeurs déplaisantes, elle se mit à souffler et à renâcler. Le commis dut voir que la demoiselle était une « de » et il la traita tout de suite avec respect. Ou peut-être la connaissait-il à cause des furoncles... Il l'aida à descendre du cabriolet en considérant Tiénot, sourcils froncés. Enfin il aperçut le pansement de sa cheville et hocha la tête en grommelant.

— Allez vite prendre votre tour, mademoiselle. Je vais dételer votre jument et lui donner une poignée de fourrage. Ce sera long !

Une bonne dizaine de carrioles s'alignaient devant un hangar. La plupart des chevaux et des mulets, dételés, mâchaient leur foin sous un auvent. Un relent de crottin flottait dans la cour. Un braiment énorme et rocailleux se mêla aux hennissements flûtés des chevaux. Tiénot sourit en voyant l'âne minuscule d'où provenait cet affreux bruit. Toujours attelé à sa petite charrette, menaçant, coléreux, il retroussait les babines sur de grosses dents noir et jaune. Tiénot le montra à la demoiselle, qui voulut bien partager son amusement.

— Toi, tu vas mieux, dit-elle.

Elle lui prit le poignet et l'attira vers un autre bâtiment, devant lequel se tenaient de nombreuses personnes de tout âge et de toute condition. Il la suivit sans se cogner une seule fois les chevilles ! Une petite fille à la figure couverte de pustules courut vers les nouveaux venus en battant des mains. Elle cria en patois :

— Je viens voir la Toca-braso, la Toca-braso !

Mlle Julie ne put cacher une grimace de dégoût.

— Tous ces gens avec des maladies sales, les pustules, les abcès, les dartres... et les blessures de guerre. Ça sent mauvais !

Il pensa : Tout le monde ne peut pas avoir ses abcès bien à l'abri dans le derrière ! Malgré le fumier, l'air sentait le printemps, et lui qui était un pauvre, les maladies sales ne le gênaient pas. Elle se détourna, la main sur l'estomac.

— Je ne crois pas que je pourrai manger ici. Je vais te donner tes tartines et tu n'auras qu'à boire à la pompe.

Il la vit s'éloigner avec soulagement. Il courut à la pompe pour boire et se laver les mains. Il s'assit sur un timon de charrette et mangea ses tartines. Son appétit s'envola dès la troisième bouchée, mais il se força à finir le pain, le poulet et la confiture. Un repas de riche...

Une bonne femme en caraco rouge, qu'on voyait de loin, s'approcha et brandit un cahier.

— Tu connais ton tour, mon drôle ? Tu es juste après l'invalide à la jambe de bois et juste avant la grosse femme qui descend de sa jardinière. Il y a encore cinq personnes avant toi, tu peux te promener, si tu veux. La dame avec toi est ta grande sœur ?

Il ne put empêcher une ridicule fierté de monter dans sa voix.

— Non, c'est notre châtelaine, Mlle Julie de Réaux.

Il rougit aussitôt. La femme s'exclama :

— Oh, je connais Mlle de Réaux. Et elle paiera pour toi ? On donne ce qu'on veut, même rien du tout. Il faut que je marque ton nom et ton adresse...

— Étienne Jouannet, de Gignac-la-Forêt.

La femme appuya son cahier contre un montant de charrette et écrivit sur son cahier en tirant la langue.

— Voilà bien. Tu passeras à peu près au milieu de l'après-midi. Les gens continuent d'arriver. La pauvre Chalouse va travailler jusque tard dans la soirée. Tu penseras à dire une prière pour elle.

Si M. Beugnac, le maître, l'avait vu prendre la queue chez la sorcière trois mois avant le certificat !

Les gens se tenaient dans la cour ou dans une pièce sombre qui avait dû être une sellerie ou une remise d'écurie. La Toca-braso faisait son bazar dans la cuisine, en face. Il fallait traverser un jardin pour aller de la remise à la cuisine. Quelques jacinthes et quelques tulipes fleurissaient sur les parterres piétinés. Des bancs et deux ou trois fauteuils d'osier garnissaient la sellerie. Cinq ou six personnes étaient assises, dont une femme grosse, l'invalide qui s'accrochait à ses béquilles, sa jambe de bois détachée et posée par terre, et un vieil homme aux jambes boudinées, sous un pantalon fendu, sans doute incapable de tenir debout. Quelques bûches humides charbonnaient dans la cheminée. La fumée chassait tant bien que mal la *pudécine*. La demoiselle avait raison, ça sentait vraiment mauvais. Les petits enfants puaient la diarrhée et les vieilles gens la crasse.

Parmi toutes les misères qui s'exposaient, il reconnut avec un grand dégoût le goitre et l'ulcère, aux jambes et au visage. Un homme jeune, maigre comme un squelette, dont la respiration sifflait plus fort que celle du père, avec de petites toussées aigres. Un gazé, pour sûr. D'ailleurs, il portait encore une veste bleue de soldat. Un autre s'enveloppait complètement la figure dans une sorte de passe-montagne. Il le souleva un moment pour se gratter et Tiénot vit qu'il était « gueule cassée », comme on disait. Il avait une figure de monstre. La fillette aux pustules criait qu'elle s'appelait Mauricette, qu'elle avait sept ans et que la Toca-braso allait lui enlever ses boutons. De sales vilains boutons qui la défiguraient et, de l'avis de Tiénot, la Toca-braso ne les ôterait pas. Tiénot reconnut l'invalide au pilon : Sosthène Guigou, dit Cambo dé boï. Il exhibait son moignon, tranché au-dessous du genou, rouge, purulent, à vif.

— Les majors veulent maintenant me le trancher plus haut. Ils ont envie de se payer mon genou. J'ai dit non, cré pétard ! La Toca-braso va m'arranger ça !

Un pauvre homme se tenait allongé sur une couverture, les petons à l'air, tristes petons sans orteils, enflés et noirs, qui semblaient par endroits prêts à se fendre et à éclater.

— Les pieds gelés que j'ai eus, tous les deux, un en dix-sept, l'autre en dix-huit. Le pire, putain, c'est que je l'ai voulu. Ah, je la paie cher, cette couillonnade !

Non loin, un gaillard barbu, voûté, la manche pendante, hurlait qu'il avait quelquefois si mal à son coude perdu que la douleur lui montait aux dents et à l'oreille.

— Les majors rigolent. Ils disent que c'est dans ma tête, que je dois arrêter de boire !

Deux femmes chauffaient au soleil leurs ulcères de jambes. La plus vieille jeta au manchot :

— Si tu as mal au coude que tu as plus, c'est que tu l'as trop levé avant de le perdre !

Le tour de Tiénot arriva, à la fin des fins, le milieu de l'après-midi plus que passé. Mlle Julie attendait avec lui depuis au moins une heure quand la femme au caraco rouge vint le chercher.

— Je t'accompagne, dit la demoiselle, pour remettre l'enveloppe à la Chalouse. Son petit billet, tu comprends ? Et puis je te laisserai seul pour que tu ne sois pas gêné.

Il ne l'aimait plus, mais il pensait tout le temps à ses furoncles et ça le gênait. Il se contenta de grogner. Elle le prit par le bras pour entrer dans la cuisine du château.

— Allons, du cran, jeune homme. Tu es tout pâle... Tu ne crois pas qu'elle va te tailler le pied avec un couteau à jambon !

La honte et la répulsion qui lui serraient l'estomac étaient presque pires que la peur. Il avait le sentiment de trahir son maître et l'école républicaine. En entrant, il vit la Toca-braso assise sur un tabouret, près du feu, la tête dans ses mains. Comme elle était menue !

Elle se leva, avec effort, en gardant ses mains sur la figure, puis elle les ôta lentement et elle posa les yeux sur la jeune femme et le garçon comme si elle ne les voyait pas. Elle paraissait plus fatiguée ou malade que beaucoup de ses clients. La sueur collait à son front et ses joues, ses cheveux dénoués, tout gris. Elle avait bien vieilli depuis la visite de Tiénot avec Bella, l'été précédent.

La Chalouse scruta longuement Tiénot, et il fut presque sûr qu'elle l'avait reconnu. Son regard très brillant le perçait jusqu'à l'âme. Mais lui aussi avait vieilli. Il ne retrouvait pas la confiance enfantine qu'il avait eu tout de suite en elle l'année passée. Il éprouvait même un certain soupçon. Était-elle encore la *chento*, la sainte, que certains paysans révéraient ? Ou une boutiquière qui faisait fructifier son fond ?

Mlle Julie tendit à la Chalouse l'enveloppe blanche du paiement. Tiénot essaya de distinguer la couleur du billet à travers, cinq francs violet, dix francs bleu, vingt francs vert... C'était sans doute vingt francs. Par fierté, la demoiselle n'aurait pas voulu donner moins. L'humiliation embuait les yeux de Tiénot.

Un rayon de soleil éclairait les chaudrons de cuivre, une grande marmite bouillait sur le feu, une odeur d'herbes aromatiques se mêlait au parfum de Mlle Julie. Ce qui se jouait là touchait son avenir, sa vie, il le sentait confusément.

Enfin, la Chalouse prit l'enveloppe et la glissa dans une boîte sur une étagère.

— Eh bien, dit la demoiselle d'une voix embarrassée, je vais vous laisser, je reviendrai dans une heure.

Et elle sortit. La Toca-braso s'approcha de Tiénot et toucha son bras. Il avait pris quelques centimètres, elle s'était voûtée, elle était à peine plus grande que lui. Son regard s'adoucit.

— Ta chienne est morte, je suis triste pour toi.

Elle se rappelait donc la visite du garçon avec Bella. Pour ces mots, il lui rendit son estime. Elle lui demanda s'il voulait bien parler patois. Parler bourgeois la fatiguait. Il accepta. Encore une trahison de l'école.

— Mais je ne le sais pas très bien...

— Oh, on s'entendra.

Elle le fit asseoir sur un tabouret et commença à dénouer son pansement. Il cria aïe avant d'avoir mal. Mais elle ne tira pas tout de suite sur les bandes. Elle se releva et appela :

— Louisette, ho !

Une grosse fille de seize ou dix-sept ans sortit d'un recoin. Coiffe de dentelles, caraco à manches courtes qui découvrait ses bras rouges comme sa figure, elle dandinait le derrière et claquait ses cuisses charnues. La Chalouse lui demanda de puiser de l'eau bouillante dans la marmite, de la verser dans une grande bassine, qu'elle finirait de remplir avec de l'eau froide. Elle parlait lentement, complétait ses explications avec des gestes. Tiénot devina que la grosse Louisette était une simple, une demeurée. Elle s'acquitta de la tâche à gestes comptés, en marmonnant.

La Chalouse s'était accroupie devant Tiénot, elle releva la jambe de son pantalon, du côté de sa cheville blessée, lui tâta le mollet, puis le genou et le bord de la cuisse. Elle lui fit mal, il se mordit la joue pour ne pas geindre. Elle commença à déboutonner ses bretelles.

— Il va falloir quitter ta culotte. Tu as un caleçon ? Bon, soulève-toi juste, je te les tire...

Ce qui fut fait en deux secondes, et il se sentait tout penaud, les instruments à l'air. Venue apporter la bassine, la grosse fille le guignait au bon endroit en roulant ses yeux de vache.

La Chalouse lui serra les bourses sans ménagement et, cette fois, il ne put s'empêcher de crier. La grosse fille gloussa, la main devant sa bouche. Il l'aurait tuée.

— C'est la gauche, hein, mon drôle, qui te fait mal ? Celle du côté de ta cheville la plus blessée. La douleur te monte aux génitoires, c'est mauvais signe. Il faut qu'on arrête ça tout de suite, sinon tu pourras pas lever l'anguille quand tu seras grand !

Il savait ce que c'était que lever l'anguille. Les taureaux

qui faisaient la monte à la ferme du château en brandissaient une belle ! Et il avait entendu Joseph Sembat se flatter de ses mérites de mâle et moquer ceux qu'il nommait les « Jean-qui-ne-peut ». Joseph Sembat et quelques autres, aux dépiquages et aux vendanges... Faire boudin mou, la pire disgrâce pour un jeune homme ! Alors, c'est ce qui l'attendait s'il continuait de se cogner les chevilles ? La seule pensée de ce malheur le terrifiait.

— Tu peux te reculotter, dit la Toca-braso, je ne vais pas te les tripoter devant le monde.

Le « monde », c'était Louisette, la simple, qui riait à bouche décousue et levait le petit doigt pour le narguer... La Chalouse lui fit poser les pieds dans la bassine d'eau chaude et ôta habilement ses bandes tachées et suintantes. L'odeur du pus se répandit, Louisette se boucha le nez, et la honte étouffa Tiénot. Il se força à regarder. Le trou au-dessus de la cheville paraissait encore creusé.

La Chalouse lui fit sortir les pieds de la bassine, versa quelques gouttes d'une fiole dans sa paume et frictionna la plaie. Elle expliqua qu'elle allait lui donner une bouteille de « vin aux plantes », contenant de la sauge, du thym, du romarin et d'autres herbes dont il ne comprit pas le nom car elle le prononça en patois.

— Tu mettras le vin sur ton mal, deux fois par jour, pas plus d'une cuiller à café...

— Alors il faudra que j'enlève mon pansement tous les jours ?

— Tu ne porteras plus de pansement. Tu feras attention de moins te cogner. Et puis on va s'occuper de ça aussi. Lève-toi, maintenant, mets tes chaussons, arrange ton pantalon...

Elle se recula de deux ou trois pas.

— Marche.

Il fit quelques pas dans la vaste pièce, tête basse. Sans se cogner, ce n'était pas trop difficile. Mais les ricanements de la simple lui donnaient une belle rage.

— Arrête-toi, je vois que ça ne sert à rien. Il faut que tu répondes à mes questions, franchement, comme au curé à confesse.

Il n'allait pas souvent à confesse et il ne répondait pas si franchement au curé. Il promit d'un signe vague. Elle leva une main menaçante.

— Tu ne dois plus te cogner, sinon tu deviendras comme un chien châtré ! Jure-moi de ne pas mentir !

Il avait un peu la trouille, maintenant. Il jura en répétant une formule bizarre, en patois, qui correspondait un peu au « croix de bois, croix de fer » des enfants.

— Écoute-moi. Tu ne fais pas exprès de te cogner les chevilles, mais c'est comme s'il y avait un petit diable dans ta tête qui te tire les pieds...

Il pensa : Elle est folle. Pourtant il dut reconnaître en lui-même qu'elle disait un peu vrai. Sauf que le diable n'existe pas, enfin, c'est ce qu'on apprend à l'école communale. La Chalouse continua :

— Il faut savoir d'où vient ce diable, mon drôle. Tu te rappelles la première fois que tu t'es cogné ?

— Oui, je me rappelle parce que je suis tombé.

C'était le jour où il avait trouvé les billets dans le sac de sa mère. Il avait craint d'être surpris, il s'était enfui en courant. La Chalouse insista tant qu'elle le força à raconter toutes les circonstances et son embarras. Les questions tombaient comme grêle. Il tournait de temps en temps la tête vers la fenêtre, avec l'envie de s'échapper et de se réfugier au fond de la forêt.

Impossible, il était enfermé dans un château pareil à une prison, livré à cette bonne femme qui s'acharnait à le tourmenter... Elle lisait en lui, la bonne femme, mieux qu'un grand du certificat dans le livre des tout petits ! Elle posa une main sur sa poitrine.

— Mon drôle, tes sentiments sont là-dedans comme un chien et un chat dans une caisse. Ils ne peuvent pas s'échapper, ils se tirent la bourre et s'arrachent même un peu de viande ! Tu comprends ?

Oui, il comprenait assez bien. C'était même amusant !

— Et tu sais pourquoi tu te cognes les chevilles ? Ta jambe gauche veut aller à droite, et ta droite à gauche. Alors ça ne peut manquer qu'elles se choquent !

Le parler en images de la Chalouse lui était plus clair, dans un sens, que les explications sèches du maître d'école. Il pensa : « Mais c'est pas ça qui va me guérir. Ou alors, ça serait de la magie ! »

La Toca-braso marchait maintenant autour de lui, les mains derrière le dos, un peu voûtée, en tirant sur le nœud de son tablier, qui finit par se défaire. Alors, elle le rattacha d'un geste nerveux.

Elle prononça plusieurs fois, à voix basse : *Beleou bé, beleou bé*. Peut-être, peut-être. Elle écrasa un moustique sur sa joue et considéra d'un air de pitié le minuscule cadavre au creux de sa paume.

— Écoute-moi, tu vas songer un peu moins à ce qui te soucie et un peu plus à ce qui te rend content. Tu dois passer ton certificat ? Cette année ?

— Oui.

— Après, tu quitteras l'école ?

— Oui.

— Ça te rend content ?

— Un peu.

La Toca-braso insista.

— Ça te rend content de passer ton certificat ?

— Oui, oui...

— Tu aimes bien les livres ? Quels livres, pour savoir ?

— J'aime bien les livres de lecture et de sciences. Les arithmétiques aussi. Et puis les histoires de Jules Verne, tous les livres sur la nature...

— Ça te rend content, de lire ?

— Oui. Quelquefois.

— C'est bien. Et qu'est-ce qui te rend content encore ?

— J'aime bien être avec mon chien Gaspard et les vaches. Et aussi La Fumée, la chienne de la demoiselle. C'est sa sœur, ils sont souvent ensemble...

— Et qu'est-ce qui te rend content de plus ?

— Je regarde le ciel, les nuages, l'arc-en-ciel quand il y en a un. Et puis la forêt... la forêt de Gignac et d'Hautefage. J'aime me promener au milieu, guetter les animaux, chercher des champignons. Les cèpes et les girolles pour les manger et l'étoile rouge pour le plaisir de le regarder. Il commence par un œuf comme les oronges, mais quand il s'ouvre, c'est comme une étoile de mer, j'ai regardé dans mon dictionnaire, le *Petit Larousse illustré*. Il est très rare. Je suis très, très content d'en trouver un, même si on ne peut pas le ramasser parce qu'il pue. Il paraît qu'on n'en voyait jamais autrefois, qu'il est venu après la guerre. C'est un mystère. J'aime les mystères. Et puis il y a quelque chose qui est assez rare aussi, et j'aime bien l'entendre. C'est le soir, la nuit, quand le vent souffle un peu mais pas trop, et puis je ne sais pas ce qui se passe. La forêt se met à chanter, enfin on dirait un chant. C'est très, très beau.

— Et triste, non ?

— Non. Souvent, la forêt pleure, c'est beau mais c'est triste. Quand elle chante, j'ai idée que c'est... ça ressemble... on dirait...

Il chercha une comparaison, une chanson.

— Fanfan la Tulipe. On dirait Fanfan la Tulipe !

La Toca-braso pouffa, la main devant sa bouche. Il n'aurait jamais cru qu'elle pouvait rire aussi fort.

— Fanfan la Tulipe, ha, ha, ha, c'est une jolie chanson.

Elle se piqua soudain en face de lui, le prit en haut des bras, le força à se tenir bien droit. Puis elle lui releva le menton et le ton de sa voix devint grave.

— Regarde-moi dans les yeux, mon drôle. Jure que tu viendras me voir, chez moi ou ici, avant deux mois. Sans la demoiselle ni personne pour te porter. En marchant sur tes braves pieds... tes pieds nus, parce qu'il faut toujours économiser la chaussure. C'était bien de m'amener ta chienne sur la brouette, mais tu as peut-être usé à moitié ta paire de sandales, sans compter la roue de la brouette. Sec ou mouillé, n'importe. Enfin, tu pourras mettre tes sabots ou tes sandales dans ta musette en cas de besoin. Voilà, tu as compris ? Maintenant, jure. Dis : Je jure sur la tête de ma mère de venir pieds nus voir la Chalouse avant deux mois !

— Mais si je...

— Il n'y a pas de si et de mais. Jure.

Le cœur battant, il répéta la formule. Elle lui donna une tape sur la joue.

— C'est comme si tu étais guéri. Tu y penseras tout le temps, tu te prépareras et tu viendras sitôt que tu pourras. Et puis je vais te donner quelque chose qui te rendra encore plus content. En plus de la bouteille de vin aromatique, pour te soigner...

Elle marcha vers les étagères, prit une enveloppe qu'il reconnut tout de suite, celle de Mlle Julie, qu'elle vint poser sur le coin de la table.

— Tu lui rendras ses sous, à la demoiselle. J'en ai pas besoin !

15.

Gaspar écoutait, tout allongé sur l'herbe du pré, le mufle au ras de la terre, les oreilles frémissantes, le poil dressé sur l'encolure. Tiénot se demanda s'il écoutait les oiseaux, selon son habitude, ou un appel plus lointain que lui-même n'avait pas perçu. La Fumée ? Oui, sûrement La Fumée qui aboyait à sa façon, douce et discrète, du côté du château.

Le jeune chien se dressa à demi, tourna la tête vers son maître, comme s'il excusait par avance d'une vilenie qu'il ne pouvait s'empêcher de commettre. Presque aussitôt, il bondit, la queue basse, vers un trou de la haie, aussi vite que ses pattes encore un peu courtes pouvaient le porter.

— Gaspar ! Gaspar !

Tiénot courut quelques mètres derrière lui, pieds nus, sans se cogner les chevilles. Pour le principe, pour que le chien comprenne que Tiénot n'approuvait pas sa fugue. Mais Gaspar filait vers les bois, la queue levée, à la vitesse d'un martinet au coin du ciel. Jeune chiot fou, va, cours vole... Tiénot renonça à le poursuivre. Gaspar reviendrait bientôt, tout contrit, seul ou en compagnie de La Fumée. Il disparut en deux secondes.

La cheville de Tiénot saignait un peu. Le garçon sortit le bout de chiffon qu'il gardait dans sa poche à la place d'un mouchoir et épongea le liquide bien rouge et clair, sans une goutte de pus. L'abcès commençait à sécher, la plaie ne se creusait plus. Elle allait guérir. C'était idiot, mais il regrettait presque son mal. Par moments, sans y penser, il se forçait à boiter...

Il pensait souvent, dix fois, vingt fois par jour, au voyage pieds nus chez la Toca-braso qu'il devrait entreprendre bientôt. La bonne femme l'avait mis au défi, c'était une bonne idée. D'abord, ça l'empêchait de songer tout le temps à ce qui le contrariait. Et puis c'était un but, avec le certificat, tout de suite après. Il avait promis, juré, et il tiendrait parole parce qu'il avait un peu peur pour ses bourses. Il irait, mais plus tard, après l'examen, pas avant. Tant pis si ça tombait au moment des foins. Il demanderait la permission à Joseph Sembat... Le Glouriou devenait quasiment maître chez les Jouannet. Tiénot lui tenait tête, et il serait tout heureux de se débarrasser de lui une journée entière. Le père ne se levait plus, on préparait son départ pour l'hôpital de Périgueux. Et l'autre plastronnait.

— Ça va changer, dans cette putain de métairie !

Pour le certificat, M. Beugnac exigeait que Tiénot travaille ses rédactions.

— Tu te crois bon en français, mais tu te laisses un peu aller, et ta dernière note... combien, déjà ?

— Cinq, monsieur.

— Un méchant cinq sur dix. Eh bien, c'est un avertissement.

Il n'avait pas la tête à l'écriture. Ses soucis, les affaires de la maison lui remuaient sans arrêt le cœur et la cervelle. Ça ne le gênait pas trop pour l'arithmétique et la grammaire, mais il lui fallait de gros efforts pour rédiger. Et puis il se fichait un peu de l'examen, jusqu'à ce que Joseph Sembat s'installe à la maison. Tout changeait, maintenant. Il voulait réussir pour s'en aller si l'envie le prenait ou si on le poussait dehors. Réussir pour se sentir plus fort en face du journalier, qui savait tout juste lire et écrire. Le certificat ne ferait pas de Tiénot un adulte, néanmoins il lui donnerait le droit de parler haut à un ignorant.

Enfin, il l'espérait.

M. Beugnac lui avait demandé de travailler l'observation et l'écriture. Pour être honnête, il se sentait capable de faire mieux que ses derniers devoirs. À condition de tomber sur un sujet qui l'intéresse et de s'en donner la peine... Il promit au maître de s'y attaquer tout de suite.

— J'aimerais écrire une rédaction sur mon chien Gaspar...

— Très bonne idée. Tâche de bien l'observer, d'être précis. Je vais te donner un calepin avec un crayon attaché que tu garderas toujours sur toi. Il n'est pas neuf, mais tu trouveras plus de place qu'il ne t'en faut pour tes notes. Et pas seulement sur les chiens. N'oublie pas la nature, la vie de tous les jours, le travail, tes idées, tes projets...

Commençons, décida Tiénot, par les chiens. Le calepin du maître ne le quittait plus. Gare à toi, le Glouriou !

Gaspar est un chien gai, nota-t-il avec le minuscule crayon joint au carnet. *Gai parfois jusqu'à en être sot. C'est la jeunesse. Mais La Fumée a le même âge et elle est plus grave, plus maligne.*

Gaspar a aussi ses moments de sérieux, surtout quand il voit quelque chose pour la première fois, qu'on lui donne une explication, qu'il essaie de comprendre un ordre.

Gaspar et La Fumée s'aiment bien. Je n'ai jamais vu deux bêtes aussi attachées l'une à l'autre. Quand ils seront amoureux, ça sera ensemble, sûrement. Ils s'en fichent, d'être frère et sœur...

Après réflexion, Tiénot gomma les deux lignes. Peut-on parler de ces choses dans une rédaction ? Il en doutait. Ça risquait de paraître impoli au maître, encore plus aux examinateurs du certificat.

Il griffonna encore des dizaines de remarques.

Gaspar aboie aux lanternes.

Gaspar et La Fumée guettent les oiseaux en l'air.

La Fumée craint l'eau.

Gaspar a peur des chevaux.

Gaspar est assez goinfre. Il ne sait pas chasser, il mange les restes de gibier abandonnés par Pitou. La Fumée lui offre aussi de la nourriture qui vient des cuisines du château. Elle partage ses réserves avec lui.

Gaspar s'intéresse aux insectes. Il essaie de les toucher avec sa grosse pattasse.

Gaspar s'entend bien avec Pitou, le chien de mon père.

Pitou est déjà un vieux chien, assez tranquille. Il est devenu un peu sauvage pendant la guerre. On ne le voit pas souvent à la maison pendant la journée. Il chasse pour lui, ce qui nous fait des histoires avec le comte et le garde. C'est quand même un brave chien. Il a hurlé la moitié de la nuit quand Bella est morte, et après il l'a cherchée longtemps, dedans et dehors.

Parmi les jouets préférés de Gaspar, une vieille paire de bretelles qui vient du château. La fumée est arrivée un jour en les portant dans sa gueule, le cou levé. Quand elle baissait la tête, les bretelles traînaient par terre, elle se prenait les pieds dedans... Elle a rejoint Gaspar et a laissé tomber le cadeau à ses pieds. Car c'était un cadeau, je l'ai vite compris et lui aussi ! Il les cache à divers endroits. Quelquefois, il ne se rappelle plus où il les a mises, il cherche.

Je crois que ce sont les bretelles de Frédo. Ninette les avait jetées au bourrier parce qu'elles étaient très sales. Justement, elles sentaient fort la bonne odeur de l'homme, et ça plaisait aux chiens.

Gaspar a l'air un peu lourdaud, pourtant il est très souple. Il sait fort bien se contorsionner pour lécher le dessous de ses pattes de derrière, qui sont sensibles et souvent blessées. Il est très drôle dans cette position.

Gaspar reparut soudain, courut à toutes jambes vers son maître, puis hésita. Il continua plus lentement, baissa les oreilles, le museau, s'aplatit. Il se sentait coupable et attendait un signe de pardon.

Tiénot retarda la grâce. Une minute, mon vieux. Gaspar avait commis une faute, il le savait. Il devait payer par un moment de chagrin et de crainte. Un très court moment qui devait pourtant paraître long à l'animal...

Tiénot l'attendait assis sur un talus. Il leva enfin la main et prononça un seul petit mot : « Viens ! » Tout juste assez haut pour que Gaspar l'entende à dix pas. Le chien rampa vers lui. Le vrai pardon, ce serait quand le maître l'appellerait par son nom. Il subissait sa punition en se frottant le ventre sur l'herbe rêche et mouillée.

À un pas, il s'arrêta, regarda Tiénot de ses bons gros yeux suppliants et, quand même, un peu malicieux.

— Oui.

Le chien rampa jusqu'aux pieds du garçon.

— Gaspar !

Gaspar bondit, se jeta sur son maître, qui dut se retenir des deux mains au rebord du talus pour supporter le choc des vingt kilos de muscles. Tiénot accepta quatre languées sur la figure et repoussa son ami.

— Oui, Gaspar, je t'aime bien. On s'aime bien, tous les deux. Tu me promets que tu ne t'échapperas plus jamais ?

Gaspar promit d'un regard, d'un frémissement d'oreille, d'une inclinaison du museau. Bien sûr, il repartirait à la première tentation. Tous les deux le savaient, mais ça n'empêchait pas l'amitié.

Tiénot le prit par le cou et le serra fort contre lui. Il appuya sa joue contre la tête du chien, le poil doux lui chatouilla la peau, le jeune corps lui transmit sa chaleur, les muscles leur trémulation ardente.

Une boule d'affection gonfla dans la poitrine de Tiénot.

— Oui, mon Gaspar, tu es mon meilleur ami. Avec Frédo... mais Frédo a sa Ninette, et ils vont bientôt partir tous les deux. Nous, on restera tous les deux. On s'aimera bien. Ah, va tourner la Rouge !

Gaspar avait senti qu'il n'aimait pas le Glouriou et semblait partager ses sentiments. Le chien avait aussi ses raisons de détester Joseph Sembat. Le journalier lui criait dessus, le menaçait sans arrêt... Mais comment savoir qui avait commencé ? Gaspar en montrant les dents ou le Glouriou en pointant sa fourche ? Et puis l'odeur... Gaspar respirait celle de Joseph Sembat en faisant une vilaine grimace, à croire qu'elle l'incommodait. Pourtant, il ne se privait pas de péter puant !

Pitou aussi craignait et détestait le journalier. Joseph Sembat se vantait à la Mado de « crever la paillasse » de cette saloperie « dès que le sergent aurait gagné ses quartiers d'hiver ». Le sergent, c'était le père, les « quartiers d'hiver », l'hôpital d'où on comptait bien qu'il ne rentrerait pas avant l'été prochain... Ou mieux : jamais !

Un jour, le Glouriou annonça que Hilaire Bezeau lui offrait vingt francs plus quatre cartouches pour fusiller le vieux chien de chasse.

— Puisque le garde n'en est pas foutu, il m'a proposé l'affaire, mais j'ai rigolé !

La Mado fronça les sourcils et se gratta le coin de la paupière.

— Tu as rigolé ? Comment, tu as rigolé ?

— Ha, ha, ha ! Vingt francs, une misère. J'ai dit : Cent francs, pas un sou de moins. J'ai besoin d'un réveil et de quelques outils...

Elle pouffa d'un air complice.

— Des outils, toi ? Un réveil, je comprends, tu n'as pas le sens de l'heure. Mais des outils... De quel genre ? Et pour quoi faire ?

— Ça, c'est un secret. En tout cas, je veux mes cent balles... et douze cartouches ! Je vais pas me presser. M. Louis-Pierre, notre brave capitaine, ou peut-être même commandant aujourd'hui, va venir bientôt à Hautefage. Il me donnera peut-être cent cinquante ou deux cents francs !

Ainsi, le pauvre Pitou fut condamné à mort. Ce n'était pas le chien de Tiénot. Le garçon ne l'aimait pas trop.

Pourtant il avait le droit de vivre, même s'il gênait les messieurs-dames et le journalier.

Tiénot se creusa la tête à la recherche d'une idée pour lui sauver la vie. Pour ce qu'on en savait, le Glouriou ne possédait pas de fusil. Il comptait faire son mauvais coup avec le Robust calibre 16 du père... qui n'emporterait pas son arme à l'hôpital. Tiénot calcula. Il pouvait essayer de prendre le fusil pour le cacher, ou même le jeter dans un puits, mais la disparition de l'arme ferait un tintouin de tous les diables. Et qui accuserait-on ? Peut-être le grand-père, qui avait un vieux canardier trop lourd pour un vieil homme fatigué. Non, il ne pouvait pas. Il se promit de chercher un autre plan.

Joseph Sembat accusait Gaspar et La Fumée de voler les œufs au poulailler. Un mensonge. Si Gaspar l'avait fait une fois, en toute innocence, on l'aurait réprimandé, et il n'aurait pas recommencé.

— La chienne du château, disait le Glouriou, on peut pas la dresser, mais le gros rouquin, il va lui en cuire. Je le coincerai un jour avec un œuf bouillant dans la gueule. C'est la meilleure méthode. Et je lui serrerai le museau jusqu'à ce que la langue lui pèle. Il y reviendra pas d'ici qu'il crève !

Tiénot se demandait comment défendre son pauvre Gaspar. Il profita de l'absence de Sembat pour supplier sa mère d'épargner le chien. Elle ne fit que rire.

— On le fait à tous les chiens. Il n'en mourra pas, va.

— Il n'a jamais pris un seul œuf au poulailler...

— Ça, je n'en suis pas si sûre. Et puis s'il ne l'a pas fait, il le fera, à moins qu'on lui donne la leçon d'avance.

— Non !

Elle pinça le menton de son fils.

— On te l'abîmera pas, ton cagnot chéri. Je demanderai à Joseph de ne pas lui mettre un œuf trop chaud. Mais si ça ne suffit pas pour qu'il comprenne, alors...

Sur ces entrefaites, le capitaine d'Ayran d'Eylias, président de l'association des combattants, vint chercher le père avec sa Citroën dix HP pour le conduire à l'hôpital de Périgueux. Tiénot était à l'école et ne put lui dire au revoir. Mais on était convenu de se rendre à l'hôpital tous les quinze jours pour une visite. Enfin, si possible...

Joseph Sembat se crut le roi chez les Jouannet, et il n'attendit pas un jour pour narguer Tiénot. Il annonça que Gaspar aurait son œuf bouillant à la première occasion. Et il insista sur le mot bouillant.

— Laisse un peu que j'ai envie de m'amuser, il ne perd rien pour attendre. Je lui prépare quelque chose de plus sérieux, ha, ha !

Tiénot crut deviner les intentions du journalier et en eut le cœur levé. Le Glouriou revint sur le sujet un dimanche à midi. Il partageait maintenant presque tous les repas de la famille. Il parlait haut et fort, souvent en français pour plaire à la Mado, qui ne le quittait pas des yeux.

— Un chien mâle est toujours à courir. C'est pas possible de le garder quand les chiennes sont en chaleur !

— Et alors, Joseph ?

La mère ne risquait pas de le contredire. Pour elle, l'évangile coulait de sa grande bouche dégoulinante de graisse. Lui la guignait avec un sourire rigolard.

— Alors, la Mado, il faudra lui tailler les oreilles d'en bas !

Il voulait dire le castrer. Pauvre, pauvre Gaspar !

Justine leva les yeux d'un air enamouré et sourit au Glouriou. Elle mangeait avec les Jouannet ce jour-là, par exception, assise à côté de lui, donc en face de Tiénot. Elle se croyait devenue une grande personne et disputait à la Mado les faveurs de Joseph Sembat. Elle essuya la sauce sur ses lèvres et l'approuva tout haut.

— C'est vrai, ça. Tous les gens coupent les mâles. Il y en a toujours assez dans les châteaux quand on veut des petits !

Joseph Sembat fit mine d'applaudir. Tiénot tourna contre Justine la colère qu'il n'osait jeter à la figure du journalier.

— Qu'est-ce que tu en sais, Beletto ? Tu sais rien de rien. Tu ferais mieux de te taire !

Plus petite, tout le monde l'appelait la Belette. Tout le monde sauf Tiénot, mais là, il n'avait pu résister à l'envie de la blesser. Elle détestait ce surnom plus que n'importe quelle moquerie. Elle lui tira la langue et essaya de lui envoyer une châtaigne sous la table.

— Et toi, Titi, gros âne, tu te crois parce que tu vas peut-être avoir le certificat ? On devrait te les couper aussi... mais peut-être qu'elles tomberont toutes seules, vu que tu as commencé à pourrir par le pied !

Sembat pinça la joue de Justine et lui toucha la cuisse en douce.

— Tu as raison de te rebiffer. Tu es une demoiselle, maintenant. Et puis tu seras bientôt cuisinière de château, ça vaut tous les certificats du monde !

— Merci, Joseph, dit-elle d'une petite voix, en jubilant.

Bon, si le Glouriou ne couchait pas tout de suite avec la patronne, il mènerait la servante à la paille avant l'été !

Il envoya à Tiénot son sourire de gros chat bonasse et vicieux.

— Toi, petit Titi, tu es encore un drôle, tu connais pas les filles. Je te dis qu'elles en savent un bout sur les couilles. Elles savent que ça rend fous tous les mâles, les gars comme les chiens ! Sois tranquille, on te les taillera pas. Tu pourras t'en servir quand tu seras un peu moins bête... si elles tombent pas toutes seules, ha, ha !

Il se tourna vers la mère. Elle rougit, et Tiénot devina qu'il lui poussait le genou sans se gêner.

— Ne vous souciez pas, la Mado. On paiera pas un sou pour châtrer le cagnot, je m'en occuperai. Quand on aura décidé, on l'attachera la veille, je l'emmènerai avec une corde à la ferme du château, où on a tous les outils. Le garde m'aidera. Faudra museler la bête, sûr qu'elle nous en voudra. Justine, je te préviendrai, tu pourras venir voir, si ça t'amuse. C'est plus instructif que l'histoire de France !

La Mado s'esclaffa. La petite sœur demanda des explications, elle lui pinça le nez.

— Tu comprendras quand tu seras plus grande.

Joseph Sembat vida un verre de vin et se resservit tout de suite. C'était du bouché qu'il avait apporté. Les enfants n'y avaient pas droit. Il s'essuya les lèvres d'un revers de sa large patte.

— Attention ! il faut pas castrer les chiens trop jeunes. On attendra que le rouquin soit un peu plus vieux...

Justine s'amusa à cogner son verre contre ses dents. Elle savait que le geste et le bruit agaçaient Tiénot.

— Pourquoi ? Pourquoi on doit attendre ?

Le Glouriou brandit son couteau, fit semblant de trancher en l'air.

— Pour que la bête soit adulte, qu'on soit sûr de tout enlever et que ça repousse pas !

Il fixa Tiénot d'un air de pitié.

— Faut aussi que le Titi ait pris un peu de raison, qu'il comprenne qu'on le fait pour le bien de tout le monde. Quand tu auras un peu plus de plomb dans la tête, tu seras d'accord avec moi. Et même tu me supplieras de pas tarder, hein, Titi !

Il se tourna vers la mère.

— Voilà comment je suis avec les enfants, la Mado, j'en ai pas, enfin pas que je sache, j'en aurai peut-être jamais, n'empêche que je sais y faire avec eux. Je les bouscule pas, je les traite par la persuasion, j'attends qu'ils grandissent. Et voilà !

Justine tendit son verre.

— Moi, je ne suis plus une enfant. Les filles ont toujours deux ans d'avance sur les garçons...

Joseph Sembat lui versa un demi-verre de vin.

— Au moins deux ans. Notre Justine est déjà une petite femme avec des jolis tétés !

Leur complicité à tous les trois rendait Tiénot malade de colère et de chagrin. Et ce diminutif, Titi, il le vomissait, comme Justine le surnom de Belette. Il se leva. La Mado se contenta de sourire. Joseph Sembat montra la porte d'un grand geste du bras gauche.

— Va donc marcher un peu, ça te fera du bien. Et tâche de pas trop te cogner les chevilles !

Tiénot prit sa musette à la porte de la grange, y fourra ses sabots. Pieds nus, il ne se cognait plus les chevilles. C'était un progrès qu'il devait à la Toca-braso. Gaspar le rejoignit, lui fourra le museau dans la paume et lui fit de folles fêtes.

Il aurait voulu être assez grand et fort pour chasser le Glouriou de cette maison où ce sale bonhomme voulait prendre la place du père. Grand et fort, il ne le serait sans doute jamais. En tout cas, pas assez pour tenir tête à la brute. Et puis s'il regimbait trop, sa mère soutiendrait le journalier.

Le Glouriou espérait bien que le gêneur quitterait la maison le plus vite possible. Il persuaderait la mère de le pousser dehors. Alors Tiénot devrait abandonner le malheureux Gaspar. Il lui fallait ruser d'une façon ou d'une autre. Facile à dire... Il n'avait pas de vice dans la toupie, comme disaient les vieux. Bon, il apprendrait du diable ! C'était un mot de son grand-père.

— Tu apprendras du diable !

Il marchait tête basse dans le chemin, sans savoir où aller. Chez son grand-père ?

Le coucou chantait dans les bois reverdis. Deux jours avant, pépé Jean lui avait fait apprendre par cœur un proverbe en patois. *Entrè martz è abriou saubrez si lou coucu es mort ou viou...* Entre mars et avril, tu sauras si le coucou est mort ou vivant.

— C'est bien de parler français comme les gens de la ville. Mais tu ne dois pas oublier notre bon patois, tu le regretterais plus tard.

Tiénot se mit à courir, frappant le sol de ses pieds durcis. Sur les charmes, les tilleuls, les ormeaux, les noisetiers mille bourgeons éclataient en frais feuillages. Cependant le printemps ne le consolait plus. C'était un grand malheur.

Il se rappela que le dimanche après-midi son grand-père s'en allait à Gignac taper la carte au Café de Paris et de la Place. La veille, il empruntait à la ferme du château le mulet Rintintin, qu'il attelait pour ses sorties du dimanche.

Tiénot eut une idée. Le matin au déjeuner, la Mado avait demandé à Joseph Sembat ce qu'il ferait l'après-midi.

— J'irai passer une heure ou deux à la Forge de Merlat, j'ai quelques outils à réparer.

La mère avait répondu qu'il devait lui bêcher tout de suite un carré de jardin pour semer des lentilles.

— C'est déjà bien tard, mais tant pis.

— Toi et tes lentilles !

Ils convinrent que Joseph Sembat bêcherait deux heures et s'en irait à la Forge plus tard.

Tiénot connaissait l'endroit. La Forge des Bois, abandonnée par la famille Merlat, les deux fils tués à la guerre et le père mort de la grippe espagnole, se nichait au bord du Riou Blanc, un petit affluent de la Couze, vers la Bessède. Elle tombait en ruines et disparaissait plus qu'à moitié au milieu des frênes et des vergnes. Sans rien demander à personne, Joseph Sembat y avait installé ses quartiers après avoir réparé sommairement le toit et les murs. Il prétendait la chauffer de temps en temps pour réparer des fers et des outils. Ce travail lui rapportait gros, disait-il, plus que ses journées à la terre. Tiénot s'étonnait un peu. Il n'avait jamais eu l'occasion de visiter la forge, car les Jouannet ne possédaient aucun pré de ce côté-là, et ce n'était pas non plus une bonne place pour les champignons...

Ainsi l'envie le prit d'aller jusqu'au Riou blanc cet après-midi-là. C'était un sol sableux et doux où on pouvait marcher pieds nus sans trop se blesser aux cailloux. Les vipères ne semblaient pas sorties encore. L'expédition le tentait.

Et puis s'il voulait ruser avec Joseph Sembat, il devait mieux connaître ses façons et ses habitudes, percer peut-être ses secrets. Le bonhomme en avait sûrement. Tout paraissait à Tiénot juste et bon pour se défendre du journalier, protéger le père de sa mainmise sur la métairie... et sur sa mère. Ça valait la peine d'explorer le repaire du Glouriou. Le journalier avait aussi un galetas à la ferme du château, mais Tiénot ne voyait pas comment s'y introduire sans risquer de se faire prendre, même un dimanche.

On disait Joseph Sembat porté sur le jupon, coureur de garces, des choses de ce genre. Si Tiénot découvrait la preuve de ses relations avec des poules, il pourrait en souffler un mot à la mère... Non, il ne découvrirait rien. Même si des fillasses à matou venaient frotter leur lard à celui du Glouriou, elles ne laissaient sûrement pas traîner leurs jarretières et leur chemise !

« Sur quoi tu espères mettre l'œil et la main, petit couillon ? »

Il courait, courait vers le ruisseau, s'enfonçait dans les bois.

Gaspar le suivait, à sa façon, tantôt un peu en arrière, tantôt à côté, parfois loin devant. Alors il se retournait toutes les dix secondes pour voir si son maître venait bien par là et ne tardait pas. Puis il disparaissait, trop impatient pour attendre. Mais Tiénot savait qu'il reviendrait vite, selon son habitude.

La forêt était un immense spectacle que la nature mettait en scène à travers le jour et l'année, toujours bruissant de rumeurs. Elle vibrait maintenant de toute la musique d'un printemps précoce. Les oiseaux piaillaient, voletaient dans les branches. Chacun faisait son bruit : cri grinçant du geai, trémolo effronté du coucou, appel plaintif des oiseaux migrateurs au fond du ciel, martèlement sans fin des piverts contre les troncs... La forêt était un monde.

Quelques insectes aventureux bourdonnaient déjà au ras du sol. De temps à autre, on surprenait le fracas d'une fuite éperdue dans le sous-bois... Les porcs sanglars, ou sangliers en bon français, avaient proliféré pendant la guerre. On prétendait que de nouvelles espèces, de grande taille, avaient fui les régions du nord et de l'est pour se réfugier loin des combats, dans le Centre et jusqu'en Aquitaine.

Une odeur d'humus, réveillée par la tiédeur de l'air, se répandait dans le sous-bois déjà vert bien qu'on soit encore en mars.

Peu à peu, la nature consolait Tiénot de son chagrin et lui rendait l'espoir.

Ses sabots ballottaient dans son dos et lui cognaient les os des épaules. Quand il eut pris quatre épines dans chaque pied, il décida de se chausser. Il apprécia fort la paille dans ses sabots. Il courut, des ailes aux talons, sur un chemin boueux où éclatait la végétation nouvelle. Mais les épines restaient piquées dans ses orteils et sous la plante de ses pieds...

Il faillit s'arrêter pour cueillir des narcisses précoces qui s'épanouissaient sur une côte ensoleillée. Dans les plats et les creux ombreux abondaient les pervenches, plus difficiles à mettre en bouquet. Mais à qui pouvait-il offrir des fleurs sauvages ? Et puis il devait se dépêcher pour arriver à la forge avant le Glouriou.

Il boitillait à cause des épines. D'ordinaire, il réussissait à tirer les petites avec une pointe de prunellier. Il voyait de loin en loin une touffe de buisson enneigé de pétales blancs. Non, il n'avait pas le temps de s'asseoir pour l'opération.

Il respirait fort, serrait les dents et s'habituait à la douleur.

Gaspar l'avait quitté depuis un bon moment et n'était toujours pas revenu. Il le maudit en sourdine sur une poussée de colère.

— Toi, si tu étais une fille, on nous embêterait pas avec tes couilles !

Comme s'il avait entendu, Gaspar le rejoignit une minute plus tard, l'oreille basse, tout contrit, l'air de penser : J'y tiens sacrément, tu sais !

— On fera ce qu'on pourra pour te les garder, ça sera pas facile.

Tiénot quitta le chemin et prit au plus court par l'épais du sous-bois. Le vent commençait à gémir dans les combes, pas assez fort pour une crierie, pas assez vif pour un chant, juste un murmure qui remplissait de vie futaies et taillis.

Il courut plus vite. Gaspar trottait gaiement à son côté. C'était un moment de bonheur, et Tiénot puisa dans ce bonheur la force d'une résolution. « Oui, je me battrai pour mon chien. Et aussi pour mon père, pour ma famille, pour ma mère, même contre son gré. Je ne laisserai pas Joseph Sembat nous voler notre vie ! »

La lutte commençait aujourd'hui, tout de suite. Il chercherait des alliés. Son grand-père, bien sûr. Le vieil homme aurait de la peine quand il saurait ce qui se passait chez son fils. Mieux valait pourtant qu'il apprenne la vérité de Tiénot que par la rumeur.

— La Mado n'a pas attendu que son Marius soit arrivé à l'hôpital pour le remplacer. Et devinez par qui ? Par ce débauché de Joseph Sembat, cette fripouille, ce cochon !

Tiénot décida qu'il préviendrait son grand-père. « On cherchera ensemble des idées pour contrarier les projets du Glouriou. Il en trouvera, lui, il est vieux et bien plus malin que moi ! »

Il courait. À sa façon, il montait au front avec son brave chien.

— On va pas se laisser faire, Gaspar, je te le jure. Tu vas m'aider. Comment, je n'en sais rien. Quoi ? Sa moto ? J'y ai déjà pensé. Il y tient sûrement. Je voudrais bien savoir si c'est ma mère qui la lui a offerte ou s'il se l'est payée avec ses sous. Quels sous, Gaspar ? Ceux qu'il gagne en réparant des outils à la Forge de Merlat, peut-être. Tu y crois, toi ? Combien il a dit qu'elle lui avait coûté ? Mille francs, mille deux cents francs ? C'est beaucoup d'argent. J'ai envie de voir à quoi ressemble cette forge. Hein, tu dis qu'on n'a pas le droit d'y entrer, surtout si c'est fermé ? Mais il n'est pas chez lui, la forge appartient toujours aux femmes Merlat, puisque les hommes sont morts. Tu es d'accord ? Joseph Sembat est venu chez nous, on a le droit d'aller chez lui. Mon père n'est plus là pour nous défendre et ma mère tombe toujours d'accord avec son Joseph...

Gaspar écoutait, attentif et guilleret. Lui parler était aussi un moyen de le retenir. Tiénot ne voulait pas qu'il fiche le camp maintenant.

— Attention quand même. Il ne faut pas qu'on se fasse prendre. Le Glouriou pourrait m'envoyer en maison de correction ! Tu sais pas ce que c'est, la maison de correction ? Une prison pour les garçons qu'on veut punir. Je me demande s'il y en a pour les filles. On est battus, on crève de faim, on te les tranche pas mais c'est presque pareil !

Il dut changer de direction deux ou trois fois. Un point de côté l'arrêta une minute. Le temps passait. Tiénot s'aperçut qu'il ne s'était pas cogné une seule fois depuis la métairie. Ça, c'était une bonne nouvelle. La colère le forçait à marcher droit mieux que les prêches de la Tocabraso !

Enfin, il arriva à une pente couverte de merisiers qui commençaient à fleurir. Il entendit le riou gazouiller en contrebas. Gaspar repéra la forge avant lui et s'y précipita en jappant. Tiénot resta prudemment en arrière au cas où le chien aurait senti quelqu'un. En général, il n'aboyait que pour une personne ou un gros animal... Le garçon s'approcha en se dissimulant de son mieux. Il gagna l'abri d'un fourré de genêts épineux aux fleurs jaune vif. De là il pouvait apercevoir l'entrée de la forge.

Gaspar grattait à la porte en jappant d'une petite voix, comme s'il avait éventé une odeur plaisante. Peut-être un gibier que Joseph Sembat faisait faisander, ou bien... Tiénot observa son chien une minute ou deux. Gaspar s'assit sur son derrière, huma, couina. Personne ne se montrait. Tiénot sortit de sa cachette, avança un peu plus près. Il descendit les derniers mètres en retenant son souffle.

Arrivé à la porte, il eut un tournement de tête. Il s'appuya contre le panneau rongé par l'humidité. La porte s'ouvrit brusquement, il faillit tomber. Il se retint à une planche posée contre le mur qui s'abattit en entraînant toute une pile de lattes et de madriers. Un morceau de bois lui racla la jambe et il ne put s'empêcher de crier. Il s'étala à quatre pattes. Plus de peur que de mal !

Une odeur de cendre froide flottait dans la pièce. Personne ne se manifesta. Tiénot se releva et respira un parfum assez fort qui perçait le relent de brûlis. Il ne s'était pas trompé, Joseph Sembat amenait une garce à la forge. Ou peut-être plusieurs !

16.

Debout, il sentit mieux le doux arôme. Il crut le connaître. Gaspar lança un aboiement joyeux. Le parfum lui rappelait aussi quelqu'un... Quelqu'un qu'il aimait bien, ça se voyait.

Tiénot observa les lieux. Joseph Sembat n'habitait guère cette masure. Il n'y travaillait pas non plus, ou si peu... Une couche de terre et de poussière recouvrait le sol. Un petit tas de charbon de bois durci par l'eau d'une gouttière pavait le foyer. Des outils de maréchal, la plupart rouillés, quelques-uns sûrement hors d'usage, pendaient à un râtelier ou s'éparpillaient sur des étagères de bois rongées. La grosse enclume, fixée sur un billot, paraissait tachée de sang et de graisse, comme si l'occupant des lieux s'en servait pour écorcher le gibier. Une autre plus petite gisait renversée dans un coin. Les carreaux de l'unique fenêtre manquaient presque tous. Ceux qui restaient n'avaient pas été frottés depuis l'avant-guerre. Les briques de la cheminée et du four dégringolaient...

Cependant le parfum de femme qui excitait Gaspar était frais, ténu mais vif.

Le chien aboyait à présent, tête levée, derrière le foyer. Tiénot s'approcha derrière lui et remarqua une veste de coutil noire qui pendait à une poutre. Une veste de grande taille... et il se rappelait l'avoir vue sur les épaules de Joseph Sembat.

Il crut sentir que le parfum de la femme flottait autour du vêtement. Le Glouriou gardait sans doute une lingerie dans sa poche, en souvenir. Tiénot réfléchit. Une tentation lui vint : emporter la veste et la suspendre à la cuisine de la métairie. Méchante surprise pour sa mère !

Pourtant ça ne suffirait pas à les brouiller tous les deux. Et ce serait alerter le bonhomme pour un résultat bien incertain. À ce moment, il reconnut le parfum. Oh non, non, pas la demoiselle !

Pas Joseph Sembat et Mlle Julie !

Qu'un journalier costaud et beau gars profite d'une occasion pour grimper une jeune et jolie châtelaine, c'était bien fait pour les nobles. Mais pas lui, pas ce sale bonhomme !

Néanmoins, Gaspar ne pouvait pas se tromper. Il aimait la demoiselle et il avait souvent l'occasion de renifler son jupon. Il l'avait reconnue, il la cherchait. Il arrêta d'aboyer à la veste du Glouriou et commença à fouiner à travers la forge. Il sortit, revint tout de suite en remuant la queue. Il regarda Tiénot, l'air malheureux, le regard étonné et questionneur.

— Non, elle n'est pas là. Tu sais où elle est, toi ?

Gaspar se mit à flairer de tous les côtés. Tiénot ramassa un manche à balai par terre, se hissa sur une caisse à moitié éventrée et décrocha la veste. Ses mains tremblaient en fouillant les poches. Gaspar bondit et se mit à fourrager dans les plis du vêtements.

Un mouchoir... Un joli mouchoir de batiste finement brodé et souillé de taches grasses. Un simple mouchoir.

Joseph Sembat l'avait volé à Mlle Julie, ça ne prouvait pas qu'elle l'ait suivi, à la Forge ou ailleurs. Même pas volé, trouvé sans doute dans le chemin où elle l'avait perdu en passant à cheval. Ou plutôt à la ferme du château, où elle venait de temps en temps pousser un galop à l'ancien manège, presque abandonné... Celui où le père de Tiénot avait appris à monter aux jeunes châtelains, messieurs François, Jean-Henri et Louis-Pierre... Le Glouriou avait ramassé le mouchoir et, au lieu de le rendre, il l'avait fourré dans sa poche. C'était simple, voilà. Tiénot serra quelques secondes dans sa main le bout de chiffon qui le brûlait. Vite, il le remit dans la poche de Joseph Sembat et raccrocha la veste à sa place, tant bien que mal.

L'émotion, l'énervement lui avaient fait oublier le risque d'être surpris par le Glouriou. Il y repensa soudain. La colère le gardait de la peur. Qu'il vienne, ce cochon !

Gaspar se mit soudain à gémir.

— Qu'est-ce que tu as déniché, mon vieux ?

Le chien grattait furieusement un creux au bas du mur, près de la porte, là où Tiénot avait renversé les planches en entrant. Il recula, jappa doucement, regarda son maître comme s'il demandait de l'aide.

Encore le parfum de Mlle Julie ? Tiénot crut le sentir, très atténué, quand il s'agenouilla près du chien. Une cache ? Gaspar avait creusé la terre à la place d'un pavé disjoint, mais il ne pouvait pas atteindre la cache, dans une pierre du mur, au ras du sol. Il devait se contenter d'y fourrer le nez et de renifler. Tiénot le poussa de côté et glissa la main, sans peine, dans l'espace vide qu'il avait repéré. Il toucha un chiffon, le saisit, tira. Il ramena un morceau de drap, ou de velours, qui sentait un peu, très peu, le parfum de la demoiselle. Plié en portefeuille, il formait un étui, et une clé y était attachée par une épingle de sûreté. Une petite clé de cadenas...

Tiénot la toucha du bout des doigts. Les cadenas sont fournis en général avec deux clés. Joseph Sembat gardait sans doute l'autre sur lui. Ou peut-être l'avait-il perdue... En tout cas, la pièce de velours avait frotté le mouchoir de la demoiselle, sûrement dans la poche de la veste pendue à côté.

Le cadenas fermait-il un coffre, une caisse, une porte,

une trappe ? Tiénot sortit et écouta. On allait vers le milieu d'un après-midi presque printanier, et la rumeur de la forêt grossissait sous le soleil. Des chiens aboyaient au loin. Une cloche sonna la sortie des vêpres ou peut-être un baptême, un décès, Dieu sait quoi. Tiénot rentra dans la forge. Il tenait toujours la pièce de velours. Il la fit sentir à Gaspar.

— Cherche, Gaspar, cherche !

Le chien passa en rampant sous les planches et les madriers appuyés au mur et recommença à gratter. Sous ses griffes, le bruit changea soudain. Il accrochait un morceau de bois... Tiénot enleva une douzaine de planches, des lattes bien sèches et assez légères. Gaspar put se dresser et gratta plus fort.

La trappe était là, fermée par un verrou avec un cadenas. Vite, Tiénot essaya la clé. Le cadenas s'ouvrit. Il attendit quelques secondes. Ses mains tremblaient. La trappe était lourde, il dut bander ses forces pour la soulever. Le panneau s'appuyait contre le mur, le trou s'ouvrait sur une échelle dont il distinguait seulement les premiers barreaux. Gaspar aboya.

Tiénot se souvint d'avoir vu une bougie quelque part dans la forge. Vite, vite, Joseph Sembat pouvait arriver. Oui, une bougie, et en prime quelques allumettes de contrebande qu'on pouvait allumer sans frottoir... Le cœur de Tiénot battait trop fort. Le garçon manqua trois fois son geste. Enfin la bougie s'alluma. Il la serra dans sa main gauche. Un courant d'air fit vaciller la flamme. Il avait besoin de sa main droite pour s'accrocher à l'échelle... Il quitta ses sabots, posa le pied sur le second barreau.

Si le Glouriou le surprenait dans sa cave, il le battrait à mort. À mort ? Oui, il l'assommerait et jetterait son corps dans le ruisseau, une mare, un puits pour faire croire à un accident ! Ses mains tremblaient et il dut s'accrocher au rebord de la trappe. Gaspar geignait derrière lui. Le cou en avant, le chien tâtait du pied le haut de l'échelle. Ses griffes glissèrent sur le bois lisse, il gémit plus fort. Tiénot lui caressa le museau.

— Tu ne peux pas venir avec moi, Gaspar. Les chiens ne savent pas monter ni descendre les échelles. Si tu arrivais en bas, je ne sais pas si j'aurais la force de te tirer...

Le chien huma l'air et gronda. La cave obscure, au-dessous, devait être pleine d'odeurs alléchantes. De la nourriture, peut-être ?

— Tu sens comme moi, Gaspar ? On dirait du jambon fumé. Le Joseph garde des provisions cachées ici... Qu'est-ce qu'on fait ? Tu crois que tu saurais nous défendre tous les deux, s'il vient ? Non, tu es trop jeune. J'ai besoin d'une arme.

Tiénot cala comme il put sa bougie, se hissa sur le sol de la forge, chercha désespérément quelque outil qui pourrait lui servir à se défendre. Entre-temps, le ciel s'était couvert et la cabane obscurcie. Il finit par dégotter une serpe à la pointe ébréchée, coincée entre les mâchoires d'un étau. La lame rouillée indiquait qu'elle était là depuis longtemps. Joseph Sembat l'avait sûrement apportée pour la réparer, puis il l'avait oubliée ou abandonnée. Il avait tant d'occupations depuis qu'il était devenu l'homme à tout faire de la Mado !

Tiénot décoinça l'outil, non sans peine, et le glissa sous sa veste. Pas commode, mais il avait besoin de ses deux mains pour descendre à la cave en tenant la bougie. En se penchant sur l'ouverture de la trappe, il eut une passée de vertige. Trop peureux pour faire un brigand, Tiénot Jouannet ! L'envie de fuir fourmilla dans tout son corps. Sa haine du Glouriou le retint.

La serpe serrée contre son ventre, il reprit son exploration. Il réussit à descendre en gardant la bougie allumée. Gaspar aboya vers la cave.

— Qu'est-ce que tu as senti ? Le jambon, le lard ?

Une veste de cuir, suspendue sur le côté de l'échelle, vint lui battre la figure quand il se retourna. Sa première trouvaille. Il lui sembla que l'air se raréfiait. Il respira avec effort, leva la bougie, promena la lueur autour de la pièce minuscule, à peine de la hauteur d'un homme adulte. Joseph Sembat devait s'y tenir courbé. Tiénot observa des sacs de meunier accrochés à des clous. Ils paraissaient trop légers pour contenir de la farine. Tiénot en toucha un, incapable de deviner ce qu'il y avait à l'intérieur.

C'était un entassement incroyable de choses... de choses volées. Joseph Sembat était un voleur, et il empilait son butin, ou au moins une partie, dans la cave de la forge. Ça n'était pas tout à fait la caverne d'Ali Baba, mais ça y ressemblait un peu ! Outre les vêtements et les provisions de nourriture, Tiénot repéra des bibelots, du linge, des couverts, des assiettes, un appareil photographique, un fusil, des tas de cartouches... Une malle en osier remplie de bric-à-brac était ouverte dans un coin. Le Glouriou devait y jeter les objets de peu de valeur qu'il ramassait. Ça pouvait être aussi une bonne cachette pour de l'argent et des bijoux... S'il avait eu le temps, Tiénot aurait aimé vider la corbeille jusqu'au fond. Il fouilla en hâte. Il était si excité que ses mains ne tremblaient plus. Et ça... ça, c'était la casquette de la demoiselle ! Jadis marron, désormais décolorée, presque jaune, avec des taches grisâtres ou noires. On aurait cru qu'elle avait traîné des jours dans la boue.

— Pardon, Gaspar, dit-il à mi-voix. C'était lui, pas toi !

Le chien, toujours posté en haut de l'échelle, répondit par un petit couinement d'impatience et de frustration.

— Tu ferais mieux d'aller voir dehors si l'autre n'arrive pas ! dit Tiénot un peu plus haut.

Et, miracle, le chien parut le comprendre. Il s'éloigna de la trappe et Tiénot l'entendit courir dans la forge. Bon Dieu, et s'il avait entendu un bruit ! La moto de Joseph Sembat, de l'autre côté du ruisseau, ou le Glouriou en personne... Non, il aurait aboyé.

Un courant d'air s'infiltrait dans la cave et provoquait des tintements et des froissements. Tiénot les percevait à peine, le sang battait trop fort dans ses oreilles. Il résista de toutes ses forces à l'envie de fouiller dans la malle en osier.

« Tu n'as pas le droit... »

« Même si ce sont des choses volées ? »

« Ça semble bien des choses volées, mais tu n'en es pas sûr. C'est peut-être du commerce. Joseph Sembat fait peut-être le chiffonnier à ses moments perdus... »

« Et le jambon, le salé, la nourriture, c'est du commerce de chiffonnier ? Et puis c'est la guerre. Pour le moment, je suis l'armée d'occupation. Alors... »

Il plongea le bras droit dans les chiffons, le linge, les sous-vêtements qui emplissaient la corbeille. Il fit en même temps un large mouvement du buste, et la bougie qu'il serrait de la main gauche vacilla, s'éteignit en dégageant une odeur âcre. Tiénot cria, mais continua sa fouille quelques secondes dans l'obscurité. Des formes dures, comme des olives, roulèrent au creux de sa main, d'autres pareilles à des cailloux pointus, et liées à une chaînette. Un collier !

Tiénot avait assez feuilleté le catalogue de la manufacture pour savoir que certains bijoux valaient plus cher qu'une bicyclette, tandis que d'autres étaient très bon marché... Comment savoir ? En tout cas, le Glouriou pensait sans doute que celui-ci avait de la valeur, puisqu'il l'avait caché au fond de la malle. Il l'avait volé. Plus que sûr !

Tiénot remit vite le collier à sa place. Il étouffait. La tête lui tournait plus fort que jamais. Il s'agenouilla pour chercher à tâtons la bougie qu'il avait laissée tomber. Ah, la voilà... Il appela doucement Gaspar. Le chien gratta le bord de la trappe et couina. Toujours là, brave bête, merci mon Dieu !

Vite, Tiénot fourra la bougie dans sa poche pour monter l'échelle. Et maintenant comment effacer les traces ? Le Glouriou s'apercevrait forcément que sa caverne avait été visitée. Les marques de pas sur le sol de la forge, couvert de poussière et de cendre, laissaient deviner deux sabots de petite taille et des pattes de chien. Signé Tiénot et Gaspar !

Il remit le volet de la trappe à sa place du mieux qu'il put. Il releva les planches, essaya de brouiller les empreintes laissées par Gaspar... Comment était la porte à son arrivée ? Entrouverte, peut-être. Il était trop énervé pour se souvenir.

C'est alors qu'il crut entendre un grondement de moto. Comme il l'avait supposé, Joseph Sembat se rendait à la forge avec sa machine en passant par l'autre rive du Riou blanc. Jusqu'où pouvait-il s'approcher avec la motocyclette ? Traversait-il le ruisseau à la forge même ou à un gué en amont ? Il n'était pas loin, de toute façon. Le moteur lança une pétarade, puis s'arrêta.

Tiénot tira la porte sans réussir à la bloquer. Tant pis. Il se jeta au milieu du fourré de genêts épineux en fleur. Il se piqua le visage, les mains, et perdit deux ou trois minutes à se débattre au milieu de la broussaille jaune et piquante. Gaspar, croyant à un jeu, bondissait autour de lui.

Tiénot courut à travers le sous-bois, en évitant le sentier humide qu'il aurait pu marquer de l'empreinte de ses sabots. Gaspar gambadait loin devant.

À l'approche du soir, les oiseaux volaient dans les hautes branches comme s'ils cherchaient un refuge pour la nuit. Leurs cris et leurs chants se mêlaient à la plainte du vent à travers les futaies. La huppe lançait d'un lointain perchoir son « pu-pu » moqueur, les tourterelles échangeaient leurs roulades. Le coucou appelait du côté du Haut-Broussu... Une effervescence craintive se répandait de la terre jusqu'au sommet des grands arbres. Une inquiétude sourdait de la terre ou glissait du ciel.

Tiénot aperçut un bout de clairière moussue et se laissa tomber sur les genoux. Il se sentit tout de suite à l'abri, bien caché au fond d'un bois épais. Il s'allongea le nez au sol, ferma les yeux, respira l'odeur d'amer et de moisi de l'humus mouillé. Ainsi collé à la terre, les bras écartés, les paumes ouvertes posées sur la mousse, il était un morceau vivant de la forêt. Il appartenait à la forêt.

Il avait un peu froid, mais il était bien.

Gaspar vint lui lécher la figure. Il rendit sa caresse au chien, puis le repoussa. Il avait envie de dormir, mais pas sommeil. Il n'avait aucune envie de réfléchir à ce qui allait arriver, pourtant les pensées tournaient toutes seules dans sa tête.

« Joseph Sembat aura forcément des soupçons. Tu n'y peux rien, maintenant. Il ne fallait pas y aller ! »

« Alors, si c'était à refaire, tu n'irais pas ? »

« Peut-être. C'est quand même utile de savoir. »

« Et qu'est-ce que tu sais ? »

« Que le Glouriou est un voleur. Un vrai voleur qui fauche partout de la nourriture, des vêtements, des bijoux... et qui les entasse dans une réserve avant de les revendre. Et il tue peut-être les gens pour les voler ! »

« Non, là, tu vas trop loin. »

« S'il est surpris par quelqu'un en train de voler, qu'est-ce qu'il fait ? Il l'assomme... et après ? La personne l'a peut-être vu et pourra le dénoncer. Alors il la tue ! »

« Si c'était arrivé, il ne serait pas resté ici, il serait parti en ville... »

« Il attend d'être assez riche pour partir. Il sait que la Mado a de l'argent qu'elle doit garder à Bergerac, dans une banque ou chez un notaire. Peut-être aussi à la maison, dans son sac, sous le lit... Il le veut. En attendant, il l'aide à la métairie, mais au fond il s'en fiche. Quand il aura mis la main sur les sous, il fichera le camp. Et pour les avoir, il est capable de tuer. C'est un bandit. S'il te soupçonne d'être allé dans sa cave, il te tuera ! »

Tiénot se leva, courut tête baissée, les yeux aux trois quarts fermés, espérant en secret se casser la tête contre un arbre. Sa mère serait bien punie... Elle pleurerait son fils, il la vit au cimetière, tout de noir vêtue, et il pleura avec elle. Les larmes lavaient ses yeux et coulaient à bouillons sur ses joues.

Ou peut-être la Mado se ficherait de sa mort comme d'un accroc à sa chemise, toute heureuse d'être débarrassée de lui pour... Il chercha un mot vengeur. Pour faire l'amour avec le cochon !

La forêt l'appelait maintenant, doucement, tendrement. « Reste avec moi. Personne ne peut t'attraper au fond des bois et je t'aime. Sois bûcheron, charbonnier ou brigand, reste avec moi toujours... »

« Je serai brigand dans la forêt ! » décida-t-il.

Une autre chanson lui vint.

Compagnons de misère,
Allez dire à ma mère
Qu'ell' ne m'reverra plus
J'suis un enfant...
Vous m'entendez,
Qu'ell' ne m'reverra plus,
J'suis un enfant perdu !

Une main soyeuse lui caressa le visage et les yeux... ou bien était-ce la mousse de la clairière ? « Merci, chère forêt. Mon corps va pourrir sur la mousse et couler dans la terre. Je resterai près de toi toujours. »

Oh, quelqu'un lui bassinait la figure avec un chiffon mouillé. Ninette ou la veuve Savon ? « Laissez-moi mourir, je ne veux pas rentrer à la maison. Ce n'est plus ma maison, le Glouriou y est maître, si je reviens il me tuera. Non, il ne peut pas me tuer, puisque je suis déjà mort. Laissez-moi, je suis si bien, ici ! »

Le chant de la forêt le berçait et une grande paix descendait dans son cœur et sa tête, le long de ses membres.

Il essaya de repousser la main qui lui baignait les yeux avec un chiffon mouillé ou une éponge. Mais ce n'était pas un chiffon ni une éponge, c'était la langue de Gaspar !

— Diable toi, où avais-tu filé ?

« Excuse-moi », répondit Gaspar. « Il y a un tas de bestioles dans ces bois, avoue que c'est tentant pour un jeune chien comme moi. Quand j'ai vu que tu ne me suivais plus, je suis revenu en arrière. Je n'ai pas compris pourquoi tu tournais le dos à la maison. Après tout, c'était pas mes oignons. Je t'ai suivi à la trace et je t'ai vite rattrapé. »

— Je ne t'en veux pas, Gaspar. Mais tu aurais mieux fait de rentrer à la maison...

« Tout seul ? Tu ne crois pas que j'en aurais pris pour mon rhume ? Ta mère m'aurait drôlement secoué les puces. Et c'est pour le cas que le Glouriou m'aurait tranché les roustons tout de suite ! »

— Pas du tout, il aurait été tellement content de ne plus me voir qu'il t'aurait fait grâce !

Tiénot se releva. Il avait la tête un peu lourde, une plaie cuisante au front. Il se rappela qu'il s'était cogné contre un arbre. La lumière rase du couchant éclairait le sous-bois. Quelques crosses de jeunes fougères pointaient hors de la broussaille, deux pervenches avaient ouvert leurs corolles bleues. On se serait cru dans un jardin miniature. Au-dessus, les ramures enflaient jusqu'au ciel assombri. Dans quelques minutes, le soleil passerait derrière l'horizon et le soir tomberait.

Tiénot caressa la tête de Gaspar entre les oreilles. Le chien remua la queue, une façon de dire : Alors, on rentre ?

Soudain, il se sentit capable de lutter, de se mesurer à Joseph Sembat et peut-être de protéger son chien.

— À la maison, Gaspar, à la maison !

Tiénot et Gaspar rentrèrent à la métairie comme la nuit tombait. Les chauves-souris commençaient leurs rondes. Une vache meugla à l'approche du garçon et du chien. Puis une autre... Elles n'avaient pas eu leur ration de foin du soir. Foin mêlé d'un peu de luzerne fauché dans un champ précoce derrière la grange, plus une poignée de son pour celles qui avaient du lait... Nourrir les bêtes le soir était une des tâches habituelles de Tiénot.

Il courut à la cuisine. Personne, le feu presque éteint, pas de lumière. Il craqua une allumette, éclaira la lanterne. Il vit tout de suite l'ardoise de Lisa posée sur la table. Il lut le mot que sa mère avait griffonné avec un bout de craie et qui tenait les deux côtés de l'ardoise. Presque une lettre

Mon Tiénot, je suis obligée d'aller à Bergerac. Justine emmène Lisa au château, elles y coucheront. Joseph doit aller chez sa mère qui n'est pas bien. Tu seras tout seul cette nuit, mais je sais que tu n'auras pas peur. Tu es un homme maintenant. Occupe-toi des vaches ce soir et des cochons et des volailles demain matin. Je rentrerai dans la journée. Je t'embrasse très fort. Maman.

C'était la première fois de sa vie que Tiénot restait seul à la métairie. Ça ne lui déplaisait pas.

Il réfléchit en donnant à manger aux bêtes. Ce n'était pas un travail difficile. « Le Glouriou doit se douter que j'ai mis la main sur sa cache. Il ne va pas attendre que je le dénonce. Et la Mado a dû l'avertir qu'elle s'en allait, il sait que je suis seul. Il va rappliquer dans la nuit, quand il pensera que je dors. Il m'assommera et me traînera à l'étable, au milieu des vaches, pour faire croire à un accident. Ou bien il trouvera autre chose, n'importe quoi. Il essaiera de me tuer pour que je ne parle pas ! »

Les chiens ? Pitou était à la chasse. Tiénot fit la pâtée de Gaspar, y ajouta un morceau de pain graissé, versa du lait aux chats. Il gardait l'oreille au guet. Joseph Sembat n'attendrait peut-être pas la nuit...

Il se fit une omelette avec deux œufs et une pomme de terre bouillie. Il avait faim. Il prit son assiette et s'en alla manger sous le hangar, pour ne pas risquer d'être surpris par son ennemi. Les pensées se bousculaient sauvagement dans sa tête. « Non, le bandit ne viendra pas maintenant. Il pourrait se faire prendre. Il va rester ce soir avec sa mère, puis se couchera en même temps qu'elle. Quand elle dormira, il se lèvera, il poussera sa moto le plus loin possible de la maison avant de lancer le moteur. Il viendra ici, il me tuera et il rentrera chez sa mère comme il est parti. Si on lui demande plus tard, la brave femme jurera que son fils n'a pas bougé de la nuit ! »

Que faire ? Le fusil du père avait disparu. Le Glouriou l'avait pris, bien sûr. Peut-être l'avait-il caché quelque part à la métairie, mais c'était peu probable. Et puis comment le chercher à la lanterne ? Se barricader dans la maison ? Aucune pièce ne fermait à clé, sauf la cave. Le verrou de l'étable empêchait une vache qui se serait détachée en se secouant de forcer la porte pour sortir. Mais on pouvait toujours rentrer par la grange... Il aurait fallu clouer des planches. Impossible dans l'obscurité.

Tiénot pensa à se réfugier chez son grand-père. Pourtant il serait obligé d'avouer qu'il avait peur, la honte le retenait. Et puis il ne pouvait pas abandonner les bêtes. Si le Glouriou ne le trouvait pas, il se vengerait peut-être sur les vaches, les moutons, les cochons, les poules... Ou bien il mettrait le feu à la maison !

Voilà, c'est ce qu'il ferait dans tous les cas. Il brûlerait la métairie. S'il pouvait attraper Tiénot, il le jetterait dans le feu après l'avoir étourdi d'un coup de poing ou de bûche. L'incendie détruirait toutes les traces du crime...

Tiénot pensa à lâcher les bêtes pour qu'elles ne périssent pas dans l'incendie. Après, il se réfugierait au château, il appellerait Frédo et Ninette au secours. Non, il ne pourrait pas rentrer au château dans la nuit. Il se cacherait dans une dépendance, il connaissait une ancienne cave derrière le château, toujours ouverte parce que la porte ne fermait plus depuis la guerre et qu'on oubliait de la réparer.

Non !

Il n'allait pas fuir encore devant cette sale bête de Joseph Sembat. Il n'était pas seul, il avait Gaspar. Et, à défaut de fusil, il prendrait une fourche pour attendre le Glouriou.

Il lutterait de toutes ses forces. S'il devait mourir ce serait en combattant comme un brave soldat face à un ennemi plus fort et mieux armé !

D'abord, il avait besoin de se réveiller, de se donner du cœur au ventre. Qu'est-ce qui pourrait l'aider à résister au sommeil ?

Se laver à l'eau froide ?

Il trempa un torchon dans le seau de la cuisine et se mouilla le visage, le cou, la poitrine... Il frissonna et se sentit encore plus mal. L'eau froide ne lui réussissait pas. Il attisa quelques braises qui rougeoyaient encore sous la cendre, puis renonça à ranimer le feu. Mauvaise idée. La lueur du foyer signalerait sa présence à l'ennemi.

Que faisait donc le père pour se remonter avant d'attaquer un travail pénible ? Il lichait une sucée de gnôle en cachette de la Mado ! Il avait un petit verre pour lui seul, et pas si petit que ça. Tiénot décida de se servir plutôt d'un verre ordinaire, ainsi, la Mado ne s'apercevrait de rien. Pas facile d'atteindre la bouteille d'eau-de-vie rangée sur la plus haute étagère du placard... Il se hissa sur une chaise solide, celle qu'on réservait désormais à Joseph Sembat. Il tenait la lanterne tempête dans la main gauche. Il toucha le ventre de la bouteille, mais eut plus de peine à saisir le col. Enfin, ça y était.

Il posa la bouteille sur la table, la déboucha et la renifla. L'odeur du pétrole chassait celle de l'alcool. Difficile de savoir si c'était de la mauvaise eau-de-vie, celle qui sentait la vinasse. Après plusieurs essais, il estima que c'était plutôt de la bonne, celle que le père réservait autrefois à ses invités. Il se raidit pour ne pas trembler en empoignant de nouveau le col de la bouteille et se versa à peu près un quart de verre. Ce n'était peut-être pas assez pour se donner la force d'affronter le bandit, mais il en reprendrait si nécessaire.

Il avait déjà goûté l'eau-de-vie, du bord des lèvres, dans le verre de son père. Il n'avait pas aimé ça. Tant pis ! à la guerre comme à la guerre. Il avala une gorgée qui lui brûla la gorge. Il se força pour la seconde, qui lui mit le feu à la bouche. Du courage, Tiénot ! La troisième passa difficilement, la quatrième un peu mieux. Il avait les larmes aux yeux et se retenait de tousser. Vite, une autre ! Il leva sa lanterne pour vérifier le niveau du liquide. Il résista à l'envie de jeter le reste dans le feu. Il but d'un trait. Ouf. C'était sans doute un bon remède, quoi qu'en dise le maître d'école, mais difficile à avaler.

Étourdi, il s'assit une minute. La tête lui tournait. Il eut peur de vomir. Alors tout serait à recommencer. Il se força à se lever et sortit. Le vent frais du soir lui fit du bien. Maintenant, au travail. Pas de pansage pour les vaches. Juste la nourriture, sans oublier les deux petits cochons. Après... il espéra que l'effet de l'eau de vie lui permettrait de veiller toute la nuit. Il décida de se poster dans le grenier à foin près d'une lucarne. Dès qu'il entendrait la moto du Glouriou, il descendrait et se cacherait derrière un arbre ou une haie... Si Joseph Sembat s'approchait à pied, Gaspar aboierait et s'avancerait à sa rencontre. Impossible de prévoir comment se comporterait le chien. De toute façon, l'alerte donnerait à Tiénot le temps de sortir.

Comme arme, il prendrait le croissant qui servait à élaguer et tailler les broussailles. Une question se posait : attaquerait-il le Glouriou face à face, à la loyale, ou par-derrière, comme un Boche ? Si le bandit avait un fusil, tant pis, il le frapperait par derrière, au bras puis au cou...

Il dut se reposer un moment, à cause des brûlures d'estomac et des tournements de tête. Il but un grand verre... de l'eau du puits, pas de la gnôle. Il eut de la peine à finir sa tâche. Il piqua même une vache du bout de sa fourche. Heureusement, c'était la brave Casta, qui tressaillit à peine.

L'alcool lui donnait de l'assurance et du courage, mais de temps en temps les douleurs à l'estomac le pliaient en deux et sa tête, lourde comme une pierre, penchait en avant dangereusement. Il renonça à s'installer au grenier. Il se coucherait sur un tas de paille à la grange, tant pis s'il était moins à son aise que dans le foin, puisqu'il n'avait pas l'intention de dormir, au contraire.

L'envie le prit d'un tour de reconnaissance dans la tanière de Joseph Sembat, le coin au fond de la grange où dormait le Glouriou quand il passait la nuit à la métairie. Il avait installé un grabat sur les débris de paille, une penderie contre un pilier de bois, s'était fait un traversin avec un sac rempli de balles de blé. Une cantine en métal, qu'il avait dû voler à un officier pendant la guerre, lui servait à la fois d'armoire et de table. Un rideau en toile de sac fermait le réduit... mais ne l'empêchait pas de puer jusqu'au milieu de la grange. Qu'est-ce qui pouvait donc sentir aussi mauvais dans cette bauge ? Tiénot s'avança, sa lanterne levée, en pinçant le nez. Des peaux... Joseph Sembat faisait sécher des peaux de sauvagine, renards, martres, blaireaux. Pourquoi ? Va savoir. Il n'avait pas besoin d'argent, avec tous ses vols... Oh, il voulait sans doute décourager la Mado de visiter les lieux. Sa cantine devait être pleine de choses volées !

Une couverture pendait au pilier. Tiénot crut distinguer la forme d'un fusil dessous. Victoire, le fusil du père avec sa cartouchière pleine !

Il emporta les deux sans fouiller davantage. Il courut au fourré d'aubépine sur la pente de Costebrave, posa l'arme et les munitions. Il vérifia que le fusil était chargé. Il ignorait la grosseur du plomb et ne savait pas comment la vérifier. N'importe, il tirerait de près, il verrait bien le résultat et redoublerait si nécessaire. Il ne voulait pas tuer le Glouriou, seulement le blesser un peu pour l'empêcher de nuire. On l'emmènerait à l'hôpital, ça serait drôle si on le mettait dans la même salle que le père. La Mado les visiterait ensemble...

Tiénot perdit un moment à chercher le croissant, puis

éclata de rire. Il n'avait pas besoin du croissant, il avait bien mieux : le fusil.

Paré pour attendre le bandit !

Il s'étendit dans un coin de la grange, sur un tas de paille propre, aussi loin que possible de la tanière puante de Joseph Sembat. « Juste un moment, pour me reposer », décida-t-il. Dès qu'il se sentirait dispos, il irait se poster dehors, soit derrière la haie, soit au creux du pailler, et il prendrait le guet, le fusil à portée de la main.

Gaspar le rejoignit. Tiénot caressa son chien et le gratta entre les oreilles.

—Te voilà quand même. Tu vas rester avec moi, tu as compris ? Couché ici. Tu ne bouges plus !

Gaspar se mit à lécher son maître en geignant. Tiénot lui donna une bourrade amicale.

— Je sens la gnôle, peut-être. C'est ça qui te fâche ? Il fallait que je boive pour être fort. Maintenant, je suis... je suis... prêt à recevoir le Glouriou... À coups de fusil, hi, hi ! Toi, tu vas m'aider à veiller !

Et il s'endormit, assommé par l'eau-de-vie.

Gaspar lui badigeonna la figure à grandes languées, sans résultat. Le tonnerre du ciel ou les canons de la guerre n'auraient pas réveillé le garçon.

À un moment, il se sentit mouillé. Dormant à moitié, Tiénot glissa la main entre ses cuisses, par dessus son pantalon, qui était trempé. Pour la première fois depuis l'âge de trois ans, il s'était pissé dessus ! Ça devait être un effet de l'eau-de-vie. Sans s'éveiller tout à fait, il essaya de quitter son pantalon et son caleçon tout mouillés. Il se sentit mieux, il se rendormit.

Mais sa vessie continua de se vider. Impossible de se retenir. Il rêva qu'il était dans le grand salon du château. Culotte et caleçon baissés, il pissait sur le tapis comme un chien mal élevé. Les domestiques rassemblés, y compris Ninette et Justine, le regardaient et le montraient du doigt.

Puis Joseph Sembat entrait, serrant un couteau dans son poing levé.

— Je vais le châtrer, il ne m'accusera plus d'être un voleur !

Tiénot s'enfuyait dans la forêt, où les loups l'attendaient. Ils se mirent à le lécher affectueusement.

— Je suis revenu, disait-il à la meute. Je suis toujours votre chef. En avant !

17.

Après ce triste dimanche, la vie à la métairie devint un enfer pour Tiénot. Cent querelles par jour, et les deux filles, Justine et Lisa, toujours liguées avec le Glouriou contre lui. Sa mère, soumise au bandit comme une jument à l'étalon, n'osait pas le défendre. Elle n'avait de sentiment que pour Joseph Sembat. Dire qu'elle avait le béguin n'était pas un mot assez fort. Elle était complètement toquée de lui, elle l'avait dans la peau... Tiénot ne savait presque rien de la passion amoureuse. Le sujet n'avait pas sa place dans les livres d'école. Ça ressemblait peut-être à l'alcoolisme... Lui, après sa mésaventure, s'était juré de ne plus jamais boire une cuiller à café d'eau-de-vie. Mais il connaissait des hommes qui ne pouvaient pas résister à l'envie d'alcool, par exemple Francou le garde. Et un peu le comte Antoine, qui avait presque toujours une fiole de marc dans sa poche. Et le « démon du jeu », il ne savait plus où il avait lu cette expression. Les cartes, les paris, la roulette... qu'était-ce que la roulette, il l'ignorait et s'en fichait. D'après Frédo et Ninette, c'était le mal qui ruinait M. Louis-Pierre, le capitaine, le héros de la famille de Réaux.

Et les femmes, qu'est-ce qui leur faisait perdre la tête ? Sans doute l'amour et les hommes. Ninette disait quelquefois à son mari :

— Ah, mon Frédo, quand j'ai perdu la tête pour toi... c'était il y a bien longtemps !

Tiénot devinait que le ventre, et même ce qui était au-dessous du ventre, chez les filles et les garçons, comptait plus dans l'affaire que le cœur et la tête. La passion des femmes, leur fringale d'amour s'allumait à cet endroit mystérieux où on fait les enfants. La Mado devenait folle à cause de cet homme de sept ou huit ans plus jeune qu'elle, assez beau sans doute de tête et de figure, grand et fort, bien qu'un peu trop gras... mais quelques kilos de graisse ne le déparaient sûrement pas aux yeux de son amoureuse. Et on devinait les organes puissants qui lui pendaient entre les jambes... Il les grattait devant tout le monde, les remuait dans son pantalon, où ils tenaient une grosse place. Justine lorgnait par là en soupirant, puis se détournait vite, mais pas assez vite pour la discrétion.

La Mado, c'étaient les yeux du bandit qui la fascinaient. Elle y noyait son regard, battait des paupières en retenant son souffle. Elle pâlissait et rougissait presque en même temps... si c'était Dieu possible !

Joseph Sembat jouait de plus en plus au maître. Il se levait tôt, pour ne pas faire grand-chose, et exigeait que toute la famille soit réunie à sept heures devant son assiette. Pour lui, c'était deux œufs brouillés et une grosse tranche de lard. Pour Mado, un peu de soupe au lait, pour Tiénot lait sucré dans un bol où il trempait son pain... Mais le Glouriou lui avait interdit le bol.

— Tu mangeras dans une assiette, comme tout le monde.

— C'est pas commode pour tremper mon pain.

— Tu n'as qu'à le tailler dedans, ça fera une soupe. Et cogne pas ta cuiller contre tes dents, ça énerve les chats !

Lisa, vu son jeune âge, avait droit à une grande tasse, avec du chocolat en poudre dans son lait. Mais Joseph lui interdisait d'ajouter du sucre, il goûtait, ajoutait de l'eau.

Souvent, il exigeait qu'elle fasse pipi devant lui pour s'assurer qu'elle buvait assez. Elle se plaignait.

— Je peux pas le faire quand tu me regardes.

— Faudra t'habituer. Ou, si tu préfères, tu n'auras qu'à boire un demi-litre d'eau pendant que je te regarderai pour que tu la jettes pas.

— Je peux pas, c'est trop d'eau.

— Tu n'as qu'à te retenir dans la journée. Le soir, je verrai tout ce que tu as dans la vessie !

La Mado n'osait pas contrarier son chéri. Elle prenait pour parole d'évangile n'importe quelle ânerie qui sortait de sa grande bouche.

— Joseph a raison, Lisa. Tu ne bois pas assez, alors ton pipi te brûle...

— Il me brûle juste quand Joseph me regarde !

Le Glouriou éclatait d'un grand rire. Puis concluait sur un ton sentencieux :

— Jésus a dit aux petits enfants : « Buvez et vous pisserez. » Putain, chez nous, l'eau manque pas comme en Palestine !

Et il s'envoyait un grand chabrol de vin à l'assiette pour faire passer le lard un peu rance.

À la Mado, il interdisait la bicyclette.

— C'est mauvais pour les organes des femmes. Et puis tu montres tes cuisses comme une pute. C'est ridicule et malconvenant !

Il distribuait à chacun le travail du jour en frappant du poing sur la table de la cuisine. La scène, au début, se répétait tous les matins.

— Toi, Titi, tu t'occupes de la litière des vaches avant de partir à l'école...

Sous sa chemise de gandin, déboutonnée jusqu'au ventre, sa poitrine gonflait comme un soufflet de forge, son visage mi-ange mi-diable, se couvrait d'une rougeur congestive.

— Et ne me réponds pas ou alors... Tu brosses les

queues et tu leur passes un peu l'étrille, si c'est pas trop te demander. Après, tu emmènes les bêtes boire à la mare... ou si tu préfères, tu tires l'eau au puits et tu portes les seaux. Et tu en oublies aucune !

— Les seaux pleins sont lourds pour Tiénot, plaidait la mère. Il n'est pas bien fort...

— Qu'il les mène boire à la mare. Si c'est pas trop demander !

— Je l'ai toujours fait, disait Tiénot, ça change rien. Et quand j'aurai le certificat...

— Ne réponds pas toujours, suppliait la mère. Écoute ce qu'on te dit et fais de ton mieux.

— Je fais de mon mieux.

Le Glouriou étirait son grand corps un peu mou.

— Si tu as ton certificat, tant mieux pour toi. Tu ficheras le camp travailler en ville. Je t'ai assez vu !

La mère joignait les mains.

— Tu es trop dur avec lui, Joseph.

Le Glouriou fermait son couteau, un geste de maître, vidait son verre et se levait.

— Je veux bien faire le travail dans cette métairie, alors c'est moi qui commande, pas lui. Y a pas de milieu !

Tiénot trempait son pain rassis dans son assiette de lait.

— Je commande pas et j'ai pas besoin d'être commandé.

— Tu n'as qu'à te taire et obéir. On verra quand tu auras le certificat.

— C'est tout vu, puisque je partirai en ville !

La Mado regardait son fils, lui souriait d'un air chagrin.

— Je sais bien, que tu partiras...

La Mado, autrefois conciliante et de bonne humeur, se disputait maintenant avec tout le monde, même avec ses bons amis, Frédo et la Marguerite Pantissou. La veuve lavait de temps en temps le linge des Jouannet, bénévolement ou peut-être pour le plaisir, tant elle aimait manier le savon. N'empêche qu'elle venait chercher le sale et rapportait le propre dans sa brouette depuis la Mouthe du Loup, à un gros kilomètre. La Mado lui jetait en guise de remerciement un regard querelleur et quelques mots aigres.

— Ah, te voilà, toi ! Tu viens quérir ta ration de la semaine ?

— De la quinzaine, Mado. Mais si ça te gêne...

— Allez, amène ta brouette, que je te la remplisse. On a même un caleçon merdeux de mon homme que j'ai juste pêché sous le lit !

Un jour, Tiénot surprit sa mère campée face à la Marguerite Pantissou, les cheveux défaits, les poings fermés dans les poches de son tablier, jouant avec un sabot comme si elle se préparait à le lancer d'une torsion du pied.

— Ah, te voilà, toi. J'espère que tu as pas oublié de mettre ton pantalon sous tes cotillons, ce matin !

La veuve Savon lâcha les poignées de la brouette et se frappa les cuisses.

— Pourquoi ? Tu veux que je te le prête pour moucher ton nez ?

La Mado perdit son sabot et sautilla sur un pied, comme à la marelle.

— Je sais pourquoi tu viens chez nous avec tes beaux atours. Tu veux voir Joseph ? Ça te démange rien que de penser à lui ? Mais il n'en pince plus pour toi, ma belle !

— Toi, tu voudrais savoir ce qu'il me faisait quand il en pinçait encore, pour lui demander de te faire la même chose ? Il me manque pas tant que tu crois. Je préfère les jeunets. Et puis, prépare-toi à rester souvent le bec dans l'eau. C'est un feignant au lit, le Glouriou !

Outré par cette dispute et honteux pour sa mère qui offensait la personne la plus serviable de la commune, Tiénot s'éclipsa en hâte, sans se montrer. Mais la question tournait dans sa tête et lui chauffait un peu le sang. La veuve Savon avait-elle un pantalon sous ses cotillons ?

Tiénot, en cachette, menaçait du poing le bandit. « Je sais ce que tu veux, sale cochon. Tu veux que je m'en aille pour rester le maître à la métairie. Mais tu n'oses pas le dire... » La mère défendait mollement son fils, puis donnait raison au Glouriou pour abréger les disputes. Justine, elle, applaudissait à toutes les remontrances qu'il subissait. Elle avait aussi un béguin pour Joseph Sembat. On aurait presque cru qu'elle disputait ses faveurs à la Mado.

— Il est si beau, disait-elle à Tiénot. Même plus beau que Frédo. Même plus beau que M. François. Toi, à côté de lui, tu as l'air d'un petit singe. Quand on voit ta figure, on voit tes fesses !

Tiénot cédait en paroles, mais il osait quelquefois défier le bandit du regard, ce qui rendait l'autre furieux.

— Si tu fais l'insolent, je te déculotte devant Justine !

Et Justine applaudissait.

— Oui, oui, on va rire !

Songer à cette humiliation rendait Tiénot fou de colère.

Joseph Sembat savait-il que Tiénot avait visité sa cache de la forge ? À certains moments, le garçon en était persuadé. À d'autres, il doutait. En écoutant aux portes, en réfléchissant aux allusions que la Mado et le Glouriou échangeaient quand ils se croyaient seuls, il avait fini par comprendre ce qui s'était passé le dimanche où ils avaient disparu tous les deux. Elle avait menti dans le mot écrit pour lui. *Joseph va passer la nuit chez sa mère qui ne va pas bien...* Tu parles ! Elle avait menti par l'écriture, pis qu'en paroles.

Ils étaient partis tous les deux sur la moto. Partis pour la ville, Réverac ou Bergerac. Ils avaient loué une chambre dans une auberge, un hôtel ou quelque chose de ce genre. Tiénot ne savait pas très bien comment vivaient les gens de la ville, mais il avait lu assez d'histoires, de contes ou de romans pour imaginer les deux complices arrivant dans une sorte de gargote ou de guinguette.

« On voudrait une chambre pour la nuit... »

Le patron ou la patronne tendait la main.

« À votre service, m'sieurs-dames. Ça coûte tant. »

Sûrement pas mal d'argent. Ils en avaient tous les deux, mais c'est sans doute la Mado qui payait. Sitôt dans la chambre, ils s'embrassaient et... Tiénot préférait ne pas imaginer la suite. Ils avaient passé la nuit dans le même lit comme sûr. C'était mieux que la paille. Tant pis pour la mère de Joseph Sembat, peut-être malade pour de bon !

Le Glouriou avait-il fait un détour par la forge avant de partir pour la ville ? Tiénot était sûr d'avoir entendu la moto en s'échappant de la cabane. Pour rouler quarante ou cinquante kilomètres à toute vitesse, le bandit avait besoin d'un vêtement chaud. Il était allé chercher la veste de cuir que Tiénot avait vue suspendue dans la cache.

Il devait être pressé. Peut-être n'avait-il pas remarqué les traces des deux visiteurs, le garçon et le chien. Peut-être. Mais il était sûrement revenu plus tard, pour remettre la veste dans la cache. Il la portait en rentrant, il l'avait posée à la grange, puis elle avait disparu... Il avait forcément remarqué que la trappe avait été forcée. Tiénot et Gaspar avaient sans doute laissé plus de marques qu'il n'en fallait pour se trahir. La taille des sabots dénonçait le passage d'un enfant et les pattes du chien son compagnon. Impossible que le Glouriou n'ait rien vu. Tiénot essayait de se mettre à sa place.

Difficile de jouer au bandit !

Lui, dans la situation de Joseph Sembat, aurait plutôt essayé d'amadouer son ennemi, puis de l'attirer dans un piège pour simuler un accident... À la réflexion, non.

« Il ignore si je n'ai pas déjà parlé de ma trouvaille à quelqu'un, mon grand-père, Frédo, la veuve Savon, Justine ou la demoiselle. Si un accident m'arrivait, il pourrait être soupçonné par les uns ou les autres. Mon grand-père est très méfiant et malin. Le Glouriou n'est pas bête non plus. Il a dû dégotter un endroit, ou plusieurs, pour répartir son stock. Il a pu en porter une partie chez un receleur... Un gros travail à abattre en deux ou trois jours, mais Joseph Sembat est costaud et il a sa moto. Peut-être aussi des complices ! »

Bien sûr, qu'il avait des complices. Au moins une complice, la Mado. Tiénot sentait son cœur chavirer quand il y pensait. Il devait s'avouer impuissant face à un adulte malfaisant et perfide. Il était trop jeune, pas assez rusé. Il s'empêtrait dans ses hontes...

Oui, le Glouriou avait sûrement vidé la cache de la Forge et effacé les preuves de ses brigandages. N'empêche qu'il était un voleur, un bandit... Comment le faire savoir au monde entier, pour qu'on le lise dans les almanachs, les journaux comme *Le Pèlerin* et *Le Chasseur français* ? Tiénot aurait voulu voir l'accusation vengeresse tracée en lettres de feu au plafond du ciel : *Joseph Sembat est un voleur.* Il ne savait comment s'échapper pour aviser son grand-père. Le Glouriou lui avait interdit de se rendre au Peloux.

— Tu sais ce qui t'attend si tu y vas sans ma permission ? Le cul nu et Justine qui se rincera l'œil !

— Je m'en fiche, répondait Tiénot à toutes les menaces.

Mais il ne s'en fichait pas. Il montrait le poing à Justine, qui riait et lui renvoyait un signe moqueur.

— Attention, je te surveille.

Elle ne le quittait plus sur le chemin de l'école, à l'aller comme au retour. Elle s'amusait à l'espionner pour le compte de Joseph Sembat, mais elle prenait surtout plaisir à le harceler, à le tourmenter.

—Ton vieux pépé a la crève, il va bientôt moucher sa chandelle. Il s'occupe plus de rien, c'est pas lui qui te sortira d'affaire !

— Quelle affaire ? demandait Tiénot.

Elle riait sans répondre.

Le Glouriou lui annonça qu'il n'irait pas voir son père à l'hôpital.

— Le capitaine d'Eylias n'a pas de place pour toi dans sa voiture. Il emmène Jules Dupoux, l'aveugle, et sa fille la Poussinette en même temps que ta mère et ta sœur. Tu voudrais prendre la place de la Poussinette pour s'occuper de son père, peut-être ? Ou alors, tu voudras t'asseoir sur ses genoux pour lui tâter les cuisses, petit morveux ?

Tiénot baissa la tête. Il cédait de grand cœur sa place à la Poussinette, qu'il admirait pour son courage. Cette jeune fille, une bien jolie rousse, passait la moitié de sa vie à s'occuper de son père, homme exigeant et coléreux. Non seulement Jules Dupoux avait eu les yeux brûlés par l'explosion d'un caisson d'obus, mais il avait aussi perdu un bras. Et il se plaignait de douleurs persistantes dans le membre qui lui manquait.

— Ça me rend fou ! disait-il.

Et les gens pensaient : « Il a aussi la tête dérangée... » Tiénot ne comprenait pas comment on pouvait souffrir d'un bras qu'on n'avait plus. Il n'aurait pas voulu être à la place de sa fille.

Tant pis, il verrait son père une autre fois. Il pourrait peut-être lui apporter de bonnes nouvelles. Par exemple, le départ de Joseph Sembat !

Le Glouriou tapota sa panse gonflée.

— Hé, Titi, tu resteras tout seul à la maison ! Justine va au château tous les dimanches, maintenant. Et moi, je dois aller en ville pour mon commerce... Tu pourras faire tout ce que tu voudras. C'est rien bath !

Son commerce ? Il riait méchamment en prononçant le mot « commerce ». Il allait sans doute vendre le produit de ses larcins à ses complices de la ville. Et il lançait un défi à Tiénot, l'œil brillant.

— C'est bath aux pommes pour toi, morveux. Tu pourras aller voir ton grand-père si tu en as envie et si tu n'as pas peur de dégueuler. Ou tu pourras courir à Gignac, à la ferme ou au château, pour raconter des saletés sur ta mère... C'est ce que tu veux, pas vrai ? Mais je le saurai, te soucie pas. Si tu quittes la métairie ou le pré une minute, on te passera les trois pièces au vinaigre avec Justine. Ça te cuira pendant huit jours !

Le lendemain il s'esclaffait en se tenant les côtes.

— Tu as pas compris que je rigolais, bécassou ? Ha, ha, ha ! Quand tu seras seul, on te demande juste de t'occuper des bêtes, de pas oublier le pansage et de jamais les laisser courir dans les luzernes ou les blés. Et gare que ton sale corniaud leur morde la queue ou le pis ! Ça laisse des traces, je les regarderai de près en rentrant. S'il y a une seule morsure mal placée, je le châtre le lendemain !

Plus tard, il fit mine de se radoucir.

— Tu pourras aller voir ton brave pépé sucrer les fraises et se pisser dessus. À ce qu'on dit, il chie même dans son caleçon. Ça serait bien aimable à toi de le torcher. Il va pas tarder à rendre son livret, comme ça si tu le nettoies un peu il puera moins à l'enterrement, ha, ha !

Tiénot s'étouffait de colère et de désespoir, aucun mot ne lui venait pour répondre. Le Glouriou mentait !

— Vous mentez ! dit-il enfin.

— Oui, c'est sûr. Va donc voir. Tu devrais lui porter le reste de la soupe avec du boire de cochon, il fera pas la différence. Il n'a plus sa tête. Même si tu étais assez mauvais pour lui raconter des saloperies sur ta mère, il te comprendrait pas seulement !

D'épais nuages gonflaient le dos en courant au bout du ciel. L'ombre du crépuscule, en avance d'une heure, envahit la salle au moment où les Jouannet commençaient le repas du soir. La mère posa la lampe à pétrole, lourde et ventrue, à côté de la soupière, plus ventrue encore. Elle l'alluma avec un tison. La flamme monta dans le tube de verre, se répandit dans la pièce, arrachant de l'ombre les objets les uns après les autres. Elle éclaira enfin les visages des quatre convives : la Mado, Lisa, Tiénot et le Glouriou.

Justine faisait la cuisine au château, où elle passerait la nuit. L'odeur du pétrole se répandit dans la pièce. Lisa renifla.

— La lampe fume et pue, s'écria Lisa. Je peux pas manger si ça pue !

Joseph Sembat but un verre de vin cul sec.

— Bouche-toi les narines avec ta crotte !

Lisa pouffa de rire.

— Chiche que je le fais ? Et pourquoi on n'a plus de tourin ? Moi, j'aimais bien le bouillon aux œufs.

— J'ai dit non et non ! gronda le Glouriou. C'est du manger de châtelains, pas de métayers, ça tient pas au corps !

Reposant sa première cuillerée de soupe aux choux et aux patates, encore trop chaude, il s'attaqua à Tiénot.

— Tiens-toi droit, mon gars. Arrête de te tortiller comme si tu avais des morpions aux boules... si tu en as, des boules, je veux dire, ha, ha !

C'était plus difficile de tourmenter le garçon sans Justine pour renchérir. Lisa se brûla la langue et se mit à geindre. La Mado, très rouge, éclata de rire en se tenant la poitrine à deux mains.

— Joseph, arrête... arrête de raconter des bêtises, je vais m'étouffer !

— Je vais m'étouffer ! répéta Lisa.

« Arrête ce que tu es en train de me faire avec ton pied nu sous la table ! » Voilà ce que la Mado voulait dire au Glouriou et pourquoi elle rougissait si fort. Elle se calma enfin et se tourna vers Tiénot.

— Ne l'écoute pas, tu es trop jeune pour comprendre. Et mange ta soupe !

Tiénot fit la grimace.

— Joseph m'a mis du poivre...

Joseph Sembat ouvrit son col de chemise et gratta les poils de sa poitrine, l'air de dire : « Tu vois ça ? Tu en as pas un seul. Moi je suis un homme, un mâle puissant, et toi tu n'es qu'un drôle un peu vicieux... »

— Ça te plairait, hein, que je te baisse la culotte devant Justine ? Tu bicherais comme un âne ? Tu as déjà essayé tout seul, avoue !

— Non, cria Tiénot, et des larmes d'humiliation lui coulaient dans le nez. Je l'ai jamais fait, jamais !

— Tu es trop couillon.

— Il ment, cria Lisa, il l'a fait, je l'ai vu !

Le Glouriou fronça les sourcils, pinça la bouche d'un air grave.

— Ah, il l'a fait quand même ? À Justine, il a osé ! Mais c'est mal, c'est très mal. C'est un péché. Tu as pensé à le dire au curé, avec tous les autres ? Il y en a qui sont allés en maison de correction pour moins que ça !

Le grand mot était dit : la maison de correction. Tous les garçons la redoutaient, sans trop savoir ce que c'était. Le grand-père avait essayé de rassurer Tiénot. « La maison de correction, c'est pour les chenapans, les gredins et les gouapes. Tu n'es rien de tout ça, mon Tiénot... » Et le maître d'école, l'an dernier, avait grommelé en réponse à une question d'un petit : « Travaillez bien en classe et passez votre certificat le moment venu. Vous n'irez jamais en maison de correction ni en prison ! »

Néanmoins Tiénot n'était pas tout à fait convaincu. Il avait entendu parler d'un garçon que son « oncle », c'est-à-dire le second mari de sa mère, une veuve de guerre, avait envoyé en maison de correction simplement parce qu'il ne le supportait pas... Lui, par chance, avait encore un père qui, même malade, pourrait le défendre. Et le Glouriou était un voleur. « Justement, s'il réussit à m'envoyer en maison de correction, il sera tranquille, plus personne ne me croira ! »

Tiénot se mit à haleter, le souffle coupé, et chercha une goulée d'air. Lisa s'amusa à le singer, en respirant comme un chien hors d'haleine, la langue tirée et les yeux hors de la tête.

— Titi se cogne plus les chevilles. Maintenant, il fait semblant de s'étouffer comme papa. Sale bête !

— Lisa ! gronda la mère.

— Il sera puni, trancha le Glouriou, il aura du poivre dans sa soupe. Tant pis si ça coûte cher, je le paierai de ma poche !

La Mado s'essuya les yeux.

— Arrête, Joseph, je t'en supplie...

Elle pleurait aussi, mais de rire. Le bandit fouillait toujours sous ses jupons avec le bout du pied.

Tiénot ne pouvait s'empêcher de suffoquer, par moments, comme il ne pouvait s'empêcher de se cogner les chevilles, avant. C'était une maladie de chagrin. Le maître d'école avait remarqué sa façon de respirer par moment comme s'il se noyait. « Tu as attrapé l'emphysème ? Ça tombe bien, à deux mois du certificat ! »

Il se mordait souvent les lèvres pour ne pas pleurer. Il avait très envie de s'enfuir dans la forêt en compagnie de son chien, pour ne jamais rentrer chez lui. Il rejoindrait les charbonniers ou les hommes qui débardaient le bois avec leurs mules, il leur proposerait de les aider contre le gîte et la nourriture... Mais il n'était qu'un drôle, Joseph Sembat l'avait dit. Personne ne l'embaucherait. Et puis, c'était ce que voulait le Glouriou. Si Tiénot s'échappait, il s'avouerait vaincu. L'autre aurait gagné. Pis encore, Joseph Sembat le poussait à commettre une faute grave pour l'envoyer en maison de correction. Et se débarrasser sans attendre des semaines ou des mois du gêneur qu'il était devenu... qui dormait bien trop près du lit de la Mado !

Le bandit occupait tout un côté long de la table. Tiénot, assis au bout, le voyait de biais, plus menaçant que de pleine face, où son visage gras lui donnait un air poupin, un peu ridicule sur un torse puissant. Dans la lumière tremblotante qui enflait sa silhouette, il paraissait encore plus grand, gros et fort qu'il n'était réellement. Il tirait son béret sur ses yeux pour cacher son regard, ce qui lui donnait l'air de rouler dans sa tête un secret terrible et de nourrir de monstrueux desseins. Parfois, il se tournait à moitié vers Tiénot, un éclair s'allumait sous ses gros sourcils, comme pour dire : « Gare à toi. N'essaie pas de me jouer un tour, je veille ! » Et de temps à autre il aiguisait son couteau sur sa fourchette d'un geste chargé de menace.

Tiénot se résolut à tenir bon. Ni son père ni son grand-père ne pouvaient l'aider. Sa mère avait pris le parti de l'ennemi. Il ne voulait pas demander le secours de Frédo et Ninette pour éviter les racontars des gens du château. Encore moins se plaindre aux châtelains, qu'il refusait comme alliés par crainte de trahir les siens... Peut-être le régisseur, Hilaire Bezeau, le pire ennemi de Joseph Sembat, qui se plaignait de lui et le maudissait à la moindre occasion, dans son langage imagé et souvent ordurier.

— Le père Bezeau, je l'ai dans le pif... Il me sort par le cul ! Sa femme est une carogne, sa fille une pisseuse... Famille de putains et putain de famille !

Mais comment rencontrer le régisseur ? Comment lui parler ? Que lui dire ?

Pour Tiénot, il serait peut-être plus facile de confier ses malheurs à la mère Prune, femme simple et bonne personne, mais plus maligne qu'elle n'y paraissait. Une qui connaissait tout et tout le monde. Il n'aurait pas besoin d'aller au château pour la rencontrer, elle passait sur le chemin, à deux cents mètres de la métairie, matin et soir.

Ou alors la Marguerite Pantissou, la veuve Savon...

Il mit ces trois noms en réserve dans sa besace secrète.

Si nécessaire, il lutterait seul. En attendant, il devait réussir le certificat. Quand il l'aurait, il ne craindrait plus la maison de correction. Il serait invincible !

Un soir de pluie, la dernière bouchée de son omelette aux pommes de terre avalée sans mâcher, il se leva brusquement. Le Glouriou frappa sur la table, fit sauter les assiettes, les verres et les couverts. Son geste habituel qui n'impressionnait plus Tiénot, amusait Lisa, mais faisait chaque fois pâlir la Mado.

— Reste assis. Tu te lèveras quand je te le permettrai.

— Où veux-tu aller ? demanda la mère. Il pleut à seaux...

— Comme femme qui pisse ! ajouta finement le bandit.

— Joseph, protesta la Mado, c'est méchant, et puis les enfants le répéteront... Ce sont des vilains mots.

Joseph Sembat tapa des deux poings sur les coins de la table, les bras largement écartés, comme pour prendre possession du meuble et, en même temps, de la salle et de la métairie.

— Que les enfants le répètent si ça leur chante !

— Il pleut comme femme qui pisse ! déclama Lisa en trépignant.

Tiénot parla d'une voix assurée.

— Je veux aller étudier.

Son assurance le surprit lui-même. La pensée du certificat le rendait fort et joyeux.

— Étudier ? ricana le bandit. À la bougie, je suppose ?

Tiénot baissa la tête en silence. L'autre releva son béret pour le fixer d'un air féroce. Le blanc de ses yeux brilla à la lueur de la lampe.

— Pas de bougie en cette saison, le foin est très sec, tu risques de foutre le feu ! Tu veux préparer ton certificat ? C'est pas une blague ? Alors tu n'as qu'à repasser tes leçons et chercher tes problèmes dans ta tête. J'ai connu un jeune *compain* à la guerre... il était aux écoles avant d'être mobilisé... il faisait comme ça. Il se foutait dans un coin de la tranchée, avec les obus et les balles qui sifflaient au-dessus, il fermait les yeux, il se bouchait les oreilles et il étudiait dans sa tête. Les autres croyaient qu'il roupillait. Moi, j'avais vu ses lèvres bouger, putain. Je lui ai demandé s'il priait la sainte vierge pour sauver sa peau. Moitié je rigolais, moitié j'étais sérieux. On me connaît, hein ?

« Bordel, il m'a dit, tu peux pas me foutre la paix ? J'apprends mon droit civil ! » Le droit civil, c'est autre chose que les couillonnades du certificat, pas vrai ?

La Mado regardait son chéri, bouche bée. Comme il parlait bien, le Glouriou, pour un qui savait tout juste lire !

Tiénot retint son souffle et sa rage. Puis il réfléchit que le Glouriou était trop bête pour avoir inventé l'histoire. M. Beugnac avait parlé du droit en éducation civique. C'était difficile et on devait tout savoir par cœur. Le jeune homme qui repassait ses leçons dans sa tête avait peut-être inventé une bonne méthode... Tiénot eut envie d'essayer. Il se rassit et se releva aussitôt.

— Monsieur Joseph...

Le bandit se versa un dernier verre de piquette.

— Tu es devenu bien poli, tout soudain, morveux ! Trop poli pour être honnête ? Bah, on va faire semblant d'y croire. Qu'est-ce que tu veux encore ?

— Je peux aller étudier, monsieur Joseph ? Je repasserai mes leçons dans ma tête, comme vous avez dit.

— Oui, tu peux y aller si ta mère est d'accord.

La Mado hocha la tête, l'air hésitant et inquiet.

— Tu sauras réciter dans ta tête ? Ça doit être difficile...

Puis à Joseph Sembat, d'une voix un peu tremblante :

— Tu es sûr, Joseph, qu'il ne risque pas d'attraper une méningite ?

— Sûr de sûr ! répondit le Glouriou en vidant son verre.

Il claqua le pouce, tendit le bras par-dessus la table, visant Tiénot de son doigt boudiné.

— Mais attention, drôle. Si tu fais rentrer ton chien, j'irai le sortir à coups de pied dans le ventre !

Gaspar surgit dans la couloir. Tiénot le caressa longuement, l'embrassa sur le museau puis lui souffla dans l'oreille :

— Tu peux pas rentrer maintenant, le salopiot te tuerait. Il faut être malin, l'amadouer, tu comprends ? Si tu comprends pas, tant pis. Tu n'auras qu'à faire comme moi. On va rire !

Il repoussa le chien, se jeta sur son lit, dans le noir épais de la soupente. Il tremblait tant il avait hâte d'essayer la méthode du soldat. Voyons la table de 9... Trop facile. À l'envers. Un peu plus lent, mais facile encore. Essayons la conjugaison du verbe être, à tous les temps de l'indicatif, puis le conditionnel, l'impératif et le subjonctif !

Hé, Tiénot, n'oublie pas de fermer les yeux. Même dans le noir, c'est important...

Après les deux auxiliaires, il repassa mentalement les verbes des deuxième et troisième groupe, puis les principales dates de l'histoire de France.

Il commença à avoir mal à la tête, mais il était si content qu'il poursuivit l'exercice jusqu'au moment où il tomba de sommeil.

18.

Lisa, qui marchait vingt mètres en avant sur le chemin de la maison, se retourna et cria :

— Pourquoi vous ne venez pas ? Si Joseph est là, il va se mettre en colère contre vous !

Justine balança son panier comme pour le jeter dans le chemin.

— Cours. Dis qu'on a été retardés mais qu'on arrive.

— Menteuse !

Lisa s'assit au bord du talus.

— Je sais. Vous voulez pas que je vous entende parler entre vous...

Justine posa son panier et son cartable et attendit Tiénot, un peu en arrière, le nez plongé dans son mémento du certificat.

— Ta sœur est une sale peste.

— Tu le savais pas encore ?

— Si. Tu veux bien m'aider à lui frotter les fesses aux orties ?

La menace eut tout de suite son effet.

— Pas les orties, non !

La gamine s'enfuit à toutes jambes.

— Je le dirai. Je le dirai à Joseph !

Justine haussa les épaules.

— On croirait qu'elle a cinq ans. Ça va être la simplette du village.

Tiénot rejoignit Justine et glissa son mémento sous sa chemise.

— Avant, Lisa était plutôt maligne pour son âge. C'est Joseph qui la force à redevenir bête en la traitant comme un bébé.

— Tant pis pour elle. C'est tout ce qu'elle mérite !

— Toi, tu es pour le Glouriou.

— Il te tourne en bourrique. Ça me plaît bien.

Justine reprit son cartable et son panier. Ils repartirent ensemble, comme réconciliés. Pourtant, ils ne l'étaient pas. Tiénot s'écarta de la jeune fille et marcha tête basse sur le côté du chemin. Il regarda ses chevilles qui saignaient de nouveau et, sans lever les yeux, demanda d'une voix sourde :

— Pourquoi tu m'en veux, Ju ? Qu'est-ce que je t'ai fait ?

Justine se rapprocha de Tiénot, presque à le toucher. Elle le fixa un instant dans les yeux, la tête demi-tournée, en silence, puis gronda tout bas à son oreille :

— Je vous déteste tous !

Tiénot se cogna les chevilles si fort qu'il lâcha un cri. Il chercha son souffle quelques secondes. On aurait dit que ses poumons aussi tapaient l'un contre l'autre. Il continua de marcher en titubant et zigzaguant. Il se faisait l'effet d'un vieux poivrot. Justine le serrait de si près qu'ils se touchèrent l'épaule.

— Oui, tous...

Elle fit glisser l'anse de son panier au creux de son coude et compta sur ses doigts.

— Tous, tous les cinq ! Oh, tous, les six, j'oubliais Georgette, qui est une putain d'orgueilleuse. Lisa qui... À l'école, elle parle de moi comme si j'étais sa bonne. J'espère qu'elle épousera un Bragou, elle remuera le fumier toute l'année et recevra une frottée chaque fois que son homme sera plein ! Vous, les métayers, vous êtes pires que les châtelains. Les messieurs-dames, au moins, ils reconnaissent mes capacités, la cuisine, le service. Je me sens pas rien du tout avec eux. La demoiselle va m'emmener après son mariage, dans deux mois. Mais elle m'engage tout de suite, ici. Maintenant, je peux dire ce que je pense. Merde ! Je pense merde pour les métayers ! Merde pour les Jouannet !

Tiénot se taisait. Il marchait le souffle serré, ses savates raclaient la terre du chemin et poussaient les cailloux. La voix de Justine claquait à ses oreilles, sifflait dans sa tête. Il comprenait la souffrance de la jeune fille, mais il se demandait si eux, les Jouannet, méritaient ses reproches. Oui, peut-être. Il ne se sentait pas la conscience nette. Il avait honte de lui-même et un peu de ses parents. Il aurait voulu implorer le pardon de Justine, mais il avait la bouche si sèche que les mots ne décollaient pas de sa langue.

Maintenant, Justine parlait plus bas, comme si elle réfléchissait à mi-voix, et elle paraissait perdre peu à peu ses certitudes et sa colère.

— C'est ce que je pense, oui. Enfin, un peu...

Tiénot attendait qu'elle s'esclaffe soudain et s'écrie : « C'était pour rire. C'était une blague. Je t'ai bien eu ! » Non, elle releva son béret d'une *chique* du poignet. Le soleil couchant alluma un éclair dans ses yeux bleus. Un éclair froid, presque méchant. Il eut peur d'elle. Elle haussa soudain le ton.

— Au château, on m'a tout raconté sur tes parents...

Tiénot marcha plus vite pour échapper à la voix qui le tourmentait. Elle le rattrapa.

— Tu n'as pas envie de l'entendre ? Tu préférerais rien savoir ? Tu es trop bête !

Tiénot la laissa marcher à côté de lui. Non, il ne voulait pas entendre les accusations de Justine. Pourtant, il avait envie de savoir. Justine le frappa de son cartable et parla sur un ton farouche.

— Ton père ne m'a jamais aimée. Pas du tout. En

revenant de la guerre, tout escagassé mais couvert de médailles, il disait : « Pas besoin de cette grenouille à la maison pour manger notre pain et rien foutre. Qu'elle aille voir chez les bonnes sœurs si j'y suis ! » Ta mère m'a gardée, elle avait trop besoin de moi. C'est ton père qu'on devrait appeler le Glouriou, pas Joseph ! Ton père, il aurait pu rentrer à la moitié de la guerre, tout le monde le raconte. Avec trois enfants et ses blessures, c'est certain. Même M. Antoine l'affirme. Non. Il voulait être plus fort que les messieurs et devenir officier. Pendant que je torchais la petite et que ta mère travaillait dans les champs, il courait après ses galons et ses médailles. Tu vois comme il est, à présent ? Sans Joseph Sembat, vous seriez déjà foutus dehors de la métairie !

Une fois de plus, Tiénot avala sa salive avec effort, chercha son souffle et plaida tout bas.

— Mon père était patriote...

— Patriote, mon œil ! Il avait envie de se faire voir, de péter plus haut que son cul, comme dit Frédo et même la Mado ! Il pensait peut-être que les châtelains lui donneraient la métairie pour le remercier d'avoir sauvé la France, ha, ha ! Ou alors qu'on le nommerait colonel d'un régiment, qu'il passerait la revue à cheval et qu'après il pourrait vivre la canne à la main !

Tiénot serra les poings et essaya de rejeter l'air qui bouchait sa poitrine.

— On dit tout ça, au château ?

— Oui, et bien d'autres choses. Ta mère, elle a un vilain secret, ça fait causer tout le monde. Tu préfères pas le connaître, son secret ? Tant pis pour toi. Je vais le dire !

— Ne le dis pas ! supplia Tiénot.

Mais il mourait d'envie de l'entendre, au fond. Connaître enfin le secret de la Mado ! Justine brandit son cartable si haut et si fort qu'il s'ouvrit et qu'un livre tomba. Un gros livre de lecture à couverture verte, le Bouillot. Elle le poussa du pied.

— Je m'en fiche !

Tiénot ramassa le bouquin. Il avait le même, moins propre, plus usagé. Mal tenu, voilà. Ses livres et ses cahiers étaient sales... Celui de Justine paraissait presque neuf. Il le lui tendit à regret. Elle le refusa d'un geste.

— J'en ai plus besoin. Je passerai jamais le certificat !

— C'est pas vrai ?

Justine fit un signe véhément.

— Si, c'est vrai. Et ta mère...

Ils avaient perdu de vue Lisa qui courait seule vers la métairie. Ils allaient à petits pas et Tiénot surveillait ses chevilles. Justine fit quelques entrechats joyeux et lança un long rire moqueur.

— Ta mère avait des parents riches, ça, tu le sais, hein ? Des gens de la ville, une grande ville, plus grande que Bergerac et même que Périgueux. Et très loin. Elle a commencé toute jeune à courir le matou. Mémé Nanie dit même qu'elle était putain comme chausson, ha, ha ! C'est une façon de causer des vieilles. Tais-toi. C'est vrai, c'est arrivé. Tout le monde le sait, même les bohémiennes. La Mado a eu le béguin pour un sale type, un souteneur. Tu sais pas ce que c'est ? Tu es un gros bêta de paysan. C'est un homme débauché qui... Merde, je peux pas t'expliquer, tu es trop bête. Alors elle est partie de chez elle avec son amoureux. Amoureux de mes fesses ! Et il l'a mise en maison... c'est comme ça qu'on dit.

— Une maison de correction ? demanda Tiénot.

Justine éclata encore de rire, tête levée, et fit tournoyer son cartable, d'où s'échappa cette fois un cahier qu'elle abandonna au milieu du chemin.

— Quelle andouille, oh mais quelle andouille ! Pas une maison de correction, un mauvais lieu, un boui-boui... une maison de bals où les femmes se font payer pour danser toutes nues avec les hommes !

— Toutes nues ? s'exclama Tiénot.

— En asticot, oui, tu as bien compris. Coco est déjà allé

au boui-boui, tout bêta qu'il est. Et il a dansé avec des femmes nues !

— Et lui, il était aussi tout nu ?

— Je sais pas, je m'en fiche, tu n'auras qu'à lui demander. Il avait peut-être gardé sa culotte, hi, hi, hi ! Et alors la Mado, d'après ce qu'on m'a raconté, elle n'aimait pas trop danser. Ou elle pensait peut-être qu'on la payait pas assez pour se mettre nue devant les bonhommes. Elle s'est échappée. Elle a sans doute voulu revenir chez ses parents, mais ils l'ont chassée. Les patrons du boui-boui ont dit qu'elle n'avait pas le droit de s'en aller et ils l'ont poursuivie pour la ramener. D'abord elle s'est cachée en ville, et ils l'ont vite retrouvée. Mais ils n'ont pas pu l'attraper. Elle est partie à la campagne pour mieux se cacher. Elle s'est mise avec les bohémiennes. Les bohémiens l'ont défendue contre les hommes de la ville qui la pourchassaient toujours...

— Tu inventes ! gémit Tiénot.

— Non, je te jure, je n'invente pas un mot. Tout le monde le dit, c'est vrai. Après, les bohémiens voulaient la garder pour eux. Ils l'ont enfermée, elle s'est encore échappée. Elle courait vite, la Mado, quand elle était jeune. C'était difficile de la garder prisonnière. Elle s'est enfuie dans la forêt, elle s'est cachée longtemps chez les charbonniers...

Tiénot s'arrêta, frappa du pied et gronda :

— Tu racontes ça pour m'embêter. Tu mens !

— Tant mieux si ça te fait mal. De toute façon, tu n'es pas bien sensible... Moi, je crois que tout est vrai. Ninette et Frédo le croient aussi. J'aime bien cette histoire, surtout avec les bohémiens et les charbonniers. Après, la Mado a quitté les charbonniers, elle s'est lavée au ruisseau parce qu'ils l'avaient mise toute noire, jusque sous sa chemise, hi, hi ! Elle a vu un château, c'était Hautefage. Elle s'est présentée, elle a dit qu'elle voudrait être femme de chambre, les messieurs-dames l'ont vue belle et propre, ils l'ont engagée. Tu sais, moi, je l'aime pas, ta mère. C'est une ancienne servante et elle se prend pour une dame parce qu'elle habitait en ville quand elle était fille. Elle se croit supérieure, mais elle a quand même dansé toute nue et couché avec les bohémiens et les charbonniers !

Tiénot se mit à chantonner pour se donner l'air de prendre à la blague le conte de Justine.

— Tu-as-tout-inventé... pour-m'em-bêter... Et la preuve que tu mens, c'est que ma mère déteste les *couraudes.* Jamais elle ne serait allée à leurs baraques pour se cacher. Jamais !

Justine posa son panier et tourna autour de Tiénot en faisant des moulinets avec son cartable.

— Quel âne, mais quel âne ! C'est parce que les bohémiennes l'ont enfermée pour la donner à leurs hommes qu'elle les aime pas. Voilà !

Justine inspecta dans la pénombre la marmite et la poêle.

— Ce soir, je dîne avec vous...

Joseph Sembat chassa d'un ramponneau de godasse Gaspar qui s'était glissé dans la salle malgré l'interdiction qu'il avait décrétée.

— Fous le camp, tu pues !

Puis il se tourna vers Justine.

— Vous entendez, elle dîne ! Milodiou, voilà que tu causes comme les messieurs-dames ! Hein, Mado, elle apprend le beau langage au château. Ici on dîne pas, on soupe, mademoiselle de !

Pour la première fois, le Glouriou montrait une franche colère contre la jeune fille. Ils se défièrent du regard. Joseph Sembat baissa les yeux le premier, puis lorgna du côté du couloir, pour s'assurer que Gaspar était parti... et pour se donner une contenance.

— Bon, dit-il.

Justine fouilla la marmite avec la louche.

— Tant pis s'il n'y a que la soupe et l'omelette. Je me rattraperai au château. C'est la dernière fois que je mange avec vous. Je suis engagée par la demoiselle à partir de demain. Je vous quitte, au revoir et grand merci.

— Merde ! jura le bandit. Tu préviens le dernier jour, et au moment où on va avoir le plus de travail !

— Vous avez dit que vous pouviez tout faire à la métairie, alors j'ai pas de souci !

La mère s'essuya les mains à son tablier, longuement.

— La demoiselle est venue m'avertir, pardon. Justine doit l'aider à préparer son mariage. On a plus besoin d'elle au château qu'ici. Et puis il faut qu'elle se perfectionne encore à la cuisine et au métier de femme de chambre.

Le Glouriou tourna sa mauvaise humeur contre la Mado.

— Mais moi on m'a rien dit. Je vois que je compte toujours *pas guère* dans cette maison !

La mère lâcha son tablier et se massa le front du dos de la main.

— Excuse-moi, Joseph, j'avais oublié. Je ne sais pas où j'ai la tête en ce moment.

— Bon, ça va. Mais toi...

Il menaça Justine de sa paume ouverte.

— Toi, petite garce !

Il voulut prendre le bras de la jeune fille. Elle se dégagea vivement.

— Qu'est-ce que vous voulez lui faire, à la petite garce ? M'empêcher de partir ? Essayez voir !

Joseph Sembat se leva, marcha vers la porte, posa la main sur le loquet, puis se ravisa avant de sortir. Il revint s'asseoir à sa place, en face de l'âtre, posa les coudes sur la table et gronda :

— Si tu as tellement envie de faire la boniche, va donc ! Et ne viens pas te plaindre quand les comtes ou les barons ou je sais pas quoi te mettront la main au panier. Quand je dis la main, ha, ha !

Tiénot jubilait, embusqué dans son coin de couloir. Assis

d'une fesse sur un tabouret, il se tenait prêt à filer vers la grange si le bandit se rappelait son existence et s'en prenait à lui.

La Mado commença à tailler le pain dans la soupière, puis s'arrêta, la tourte serrée contre sa poitrine.

— Justine, et ton certificat ?

La jeune fille distribuait les cuillers et les fourchettes à travers la table.

— Où est passé Tiénot ?

Le Glouriou fit tinter sa cuiller sur le bord de son assiette.

— T'occupe pas du drôle, il compte les puces de son corniaud. Allume la lampe, que je voie un peu ta binette de chat *bouillu* !

— Faites-le donc vous-même ! répliqua Justine sur un ton mi-moqueur, mi-rageur. Je serai peut-être la boniche des comtes mais jamais la vôtre. Même le dernier soir !

Joseph Sembat voulut rire, mais s'étrangla et se frappa la cuisse du plat de la main.

— Ha, ha, putain ! Mado, on n'y voit pas plus dans cette turne que dans le trou du cul...

La mère lui fit face, couteau brandi.

— Joseph, s'il te plaît, ne dis pas des horreurs devant les enfants. Et puis tu pourrais faire quelque chose de tes deux mains... peut-être allumer la lampe. Je veux pas toucher le pétrole pendant que je taille le pain.

— Et moi, je viens de me laver les mains. J'ai travaillé dur tout le jour, je croyais avoir le droit...

Le Glouriou croisa les bras, regarda le plafond sans finir sa phrase.

— Je sais que tu as travaillé dur, dit la Mado. Je te remercie.

Elle continua de tailler le pain en tranches fines, avec des gestes lents, serrés, pour maîtriser le tremblement de sa main. Elle se tourna vers Justine. La jeune fille compta les œufs de l'omelette.

— Six, huit, ça ira ? Qu'est-ce que vous me voulez encore ?

— Je t'ai posé une question. Je veux savoir ce que tu vas faire pour le certificat !

— Rien. Je quitte l'école. La demoiselle ne veut pas que je passe l'examen. Elle dit que ça déplairait à la famille de son fiancé si j'avais le certificat de l'école laïque !

Dans le silence, on entendit grésiller les flammes du foyer et souffler le vent sur les toits. À l'étable, une vache secoua longuement sa chaîne, une brebis bêla tristement.

« La demoiselle se venge, pensa Tiénot. Une sale affaire pour Mme Coly ! » La directrice de l'école des filles perdait sa meilleure candidate, et elle n'en avait pas beaucoup...

— Mme Coly sait que tu abandonnes ? demanda la mère.

— La demoiselle a dû la prévenir aussi. Tant pis pour elle. Je suis contente de quitter l'école. Ouf ! ouf ! ouf !

Le Glouriou retroussa ses manches et se frotta les mains.

— Mado, le vin. Hé, pas la piquette. J'ai droit au bon vin, ce soir, qu'est-ce que tu en penses ? Tu as raison, toi, le chat bouillu. Le certificat sert à rien pour être boniche dans un château !

Justine posa la lampe en même temps que Mado la bouteille devant Joseph Sembat.

— Montrez si vous savez l'allumer avec vos grosses pattes. Et le certificat, vous pouvez le passer à ma place. Il vous suffit d'apprendre à lire et à écrire !

— Putain, vous l'entendez ?

Tiénot préféra disparaître. Il se glissa sans bruit au fond du couloir et se réfugia à la grange. Mouché par les femmes, le bandit voudrait tôt ou tard se venger sur sa tête de turc habituelle. « Il ne me tient pas encore ! »

Tiénot s'étendit dans un coin de la grange, le plus loin possible de la salle pour ne pas entendre la dispute qui continuait. Il aimait les odeurs mêlées de la paille, du fourrage, du cuir, des bêtes... Mais les peaux qui séchaient dans le cagibi du Glouriou puaient toujours autant. Il se boucha le nez, essaya de respirer par la bouche. Son étouffement le reprit.

Saloperie...

Gaspar le rejoignit, lui lécha les mains puis, après un petit coup de langue à la joue, comme pour demander la permission, il badigeonna les oreilles, le nez et le front de son jeune maître. Tiénot le serra contre lui.

— Tes poutous sont un peu baveux, bougre ! Mais ce n'est pas vrai que tu sens mauvais. Ce sont les peaux de l'autre qui puent !

Le garçon et le chien frémissaient de la même tendresse partagée. Tiénot rêva à mi-voix.

— Si on pouvait mettre les flûtes comme Justine, toi et moi...

Il écouta les petits bruits de la grange. Deux ou trois vaches ruminaient, un rat courait dans la paille, une chouette battait des ailes dans le grenier à foin... Puis la dispute éclata de nouveau à la cuisine, tout de suite violente. Il y eut des cris, les pleurs de Lisa, les plaintes de la mère. Et, par-dessus, la voix furieuse de Joseph Sembat qui lançait des menaces et des imprécations. Un bruit de verre cassé, celui d'une claque, un gémissement... « Le bandit a dû gifler Justine, pensa Tiénot. S'il touche à la mère... »

Une arme. Où dégoter une arme ? Tiénot se rappela le tranchoir qui servait à débiter les betteraves qu'on mélangeait au son pour le bétail. Le temps de mettre la main sur l'outil, dans l'obscurité, il entendit la porte battre et le pas pesant du Glouriou sonner sur le sol boueux de la cour.

— Qu'il foute le camp pour toujours !

Mais ç'aurait été trop beau.

Après quelques ratés, la moto ronfla. Un coup d'accélérateur, elle s'éloigna en pétaradant. Joseph Sembat décampait. Sûrement pas pour toujours, juste pour aller passer la nuit à la forge, à la ferme du château ou chez une garce, Dieu sait où.

Tiénot serrait toujours la poignée du tranchoir dans sa main crispée. Oui, ce serait une bonne arme en cas de besoin. Il décida de le cacher derrière les crèches des vaches, sous les débris de paille et de foin. Puis il s'avança vers le couloir et écouta. Sa petite sœur pleurnichait. Justine, calmée, la consolait assez gentiment. Elles montèrent ensemble l'échelle du grenier qui menait aussi à leurs chambres, maintenant séparées mais contiguës. Lisa suppliait Justine.

— Tu vas partir, alors ? Tu vas partir et je serai toute seule ? J'aurai peur, toute seule dans la chambre !

La jeune fille rassura l'enfant sans cacher tout à fait son agacement.

— Tu n'es plus un bébé, Lisa. Tu n'auras pas peur. Frédo enlèvera la cloison et tu auras toute la place pour toi...

Tiénot attendit un moment, puis s'avança jusqu'à la porte de la salle qu'il tira en silence.

Sa mère se tenait assise devant la lampe. Les moucherons dansaient la ronde autour du verre. Elle avait posé la tête sur ses avant-bras, et ses cheveux étalés cachaient son visage. De temps en temps, ses épaules se soulevaient et son souffle devenait rauque. Il comprit qu'elle retenait ses sanglots.

La Mado pleurait.

19.

Le Coco de mémé Nanie trépignait d'impatience.

— M. François est au château. Il veut te voir tout de suite. Viens, dépêche-toi ! Si tu te dépêches, je te dirai un secret, hi, hi !

Tiénot se pinça le nez. Le dadais sentait la pisse et la merde. Il ôta son béret pour parler à l'oreille de Tiénot.

— J'ai vu la Poussinette en train de se laver toute nue à sa source. Elle a les poils d'en bas rouges comme ses cheveux !

— Tu ferais bien de te laver aussi tout nu !

Coco s'esclaffa et partit en courant. Tiénot se força à marcher d'un pas tranquille, les mains dans les poches, en feignant de regarder le ciel, la nature, les oiseaux. Mais son cœur tapait un peu fort. Il essayait de deviner ce que lui voulait M. François.

Il rejoignit Coco dans la cour du château. La Fumée bondit à sa rencontre et renifla sur lui l'odeur de Gaspar. Il caressa la chienne entre les oreilles.

— Ton frérot m'aurait bien suivi, ma belle, mais il doit apprendre à garder la maison.

Frédo sortit des écuries où on avait installé le garage. Il appela Tiénot d'un geste de sa main noircie par le cambouis, souleva sa casquette du pouce et adressa au garçon un clin d'œil d'encouragement.

— Par ici, mon gars, ça se passe du côté des voitures, ha-ha !

Une grosse auto rouge, garée à côté de la Voisin, exhibait sa mécanique sous le capot levé. Un homme vêtu d'une cotte bleue se penchait sur le moteur. Il tourna la tête et sourit à Tiénot. C'était M. François.

— Tu me vois en pleine action, jeune homme. Ça va m'éviter un long boniment. Tu connais cette auto ? C'est une vingt chevaux Delage. Elle te plaît ? Tu aimerais devenir mécano ?

Tiénot s'attendait à cette question. Il rendit son sourire à M. François mais baissa vite la tête. Il ne voulait pas montrer son intérêt. Bien sûr, qu'il avait envie d'être mécano. Et M. François-Xavier de Réaux était le plus chic des messieurs-dames. Mais Tiénot ne voulait plus être au service des châtelains... Cette révolte contre les riches lui coûtait une vraie souffrance. Elle s'ancrait en lui peu à peu, elle prenait une force qui lentement le dominait. M. François s'essuya à un gros chiffon graisseux et lui tendit la main.

— Allez, prouve-moi que tu n'as pas peur de te salir, maintenant que tu as ton certificat.

— Je ne l'ai pas encore, monsieur. Je le passerai dans un mois.

L'homme et le jeune garçon se serrèrent la poigne. Le cœur de Tiénot tapait fort dans sa poitrine.

M. François lui prit l'épaule.

— Je vais avoir besoin d'un petit gars comme toi qui aime les machines et les moteurs. Et qui ait un peu d'instruction et apprenne vite... Quand tu seras assez ferré en mécanique auto, rien ne t'empêchera de passer à la mécanique avion. D'ailleurs, ça m'intéresse aussi pour l'avenir. Et après...

Il mima des deux mains le décollage d'un avion. Tiénot resta bouche bée, essayant d'aspirer une gorgée d'air qui refusait d'entrer dans ses poumons.

— Vous voulez dire que je pourrai être aviateur ?

M. François marcha jusqu'au fond du garage, appuya une fesse sur l'établi et déploya ses grandes jambes.

— J'ai une proposition à te faire.

Il montra à Tiénot une caisse posée devant lui sur le sol de l'atelier.

— Assieds-toi donc, on en a pour un moment.

Frédo s'était réfugié sous le capot de la Delage. Il émergea une seconde pour envoyer à Tiénot une grimace complice.

— La campagne de Hautefage est belle, dit M. François sur un ton pensif. On n'y vit pas trop mal, hein, même quand on est métayer ? Sans parler de la forêt, que tu dois adorer. Moi aussi, je l'aime. Tout le monde l'aime, cette garce de forêt. Mais il n'y a pas d'avenir ici, qu'on le veuille ou non. L'avenir, c'est la ville, c'est la technique. Tu t'en doutes bien. Tu as toujours rêvé de ces sacrés avions. Je t'offre une chance que ton rêve devienne réalité. À toi de la saisir. Mais assieds-toi donc !

Les jambes tremblantes, Tiénot se laissa tomber sur la caisse. Les autos, les avions, une chance que le rêve devienne réalité... Trop beau pour être vrai.

M. François tira un paquet de cigarettes de sa poche de poitrine, puis un briquet en or. Un parfum de tabac blond adoucit les odeurs âcres qui flottaient dans l'air. Il recula de quelques pas pour s'éloigner des autos. Une flamme jaillit sous son pouce.

— Frédo ?

— Pas de refus, dit Frédo.

M. François, tout en souriant, pointa l'index sur Tiénot.

— Je parie que tu fumes déjà, toi, en cachette ? Hum, tu es bien jeune. Enfin, on verra quand tu seras mon apprenti. Le tabac blond est plus sain que le brun. Tu auras droit à une cibiche par jour, pour commencer.

Frédo recula vers la porte puis tira une bouffée.

— Il aimera ça, le jeune Étienne. Et les femmes aussi, ha-ha !

M. François prit un air grave et fit mine de considérer le plafond.

— Pour les femmes, je ne te promets pas que tu en auras une par jour. Mais à Paris, les jupons ne manquent pas...

Paris. Le mot tomba dans l'oreille de Tiénot comme la foudre sur le clocher. « Il me parle d'aller à Paris, de fumer, d'avoir des femmes comme si j'étais un homme ! »

M. François souffla un rond de fumée, prit sa cigarette entre deux doigts et continua :

— Des femmes en veux-tu en voilà, quelques-unes très jolies, d'autres un peu moins, et pas mal qui couchent sans faire d'histoire. Tu es plutôt beau gosse. Avec un an ou deux de plus, ça devrait aller. Bon, voilà l'affaire. J'ouvre prochainement un garage d'autos à Neuilly, à côté de Paris. Pas immense, il faut être prudent au départ. Mais j'ai déjà les capitaux pour l'agrandir, en doublant tous les ans. Si tout va bien, on commence en septembre. On sera trois. Toi, si tu viens, moi, bien sûr, et Mlle Jacqueline, ma fiancée. Ça t'épate ? Une femme qui s'occupe d'un garage, ha, ha, on ne connaît pas ça, à la campagne ! Mlle Jacqueline n'est pas une jeune fille ordinaire. Après tout, il y a des aviatrices qui se débrouillent pas mal avec leur zinc, Marie Marvingt, Maryse Bastié... Pourquoi n'y aurait-il pas des mécaniciennes ? Si tout va bien... je le répète à chaque phrase, c'est juste par superstition. Je sais que tout marchera. Donc, à la fin de l'année, tu seras déjà pas mal dégrossi, on embauchera un ouvrier. Toi, tu seras de la maison, vous travaillerez ensemble, mais il ne te commandera pas. On devrait être cinq ou six d'ici un an. On se rapprochera du centre de Paris pour les autos, puis on ouvrira un atelier de mécanique avion en banlieue. Tu feras ton service militaire dans l'aviation... J'organise déjà tout ça dans ma tête. En attendant, tu seras logé et nourri, tu auras ton argent de poche et, tous les mois, on mettra une certaine somme sur ton livret de caisse d'épargne. On verra combien. Des économies qui te serviront pour préparer ton brevet de pilote... de pilote d'avion. Je suis sûr que tu es doué. Si tu travailles dur, au bout d'un an tu toucheras la moitié de la paie d'un ouvrier qualifié, et la paie entière après deux ans. Toujours logé et nourri, parce que tu seras encore un peu jeune pour te mettre en ménage. Mais je t'emmènerai au bordel, à mes frais, du moins si ça t'intéresse. Tu sais ce que c'est, le bordel ?

Tiénot regarda fixement ses pieds. Le bordel, il devinait presque. Ça devait être un peu comme le boui-boui dont parlait Justine, en plus grand. Tout était plus grand et plus riche, à Paris. Tiénot se demanda s'il avait bien envie de danser avec une femme nue... et tout nu lui aussi. Il aurait préféré que la dame l'emmène au lit. Est-ce qu'on pouvait ? Est-ce qu'il y avait des lits dans les bouis-bouis, les bordels et ce genre de maison ?

On était bien loin de la mécanique automobile.

— Je ne sais pas si je pourrai partir en ville cette année, dit-il d'une voix incertaine. Je dois remplacer mon père à la métairie tant qu'il restera à l'hôpital...

— Je sais que ton père est à l'hôpital. C'est un brave soldat qui...

— Entre nous, Tiénot, tu es déjà remplacé, dit Frédo.

Il écrasa son mégot sur le seuil du garage et revint vers les voitures.

— Remplacé, et pas qu'un peu ! C'est comme ça, c'est la nature humaine. Oui, bon, Joseph Sembat s'est installé à la métairie de ton père comme chez lui. Quoi que tu fasses, tu n'y changeras rien. Au lieu de jouer les rabat-joie, tu devrais profiter de l'occasion pour te tirer des pattes. M. François t'offre une situation comme tu n'en retrouveras jamais une autre quand tu vivrais cent ans ! Et à Paris, tu te rends comptes ? Dans quelques années, mettons après ton service, tu auras le choix. Ou tu passeras dans l'aviation, mécanicien, pilote, selon tes goûts et tes moyens, tu verras. Ou tu deviendras chef d'atelier en mécanique auto... à moins que tu préfères ouvrir un garage à toi. Oui, ça coûte du fric... des sous. Mais tu peux compter sur M. François pour t'aider. Et merde, merde ! C'est la chance de ta vie. Arrête de faire tes yeux de...

— Et toi, Frédo, coupa M. François, arrête ton prêche. Notre jeune ami est pris par surprise. Il doit parler à ses parents, à sa mère au moins. Va, Tiénot, tu as quelques jours pour réfléchir. Mettons une semaine. Mettons deux.

Tiénot se taisait. Tout cela ressemblait trop à un rêve. Un de ces rêves qui hésitent entre le songe merveilleux et le cauchemar dont on s'éveillera un peu plus tard avec soulagement.

Il n'avait pas envie de se réveiller, mais il refusait de croire aux merveilles de l'avenir. Il y a, chez les riches, des gentils et des méchants. Quand on se jette dans leurs bras, qu'ils soient bons ou mauvais, on est leur jouet. Un jouet cajolé, aimé parfois, bien traité en général... et toujours une sorte de mascotte, d'animal familier. On est leur prisonnier pour la vie. À moins de devenir riche à son tour, et c'est encore une façon d'être prisonnier !

À la ville, à Paris, M. François aurait déniché sans mal un garçon de l'âge de Tiénot, plus familier de la mécanique et peut-être plus habile de ses mains. Mais il voulait un apprenti docile et respectueux, perdu loin de sa famille, totalement à la merci de ses maîtres. Le petit paysan, fils de métayer, lui semblait parfait dans ce rôle.

Des talons claquèrent sur le pavé de la cour. Une voix appela :

— Ho, les garçons, vous êtes là ?

Une voix de femme, jeune, claire et gaie. La dame parut à l'entrée du garage, très jolie dans sa robe blanche étroite. Grande, fine de taille, toutes les rondeurs qu'il fallait ailleurs et une chevelure presque aussi rousse que celle de la Poussinette. Sur cette opulente crinière, frisée et gonflée, un chapeau minuscule, blanc comme la robe, ressemblait à un esquif dansant sur la crête des vagues. Elle serrait un sac de cuir dans sa main gauche. Elle tenait de l'autre un gant jaune clair, chevreuil ou chamois, elle s'en servait pour saluer à petits gestes mutins M. François, Frédo et Tiénot.

Frédo s'écarta du capot de la Delage.

— Bien le bonjour, mam'zelle Jacqueline.

C'était donc la mécanicienne. À la voir dans cette tenue, ça paraissait incroyable. Comment faisait-elle, par exemple, pour contenir ses cheveux quand elle se penchait sur un moteur ? Sa main dégantée était blanche, fine, presque menue : la main d'une dame de la ville qui ne touche que des tissus délicats, des flacons lisses et des bouquets sans épines...

Elle sourit à Frédo, qui badait devant elle.

— Alors, l'artiste, comment trouvez-vous ma petite auto ?

Rouge, intimidé, comme jamais Tiénot ne l'avait vu, le fier mari de Ninette considéra la rousse, puis l'automobile, puis de nouveau la demoiselle, montrant son admiration pour l'une et l'autre. Il se gratta la tête, chercha ses mots et son souffle, tira sur sa casquette.

— Eh bien, euh, mam'zelle, je veux dire, ma foi... votre petite auto... hum, quand vous aurez une grosse vaudra mieux se sortir de devant vos roues, ha-ha !

Mlle Jacqueline rit gentiment, charmée mais pas dupe.

— Hé, hé, flatteur, va. Vous verrez les machines que nous aurons d'ici quelques années. Il sera difficile de faire la différence entre avion et auto !

Mal à l'aise, le chauffeur répondit d'un geste poli, mimant l'ébahissement et un peu le doute.

Mlle Jacqueline s'approcha de Tiénot, qui s'était levé à son entrée, frôla sa joue du gant qu'elle manipulait maintenant à la façon d'un éventail. La caresse du chevreau frais sur sa peau le fit bondir. Il bafouilla un bonjour maladroit.

Il aurait voulu disparaître au fond de la forêt et, en même temps, trouver le courage de regarder en face la belle rousse. Sans aucune gêne, elle lui mit deux doigts sous le menton et le força à lever la tête.

— Tu es notre futur apprenti, n'est-ce pas ? Tu m'as l'air bien timide. Bah, la ville ne te dégourdira que trop !

Avant d'atteindre son visage, le regard de Tiénot se posa une seconde sur la poitrine de Mlle Jacqueline. Son col déboutonné laissait le corsage s'entrouvrir sur deux fruits ronds aux pointes dardées, et sur le sillon doré qui se creusait entre eux. Le plus joli balcon qu'il ait pu admirer !

Il haussa les yeux d'un demi-étage et lorgna son minois. Elle était belle d'une façon pas très ordinaire et extrêmement troublante. Ses yeux verts rayonnaient d'une lumière exotique sous l'auvent des boucles rousses. Des taches d'un roux très pâle parsemaient son visage long, aux os apparents et au nez un peu retroussé. Elles s'éparpillaient autour de sa bouche large, aux lèvres carminées, s'étendaient sur ses pommettes hautes, jusqu'au bord de ses oreilles.

Il respira son parfum, qui fit sauter son cœur. Une odeur se mêlait à l'essence des fleurs et de quelque autre substance. Une odeur pas tout à fait inconnue... Il l'avait déjà humée près de Ninette. La femme de chambre l'appelait son « parfum de femme mariée ». Celle de la dame rousse lui parut même plus forte et plus piquante.

Mlle Jacqueline n'était pas mariée... puisqu'on la disait fiancée et on l'appelait mademoiselle. Mais à Paris, une fiancée était peut-être presque une épouse. Sans doute. Sûrement. M. François et sa promise couchaient ensemble comme mari et femme. En ville, tout allait très vite, on n'avait pas le temps d'attendre les simagrées du maire et du curé !

La jeune femme fit passer son gant dans sa main gauche, caressa la tête de Tiénot et tira gentiment ses cheveux.

— Comme tu me regardes, toi, dis donc !

Péché mortel. Tiénot sentit les flammes du tourment infernal lui lécher les joues et le cœur. M. François éclata de rire.

— C'est un petit homme, tu sais. Je lui ai proposé de l'emmener au bordel s'il vient avec nous. Il ne sait pas ce que c'est, mais il apprendra vite !

Mlle Jacqueline lâcha la tignasse de Tiénot et lui pinça l'oreille. Puis elle se tourna vers M. François, l'air courroucé.

— Toi, chéri, et ton bordel ! Tu ne penses donc qu'à ça ? Moi, je proposerais à notre ami de rencontrer des jeunes filles sages et douces, prêtes à fonder un foyer quand le moment sera venu. C'est ce qu'il souhaite, j'en suis sûre. N'est-ce pas ?

M. François se frappa la cuisse, le même geste que Joseph Sembat mais plus élégant.

— Et en attendant ? Tu crois qu'il va calmer ses ardeurs naturelles en rêvant à des filles sages et douces ?

Mlle Jacqueline haussa les épaules, fit le tour des voitures en marchant avec précaution sur ses hauts talons. Puis elle revint se planter devant son fiancé.

— Oui, les garçons ont besoin d'aller au bordel dès qu'une petite envie leur chauffe le sang, c'est ça ? Et les filles, qu'est-ce qu'elles font pour calmer leurs « ardeurs naturelles », comme tu dis, avant le mariage ? Rien n'est prévu pour elles, à part les petites copines de pension. C'est bien injuste. Bon, n'en parlons plus. Et maintenant, je peux prendre la Voisin ? Je veux dire : elle est prête, le plein est fait ? Nous avons décidé, tante Pauline et moi, de pousser jusqu'à la mer. Nous rentrerons demain soir. Vous avez la Delage pour vous occuper en nous attendant !

— La voiture de Mlle Pauline est prête, dit Frédo. Si vous bifurquez vers l'Espagne, elle est parfaitement capable de rouler jusqu'à Madrid. Et même jusqu'à Lisbonne, haha !

— Vous êtes très fort en géographie, Fred. Et si nous tournons à gauche, elle ira jusqu'à Rome ?

— Il faudra mettre de l'essence de temps en temps, dit Frédo en riant. Mais ça ira.

M. François ne riait pas. Il claqua du pouce.

— Hé, attention...

Il prit le bras de sa fiancée.

— Tu iras à Calcutta si tu en as envie. Je ne te demande qu'une chose : ne laisse pas Tante Jupiter conduire !

— C'est son auto.

— Mais elle tient le volant comme si elle avait acheté la route avec son argent de poche. Et elle n'a pas son permis de conduire.

— Justement. Je lui donnerai sa première leçon. N'oublie pas que ça sera une bonne partie de mon travail quand on aura le garage. Apprendre à conduire aux vieilles dames riches pour qu'elles achètent nos autos...

— Les vieilles dames riches ont un chauffeur.

— Mettons celles qui ne sont pas assez riches pour se payer un chauffeur et en même temps assez jeunes et aventureuses pour avoir envie de prendre le volant. Crois-moi, elles sont nombreuses depuis la guerre.

— Tu rêves.

— Non, et je te le prouverai.

Tiénot avait suivi la conversation des fiancés avec une attention passionnée. Il aimait la voix claire et assurée de Mlle Jacqueline. Une femme qui savait ce qu'elle voulait. Il était sûr qu'elle porterait la culotte dans le ménage de Réaux... ce qui donnait au garçon une folle envie d'accepter la proposition de M. François. Il ne voulait pas devenir le serviteur des « de », mais il se serait fait volontiers l'esclave de la jolie rousse !

Frédo replongea sous le capot levé de la Delage. Le moteur ronfla et la carrosserie trembla de la capote aux moyeux. M. François et Mlle Jacqueline s'approchèrent pour regarder tourner la puissante machine. Tiénot en profita pour filer à l'anglaise.

Il marcha vers les bois pour se calmer. Il traversa le Fournial, un plateau hérissé de souches saignantes. Hilaire Bezeau avait vendu là une vaste coupe de chênes. Il s'assit deux minutes sur un tronc abattu. Dans le ciel dégagé par la chute des arbres il vit un rapace tourner en rond en descendant lentement vers les cimes, comme s'il avait repéré une proie et se préparait à piquer sur elle. Puis un chevreuil ou une biche apparut... Tiénot décida que c'était une biche. L'animal parut surpris de paraître à découvert, en pleine lumière, dans l'espace de la coupe. Avec la disparition de la futaie, les habitants des bois perdaient leurs repères familiers. La biche hésita quelques secondes, puis repartit vivement du côté du couvert.

On était loin des rêves de la grande ville, des garages et des bordels... Pourtant Tiénot aimait passionnément ce monde sauvage où il avait toujours vécu. Il se sentait chez lui dans la forêt de Hautefage. À l'abri, hors d'atteinte du mal et du malheur... N'empêche. Les feux de la cité brillaient dans son imagination, attisés par le désir des femmes et des machines. Il rêvait de voler vers ces lumières éclatantes, comme les insectes se jettent sur le verre de la lampe pour s'y brûler et mourir. Il souhaitait très fort se créer un destin loin de la métairie et du Glouriou....

Abandonner pour toujours la nature, la forêt... et son cher Gaspar ? Entre Gignac et Paris, le choix trop cruel tendait son âme, embrouillait son cœur. L'image de la dame rousse fusa sous ses paupières baissées. Puis il vit une enseigne sur le fronton d'un grand bâtiment plein d'autos de toutes tailles et de toutes marques : Garage de Réaux.

Non. Il voulait être du côté de Mme Coly, pas des châtelains !

20.

Au milieu de l'après-midi, La Fumée rejoignit Tiénot, Gaspar et le troupeau au pré de la Combe noire. Les vaches broutaient goulûment l'herbe grasse. Tiénot jouissait de sa solitude, le cœur un peu serré quand même. La mère et Lisa étaient allées visiter le père à l'hôpital, avec le capitaine d'Ayran d'Eylias. Joseph Sembat passait le dimanche chez sa mère, à Réverac. Enfin c'est ce qu'il racontait... Peut-être était-il allé voir des femmes en asticot dans un boui-boui de Bergerac. On s'en fichait ! Tiénot veillait sur la métairie. Fier et inquiet. On ne sait jamais ce qui peut arriver.

La forêt qui cernait la combe bruissait de toutes ses ramures, exhalait mille senteurs. Assis sur un talus, la tête tournée vers les bêtes qu'il entendait mais ne voyait pas parce qu'il avait les yeux fermés, Tiénot se récitait patiemment le mémento du certificat qu'il connaissait presque d'un bout à l'autre.

Le chant des oiseaux et le murmure du ruisseau berçaient son cœur d'une langueur monotone... Il chercha le nom du poète. C'était une récitation de l'an dernier. Verlaine ? Impossible de se rappeler son prénom. Mais les mots *langueur monotone* lui plaisaient bien. C'était à peu près ce qu'il ressentait. L'anxiété gâchait le plaisir de la solitude. À n'importe quel moment, la moto de Joseph

Sembat pouvait pétarader sur la route et le bandit rentrer à la métairie, beuglant et rotant de colère. À partir du milieu de l'après-midi, et on n'en était pas loin...

Depuis le départ de Justine, Joseph Sembat traînait son humeur massacrante du matin au soir. Il se sentait trahi par la drôlette, la drôlesse, dont il avait cru se faire une alliée. Pour Tiénot, c'était moins de moqueries mais plus d'insultes, de menaces et même de torgnoles. Les torgnoles qu'il avait toujours évitées jusque-là, quelquefois de peu. Le Glouriou semblait se demander à quoi lui servaient ses belles malices, puisque Justine n'était plus là pour railler avec lui. Et puis c'était une jolie jeunette qu'il n'aurait pas !

Tiénot avait rapporté la proposition d'embauche de M. François, mais il n'avait dit mot de la dame rousse. Il aurait eu l'impression de la salir. Joseph Sembat avait ri, un peu jaune, du coin de la bouche.

— Toi aussi, tu veux faire ton balluchon ? On te retient pas !

Tiénot avait pris plaisir à provoquer le Glouriou.

— Je suis bien ici, j'ai pas envie de m'en aller.

L'autre avait tapé du poing et ragé.

— Ah oui, je comprends que tu sois bien, à rien foutre. Mais ça durera pas. Il vaut mieux que tu fiches le camp gagner ton pain en ville. Tu seras jamais un paysan, tu es trop fainéant !

La mère avait soupiré et tenté de désamorcer la querelle.

— C'est une bonne offre que tu as eue, mon Tiénot. Tu peux être fier, ça serait dommage de manquer ça. Mais tu n'es pas obligé de répondre tout de suite. On verra après ton certificat.

Après le certificat, ce serait sans doute trop tard. Tant de choses pouvaient arriver d'ici là.

Un petit jappement éveilla Tiénot de sa songerie.

Il estima l'heure à la position du soleil qui se dandinait

dans le ciel bleu, entre quelques nuages hauts, blancs et ronds. Trois heures de l'après-midi. La vieille Casta ruminait. Deux autres vaches étaient couchées sur le flanc mais n'avaient pas commencé à ruminer. Même les bêtes les plus goinfres ne ramassaient plus qu'une bouchée d'herbe de temps à autre. Toutes paraissaient rassasiées.

Tiénot avait conduit son troupeau à la pâture au début de la matinée, dès le pansage fini et les volailles et les cochons nourris. C'était un calcul. Il tâcherait de rentrer tôt à la métairie, puis filerait chez son grand-père dès que possible.

Joseph Sembat lui avait d'abord interdit cette visite, puis l'avait permise en jurant que le vieux était mal en point et gâteux. Tiénot se rappelait les phrases mauvaises du Glouriou. « Tu pourras aller voir ton pépé se pisser dessus. Paraît même qu'il chie dans son caleçon. Ça serait aimable à toi de le torcher ! » Ces vilenies avaient eu plus d'effet que l'interdiction. Tiénot craignait de trouver son grand-père si dégradé par la maladie que le vieillard ne le reconnaîtrait pas. Il remettait de jour en jour sa visite. Voir gaga, couvert de pisse et de merde cet homme vaillant qui l'avait tant aimé, c'était presque pire que d'apprendre sa mort. Pourtant la nouvelle du décès ne venait pas. Tiénot se sentait coupable. Une faute de plus sur sa conscience. Il en avait déjà une sachée.

Il ramassa deux poignées de cerises qu'il mit dans sa musette et partit pour le Peloux à la course, suivi de Gaspar.

Et bientôt Gaspar passa devant. Il savait où on allait.

À cent mètres, Tiénot aperçut la forte silhouette, alourdie et trapue mais encore droite. Le grand-père, sa barbe drue sous son éternel chapeau de feutre... Pas du tout en train de pourrir sur son grabat mais vaquant aux travaux du jardin ! Il maniait la faux de ce geste sûr que Tiénot lui connaissait. Un détail surprenant, tout de même : il portait sa grosse peau de mouton comme en plein hiver. Et son pantalon mal attaché lui tombait sur les cuisses.

Tiénot hésita un instant. Puis Gaspar se précipita en aboyant de joie. Le vieil homme s'appuya sur sa faux et, en essayant de se retourner, glissa et tomba sur un genou. Tiénot rappela son chien et courut vers le jardin.

— Grand-père, c'est moi, Tiénot...

Quand il arriva, pépé Jean se tenait debout en s'appuyant à un poirier d'une main. De l'autre, il remontait son pantalon.

— C'est juste la tête qui me vire un peu, par moment...

Il baissa la voix.

— Tu es tout seul ?

— Oui, avec mon chien.

— Ton chien est une brave bête. Il ne faut pas que les gens me surprennent dehors. Tu as compris ?

Non, Tiénot ne comprenait rien. Il scruta le visage envahi par la barbe plus guère taillée, le front aux rides davantage creusées qu'il ne les connaissait. Mais l'œil restait vif sous les mèches blanches, clairsemées, qui se mêlaient aux sourcils touffus et plus sombres. Le regard familier, tendre et complice, scrutait celui de Tiénot, comme pour chercher l'entente au-delà des mots qui était la leur autrefois. Et le garçon crut deviner le secret du vieil homme.

— Tu fais semblant ? Tu fais semblant d'être malade ? Pourquoi ?

— Ne parle pas trop haut. On ne sait jamais qui peut traîner par là. Suis-moi à la grange. La maison sent le renard. C'est exprès... Mais je suis flapi pour de bon, j'ai bien vieilli depuis l'hiver, mon pauvre Tiénot. J'ai même plus aucun goût à ma chique.

Il toussa et cracha le jus noir.

— N'empêche que je suis encore là et que j'ai l'œil. Je veille au grain, sacré diable !

Le grand-père ne parlait jamais en l'air. Que voulait-il

dire, au juste ? Il manigançait sûrement une affaire. Tiénot avait surpris sans le vouloir une partie de son secret. Ça ne lui donnait pas le droit de chercher plus loin par simple curiosité...

Le grand-père posa sa faux contre un poirier, puis se ravisa et la jeta dans l'herbe. Ils traversèrent un coin du jardin envahi par les carottes sauvages et les orties et percé de trous par les lapins et les taupes. Le grand-père trébucha, Tiénot s'empressa.

— Tu veux que je te soutienne ?

— Un faux pas... et pour de bon, ha, ha ! Oui, soutiens-moi, si quelqu'un nous voyait ça serait mieux.

— Et si quelqu'un t'avait vu en train de faucher, alors qu'on te croit couché et très malade ?

— Tu as raison. Mais je n'ai pas pu m'en empêcher, ça me fait mal de voir mon jardin tomber en friche. Et puis le dimanche, à l'heure des vêpres, il ne passe guère de monde par ici. Maintenant, sur le tard de l'après-midi, les drôles courent les cerisiers, et les bonnes femmes les champignons de pré. On ne sait jamais.

La grange était minuscule, avec son étable pour deux vaches, sa bergerie pour quatre moutons, et la loge pour l'âne. Toutes vides depuis la mort de la grand-mère... Le grand-père ôta son chapeau et s'assit sur un tas de fagots.

— Alors, mon gars, tu t'es quand même décidé à venir me voir ? C'est sûrement que le Glouriou n'est pas à la métairie aujourd'hui !

Tiénot baissa la tête.

— Je suis tout seul, avoua-t-il. Ma mère et Lisa sont parties voir mon père à l'hôpital. Le bandit n'a pas voulu que j'aille avec elles. Je suis resté m'occuper des bêtes...

— Ah, tu l'appelles le bandit. Il mérite bien ce nom !

Le cœur de Tiénot battit plus fort.

— Tu le crois aussi ?

— Allez, assieds-toi, on va causer.

Tiénot prit pour siège une brouette sans roues. Le grand-père lui demanda s'il avait soif.

— J'ai un litre de piquette caché dans la paille. Tu veux boire ?

Tiénot répondit qu'il n'avait pas soif. Il avait bu de l'eau fraîche avant de partir et détestait la piquette aigre du grand-père. Le vieil homme posa les mains sur ses genoux et soupira longuement.

— La femme d'Hilaire Bezeau vient s'occuper de moi. C'est une bonne personne, elle est dans mon secret. Mais quand elle ne peut pas venir, elle envoie sa servante, la Finette, qui n'est au courant de rien. La pauvre fille croit mes jours comptés et m'interdit de boire une seule goutte de vin ou même de piquette. Ah ! voilà que je me confesse comme si tu étais le curé venu me donner l'extrême-onction. La Finette voulait me l'envoyer, j'ai dû tempêter et menacer de jeter l'hostie aux araignées. Elle ne sait pas trop si je suis un vieux mécréant ou si j'ai tout à fait perdu la boule à cause de ma maladie, ha, ha ! Et toi, je suppose que je peux te faire confiance, comme autrefois. On a le même ennemi, je crois bien ?

— Oui, le bandit.

— Raconte-moi un peu ce qui se passe à la métairie. J'en sais long, mais pas assez.

— Joseph Sembat fait comme s'il était le maître chez nous... comme si mon père n'allait jamais revenir !

— Je te promets que ça va s'arranger. Je suis là, Tiénot. Ils m'ont tous enterré trop tôt.

— Qu'est-ce que tu vas faire ?

— Attends, tu ne m'as encore rien raconté...

Tiénot se leva et vint s'asseoir sur un fagot, tout près du vieil homme.

— Grand-père, tu sais que Joseph Sembat est un grand voleur ?

— Voleur, c'est sûr. Petit voleur, grand vaurien, voilà

ce que je dirais. Pour le savoir, je le sais. Tout le monde le sait...

— Même maman ?

Le grand-père hocha la tête d'un air de doute, roula un son rauque, mi-rire, mi-soupir, et se gratta longuement la barbe.

— Ton pauvre père nous est revenu de la guerre bien diminué, comme tant d'autres. Je ne sais pas ce qui est pire, avoir la gueule cassée, comme on dit, ou les poumons enfumés à l'ypérite, la plus grande saloperie que le diable ait jamais inventée, avec l'aide des Prussiens. Non, je ne sais pas. Toujours est-il que ta mère a vécu comme une veuve depuis trois ou quatre ans. Tu me comprends ?

Est-ce que Tiénot comprenait ? Un peu plus qu'à moitié. La Mado avait besoin d'un homme qui ait du cœur à l'ouvrage et qui tienne ferme à la besogne. À toute besogne, et surtout celle du lit !

Le grand-père tira sur sa barbe d'un air pensif. Un rayon de soleil tomba par une lucarne, éclaira son visage, ses rides et son regard si vif, clair et malicieux.

— Je comprends, dit Tiénot.

— Et donc ta mère n'en pouvait plus. C'est la faute à personne. Enfin, à la guerre. Je l'ai toujours bien aimée, ta mère, mon gars. Je l'ai défendue de mon mieux quand tout le monde lui tirait dessus. Étant comme elle est, je crois qu'elle ne pouvait pas agir autrement. Je lui pardonne ce qu'elle fait maintenant à mon fils. Il est fautif aussi. Il aurait pu rentrer plus tôt du front, échapper aux gaz, se soigner mieux. Mais lui aussi est comme il est. Ta mère, hélas, est mal tombée avec le bandit, comme tu l'appelles, et tu n'as pas tort de lui donner ce nom. Je veux aider la Mado à se débarrasser de lui.

Tiénot acquiesça d'un signe. Le grand-père continua en frottant ses mains ankylosées.

— Elle aura sûrement besoin d'un homme après Joseph

Sembat, si ton père ne revient pas tout de suite. Et j'ai peur qu'il ne guérisse jamais, qu'il ne redevienne jamais le mari qu'il lui faut. Mais on verra bien. Espérons qu'elle ne tombera pas sur un autre qui essaie de prendre la place de ton père à la maison et de lui voler... je veux dire à ta mère... ses économies cachées, puisqu'il paraît qu'elle en a. Un héritage ou le diable sait quoi. Ce n'est pas seulement elle qui attire les envies du bougre, tu le sais ? Elle, la Mado, bonne chair et joli minois, qui fait dix ans de moins que son âge malgré tout ce qu'elle a vécu. C'est aussi son argent, son héritage. Il faut la défendre du bandit et même de ses envies à elle qu'elle ne peut pas commander !

Ses envies qu'elle ne peut pas commander... C'est bien ce que Tiénot avait senti. Face au Glouriou, elle se tenait comme une petite enfant devant un bonbon. Elle le voulait, elle se serait mise à genoux pour l'avoir.

Le grand-père insista.

— Tu es prêt à m'aider, Tiénot ? M'aider à chasser le Glouriou de ta maison ?

Tiénot serra les poings. La rage et le bonheur se mêlaient dans son cœur.

— Oui, oui, je veux chasser le Glouriou avec toi. Oui, oui ! Dis-moi comment je peux t'aider !

Le grand-père ne répondit pas tout de suite. Il sortit sa blague à tabac de sa poche de veste – la veste de velours qu'il portait serrée par-dessus sa peau de mouton. Il saisit une pincée de tabac qu'il roula entre ses doigts un peu gourds pour s'en faire une chique.

— Qui t'a dit que Joseph Sembat était un voleur ?

— Frédo me l'a dit il y a longtemps, et puis les gens du château. Mais je n'ai pas fait bien attention. Et un jour, je suis allé à la forge de Merlat et j'ai trouvé sa cache. Enfin, c'est plutôt Gaspar qui l'a sentie. Moi, je suis descendu dans le trou et j'ai vu toutes les choses volées. Il y en avait un beau tas !

Gaspar était couché sur le flanc devant le tas de fagots, entre Tiénot et le grand-père. En entendant son nom, il leva une patte, puis le museau, observa son maître et le vieil homme. Il remua la queue, balaya la poussière de la grange. Le grand-père lui caressa la tête de la main gauche. De la main droite, il enfourna une pincée de tabac, la poussa contre sa joue et marmonna du coin de la bouche.

— Raconte-moi ta visite à la cache. Tout depuis le début.

Tiénot avait tellement hâte d'arriver à la découverte de la trappe qu'il oublia plusieurs détails importants. Par exemple, le mouchoir de Mlle Julie... C'est le parfum de la demoiselle qui avait guidé le chien et permis à Tiénot de découvrir la clé du cadenas et la trappe qu'il fermait. Le grand-père secoua la tête. Il décela peut-être l'omission mais ne le montra pas. Il écouta jusqu'au bout son petit-fils, lui serra l'épaule en guise de compliment, puis ôta sa chique de sa bouche pour parler plus facilement.

— C'est heureux que tu ne te sois pas fait prendre. Toi et ton chien, vous avez forcément laissé des traces ?

Tiénot en convint à regret.

— Oui, c'est sûr. J'étais pressé, j'avais peur que le bandit arrive. Je n'ai pas fait très attention.

— Joseph Sembat doit savoir maintenant qu'on a visité sa cache ?

— Je crois qu'il le sait, oui.

— Et crois-tu qu'il te soupçonne ?

— Ça se peut. Il a dû reconnaître les marques de mes sabots et les pattes de Gaspar...

— Et il a essayé de se venger ?

— Je ne sais pas. Je n'ai pas osé parler de la cache. Je ne savais pas à qui. Il a eu le temps de tout enlever au cas où je le dénoncerais. Mais je peux retourner à la forge pour voir.

— Non. Cette fois, il pourrait te surprendre et...

— Tu crois qu'il me tuerait, grand-père ?

Le vieil homme leva les yeux vers le plafond de la grange, où les rayons épars du soleil éclairaient un paysage de toiles d'araignées.

— Ma foi, je ne sais pas. Plus tard, il faudra peut-être que tu racontes aux gendarmes ce que tu as vu, et même que tu les guides à la cache. Tant pis si elle est vide, ils verront bien qu'elle a servi. Mais seulement quand le Glouriou sera hors d'état de nuire...

Hors d'état de nuire. Ça voulait dire quand les gendarmes l'auraient pris ? Mais comment les gendarmes pourraient-ils le prendre, s'ils ne savaient pas ?

Le grand-père jeta sa chique à ses pieds et l'écrasa.

— On sait depuis longtemps qu'il vole un peu de tout, n'importe où, chaque fois qu'il peut, pourtant c'est difficile de le prendre la main dans le sac. Avec Hilaire Bezeau, on a décidé de lui tendre un piège... Hé, hé, voilà que je suis en train de te raconter le secret !

— Je jure de le garder, s'écria Tiénot. Je jure sur ma conscience !

— C'est bon, c'est bon, j'ai confiance en toi, mon gars. On est cousus de même étoffe, tous les deux.

— Et on a le même ennemi !

Le vieil homme couvrit un moment son visage de ses paumes, cachant même à moitié son regard. Il baissa enfin les mains.

— Les Bezeau, Hilaire, sa femme et sa fille, vont partir trois jours dans leur famille. La servante aura aussi un congé pour aller visiter sa sœur. Il n'y aura personne à la ferme du château, sauf deux ou trois journaliers à la grange. Mais la grange est à l'écart et les journaliers dorment comme des souches... Normalement, Hilaire Bezeau m'aurait demandé de coucher à la grange pour garder la ferme pendant la nuit. Mais je suis trop vieux, maintenant, et trop malade... Tu comprends, Tiénot, trop malade. Tout le monde est persuadé que je ne peux pas quitter ma maison, que je ne peux même pas me lever de mon lit !

Il répéta plusieurs fois la question, en forçant le ton.

— Est-ce que tu comprends, mon Tiénot, est-ce que tu comprends bien ?

Tiénot, acquiesça, excité et heureux.

— C'est un piège !

— Oui, oui. Et comment le vois-tu ?

Son grand-père s'amusait à le laisser deviner.

— Les Bezeau partis, il n'y aura plus personne à la ferme la nuit...

— Il y aura les journaliers, mais assez loin de la maison. Et puis Tocabiou, l'aîné du vacher Marteroux, qui dormira à la grange pour veiller sur les bêtes. Avant la tombée de la nuit, Marteroux, son aîné, le cadet, Bicou, et sa petite, la Rosette, qui manque l'école la moitié du temps, rentreront les vaches et les moutons. Ils feront la paillade et le pansage, puis ils retourneront chez eux. L'aîné restera seul. On peut compter sur lui pour dormir du sommeil du juste. Et même s'il ne dormait que d'une oreille, la maison du régisseur est à plus de cent mètres de la grange.

Tiénot réfléchit. Outre la conservation des semences, le grand-père s'était occupé, à la ferme du château, des taureaux et des saillies pendant toute la guerre et jusqu'en 1922. Le spectacle des saillies attirait les gamins, les garçons et même un peu les filles, et le grand-père n'était pas avare d'explications... Tiénot se représentait assez bien les lieux. Un vaste poulailler livré au renard !

— Et tu penses que Joseph Sembat profitera de l'occasion pour entrer dans la maison du régisseur et le voler !

— Ma foi, oui. Hilaire Bezeau a laissé entendre qu'il n'emporterait pas sa caisse, qu'elle était bien cachée et qu'il avait confiance dans les gens de la maison. Quant aux rôdeurs, les courauds, les charbonniers, ils n'oseraient pas s'approcher. Et même s'ils se risquaient aux alentours, les chiens de la ferme les auraient vite mis en fuite.

— J'ai pensé aux chiens, dit Tiénot. Ils connaissent le Glouriou...

— Oui. On s'est aperçu il y a longtemps qu'il leur donnait à manger du pain saucé et des bouts de viande ou de jambon. C'est la Finette, la servante, qui a remarqué son manège la première. Je l'ai vu aussi, j'ai averti Hilaire Bezeau. Depuis la fin de la guerre, il y a régulièrement des petits vols, rien de bien important, et il n'est pas prouvé que Joseph Sembat ait été le seul voleur. Il faut dire qu'on le soupçonne depuis peu et on n'a jamais eu de preuves contre lui. Cette fois, on s'est douté avec Hilaire Bezeau qu'il tirait son plan. Hilaire voulait le foutre à la porte. J'ai plaidé pour qu'il le garde en attendant de le prendre sur le fait. « Si vous le chassez, il n'ira pas bien loin, il continuera ses rapines aux environs et il se gênera encore moins pour chaparder chez vous... » C'est le régisseur qui a eu l'idée de lui tendre une embuscade.

— Pas toi, grand-père ?

Le vieil homme se gratta la barbe et en tira trois miettes de tabac qu'il considéra longuement.

— Les chiens le laisseront entrer...

— Ils donneront de la voix deux ou trois fois, ils viendront le lécher, mais ils ne l'embêteront pas.

— Hilaire Bezeau ne s'en ira pas pour de bon. Et toi tu n'es pas vraiment malade. Vous attendrez le bandit tous les deux...

— Hilaire Bezeau s'en ira pour de bon. Il doit accompagner sa femme et sa fille. Mais je ne serai pas seul à veiller. Le vacher Marteroux et Frédo, Frédo le chauffeur, ton ami, se tiendront prêts à me rejoindre.

— Marteroux, c'est celui qui a eu les pieds gelés ? Qui se les plie dans des chiffons parce qu'il supporte pas les sabots ? Il doit pas courir bien vite !

Le grand-père se mit à rire et cracha sa chique.

— Il n'aura pas besoin de courir loin. Et puis toi... toi, tu m'aideras. J'ai besoin que tu écoutes Joseph Sembat et que tu me rapportes ses projets.

— Je ferai tout ce que tu me demanderas.

— Merci. Il faut qu'on soit bien organisés pour pincer le bonhomme. Après-demain, je saurai exactement quel jour s'en vont les Bezeau. Tu viendras à la nuit tombée et je te le dirai. Le Glouriou le saura aussi. Il verra à quel moment faire son coup. Et comment crois-tu qu'il va s'y prendre, sachant que c'est un malin et qu'il connaît les ficelles du métier ?

Tiénot ne se pressa pas de répondre. Il devait prouver à son grand-père qu'il était aussi malin que le bandit, même s'il ne connaissait guère les ficelles.

— Attends, j'essaie de me mettre à la place du Glouriou. Il se doute bien qu'on le soupçonnera, après l'affaire. Alors, il va se préparer un alibi...

— Un alibi ? Ah, j'ai entendu ce mot une ou deux fois, il y a longtemps. Je devine ce que tu veux dire. Et tu as raison. C'est bien ce qu'il va essayer. Il tâchera de prouver qu'il était très loin de Gignac et Hautefage la nuit du vol, et peut-être pendant toute la durée de l'absence des Bezeau. Au moins les deux derniers jours, pour le cas où on ne pourrait pas fixer au juste le moment du cambriolage, tu comprends ? Il va s'en vanter d'avance et tout le monde saura le court et le long de l'affaire. Je pense qu'il ira passer deux ou trois jours à Bergerac, où il connaît du monde. Il racontera que des bourgeois lui ont proposé un travail bien payé dans leur propriété. C'est déjà arrivé, c'était peut-être vrai. Il en parlera chez toi, forcément. Ta mère se plaindra qu'il laisse la métairie au moment des foins. Il jurera qu'il ne peut pas faire autrement. Dès que tu sauras ses projets, tu viendras m'avertir...

— Oui, grand-père. Je n'attendrai même pas le soir, je...

— Tu attendras la nuit et tu te débrouilleras pour ne

pas te faire voir. J'aimerais être sûr de l'endroit où il sera. Bergerac, Réverac, Beaumont, Saint-Cyprien...

Tiénot se retint de battre des mains. Il se leva si vivement que Gaspar, qui somnolait, bondit vers la porte.

— Tu as raison, grand-père, tu es très fort. Tu penses à tout, tu devines tout !

— Je peux me tromper, avoua modestement le vieil homme, mais ça m'étonnerait. Le Glouriou viendra-t-il avec sa moto ? Il sera obligé de la laisser assez loin de la ferme, à cause du bruit. S'il va à Bergerac, ce sera trop loin pour faire le voyage à bicyclette. Donc, il prendra la moto. Et même s'il la laisse un peu loin, on devrait l'entendre en guettant des deux oreilles. Oh, les miennes ne sont pas trop bonnes, mais il y a les chiens. Comme il ne peut guère partir de la ville avant dix ou onze heures du soir sans risquer de se faire remarquer, on l'attendra à la ferme vers minuit ou une heure. S'il est à Réverac, par exemple, il pourrait arriver un peu plus tôt. Ça serait bon à savoir. Mais je crois plutôt qu'il sera à Bergerac.

Tiénot acquiesça d'un signe. Non seulement le grand-père avait toute sa tête, au contraire des racontars qui couraient, mais il avait plus de tête que le bandit et bien d'autres gens, jeunes ou vieux ! Le raisonnement du vieil homme ressemblait à ceux des meilleurs policiers ou détectives des romans d'aventure. Pris au jeu, Tiénot, essaya de deviner les faiblesses de son plan pour l'aider.

— Quand tu sauras où est le bandit, tu pourras deviner à peu près l'heure de son arrivée à Hautefage. Mais si les Bezeau partent pour plusieurs jours, tu ne pourras pas être sûr de la nuit que choisira le Glouriou pour tenter la chance...

— C'est vrai, tu raisonnes bien, toi aussi. On veillera la première nuit. S'il vient, on le pincera. S'il ne vient pas, on recommencera la deuxième nuit. Et s'il faut, la troisième !

— Quand il arrivera à la ferme, vous serez là tous les trois, Frédo, Marteroux et toi, pour le guetter ?

Le grand-père hésita. Tiénot eut fugitivement l'impression qu'il ne lui disait pas toute la vérité. Rien ne l'obligeait, après tout. Certains détails devaient peut-être rester secrets...

— Je ne sais pas encore, avoua le vieil homme. Frédo, c'est à peu près sûr. Il dit que ça l'amuse d'être là pour choper le coquin, que ça lui rappellera les meilleurs moments de la guerre... parce qu'il en a connu quelques-uns. Avec Marteroux, on n'a rien convenu encore. Quand on tiendra notre voleur, on tirera peut-être en l'air pour avertir Marteroux et les gens du château. Les journaliers couchés à la grange l'entendront aussi, sûrement. Ils arriveront sans doute les premiers. Alors, on liera le... le bandit avec une corde et Frédo s'en ira avertir les gendarmes dans l'automobile du château. Il les ramènera peut-être... s'ils veulent bien se lever. S'ils préfèrent dormir comme des vaches, ha, ha, on attendra jusqu'au matin en surveillant le prisonnier. Sois tranquille, on le détachera pas. Il prendra patience !

Tiénot tenta d'imaginer la scène : le bandit ligoté, deux ou trois canons de fusil braqués sur sa glorieuse personne. Il jubila quelques secondes. Une aventure digne d'Arsène Lupin ! Il aurait bien voulu y être.

N'empêche, le grand-père avait beau être habile de tête et de main, il avait plus de soixante-dix ans, et le bandit n'était pas homme à se laisser rouler facilement. Tout ne se passerait peut-être pas aussi bien que prévu. « Si seulement j'avais quelques années de plus, songea Tiénot, je pourrais rejoindre le grand-père dans la nuit et l'aider à surprendre le bandit, avant que Frédo et Marteroux montrent le bout du nez... » Il se risqua à demander :

— Et si je venais avec toi, grand-père ?

Le vieil homme fourra la main sous sa peau de mouton, puis sous sa chemise, et se gratta la poitrine en grommelant.

— Hum, hum... Non, mon Tiénot. Si le Glouriou te blessait, enfin s'il t'arrivait quelque misère, tes parents ne me le pardonneraient pas. Et puis les pandores, je veux dire les gendarmes, s'étonneraient bien de te voir là. Ils questionneraient ta mère, plus tard, et ça lui ferait trop de peine.

— J'aurais le temps de filer sitôt le bandit attaché. Ils ne me verraient pas.

— Mais lui en profiterait pour dire qu'on lui a tiré un pied de cochon... enfin que c'est une manœuvre déshonnête qu'on a montée pour le prendre. Au tribunal, l'avocat te poserait trente-six questions et tu finirais par raconter tout ce que tu sais... et que je n'aurais pas dû t'apprendre. Le bavard, comme on dit, le retournerait contre moi. Le Glouriou échapperait à la prison ou s'en sortirait avec deux ou trois mois, au lieu de deux ou trois ans qu'il risque si tout va bien. Sans compter que toi, tu pourrais bien te retrouver en maison de correction !

Tiénot n'était pas sûr que son grand-père n'inventait pas toutes ces anicroches pour le décourager. Pourtant, il n'insista pas, il avait trop peur de la maison de correction. Le vieil homme lui donna une petite tape sur le béret.

— Tu seras bien plus utile en montrant aux gendarmes la cache de la forge et en leur expliquant comment ton chien l'a éventée.

— Oui, oui, je...

Il parlerait même aux gendarmes du mouchoir de la demoiselle. Ce serait un très mauvais point pour le Glouriou. Ah, mais on allait rire !

Le soir tombait. Le soleil disparut de la lucarne et l'obscurité se fit peu à peu dans la grange. Le grand-père se fourra une chique dans le bec. Gaspar, réveillé par le silence, dressa la tête et bâilla bruyamment. Tiénot se laissait bercer par un doux espoir. Le bandit irait en prison pour longtemps. Quand il sortirait, il n'oserait même pas revenir dans le pays, où personne ne voudrait plus l'employer. La Mado, entre-temps, aurait engagé un autre journalier qui ne se prendrait pas pour le maître ! À moins que lui, Tiénot, ait décidé de rester à la métairie et soit assez fort pour remplacer le père, avec l'aide de son grand-père qui vivrait jusqu'à cent ans, bonne pogne et bon œil !

L'inquiétude le quitta. Tout ses chagrins effacés, il connut un moment de très grand bonheur.

Le grand-père paraissait somnoler. Il se dressa soudain et lança son juron favori.

— Sacré diable ! Je crois qu'on le tient, cette fois, le Joseph ! On lui gardera les pommes véreuses pour lui porter en prison !

Tiénot éclata de rire et Gaspar aboya gaiement.

21.

Tiénot rentrait seul de l'école, ce mercredi, une heure plus tard que sa petite sœur. Le certificat approchait et le maître gardait les candidats tous les soirs pour les entraîner à l'examen.

Depuis qu'il avait pris l'habitude de réciter tout son savoir dans sa tête et même de chercher les problèmes les yeux fermés, il avait fait de très grands progrès. Il n'avait plus peur du certificat. C'était dans deux semaines. Il l'aurait. Sacré diable, il l'aurait ! Il irait à la prison montrer son beau diplôme au Glouriou à travers les barreaux...

Il en était à Jeanne d'Arc, la pucelle d'Orléans. Il savait à peu près ce qu'était une « pucelle ». Détail omis par le maître mais clarifié par les Bragou :

— C'est une fille qu'aucun homme n'a encore niquée !

Mlle Julie est-elle encore pucelle ? Va savoir, toi. D'ailleurs, il s'en fichait. Il se fichait de Mlle Julie, autant que de la Poussinette et de la veuve Savon. Il avait autre chose en tête de plus important que les bonnes femmes !

Il marchait vers la métairie en bramant :

— En 1429, Jeanne d'Arc triomphe à Orléans et fait sacrer le roi Charles VII à Reims. Sacré roi, sacré diable !

Trois pas en avant, il se donna une pichenette sur la tempe avec le talon de la paume pour secouer ses souvenirs sous son crâne.

— En 1430, Jeanne d'Arc est prise à Compiègne et vendue aux Anglais. Cochons d'Anglais, sacré diable !

Cochons d'Anglais, c'était vite dit. Cette fois, on avait gagné la guerre avec eux. Dommage qu'on ne puisse pas oublier ces histoires vieilles de cinq cents ans !

Tiénot baissa la voix. Il approchait de la métairie et ne voulait pas risquer d'être entendu.

— 1431, Jeanne d'Arc est brûlée à Rouen comme sorcière...

Est-ce que les Anglais avaient dépucelé la pucelle d'Orléans avant de la mener au bûcher ? Tiénot aurait aimé le savoir, mais ça ne figurait pas au programme du certificat. Les soldats allemands, eux, quand ils occupaient le nord de la France, mettaient les jeunes filles toutes nues et leur faisaient les derniers outrages. C'est-à-dire, en bon français, qu'ils les menaient à la paille ou au lit. Du moins on le disait, mais vas-y voir !

Tiénot soupira. S'il partait à Paris avec M. François, il découvrirait vite tous les mystères de la vie. Au fond, ce n'était pas si différent des animaux, on oubliait de le dire en classe. Gaspar n'allait pas tarder à grimper sa sœur. Il ne se demanderait pas si c'était bien moral. Entre les hommes et les femmes, l'affaire semblait à première vue plus compliquée, mais Ninette et Frédo parlaient de ces choses sans guère de gêne...

— 1453...

— Ah, te voilà, toi ! gueula le bandit. Qu'est-ce que tu foutais depuis quatre heures ?

Qu'avait donc pu faire, en 1453, Jeanne la Pucelle qu'on avait déjà brûlée en 1431 !

Joseph Sembat s'avança en brandissant un gros bâton qui devait être un manche de fourche ou de pelle brisé.

— Tu sais ce qu'il a fait, ton sale corniaud ?

Tiénot se souvint de la date qu'il cherchait. 1453, fin de la guerre de Cent Ans. Le Glouriou jeta son chapeau au milieu de la cour pour passer sa rage. À moins que ce soit une feinte...

— Ce salopiot est sorti du poulailler en bouffant un œuf ! À force de le sentir péter puant, je me suis douté qu'il volait des œufs !

Tiénot s'étouffa de colère, perdit son souffle et vit tout noir une seconde. Il essaya de crier mais lâcha un gémissement, presque un sanglot.

— C'est pas vrai. C'est pas possible. Gaspar n'a jamais touché un œuf, je le jure !

— Jure donc, bougre d'*ase*. Et appelle-le, tu verras. Il a encore le jaune qui lui débagoule aux babines ! Il viendra si tu l'appelles, toi. Vite, il va se lécher le pif jusqu'aux mirettes, on verra plus rien. Mais appelle-le, merde !

Tiénot refusait d'appeler Gaspar pour qu'il vienne recevoir une volée à la trique. Même pas la trique, un manche gros comme un poignet d'enfant. Assez dur pour casser les reins du pauvre chien... Ce que le Glouriou voulait sans doute faire !

Lisa s'approcha, un sourire gourmand sur son minois de sainte-nitouche.

— Il avait du jaune partout, je l'ai vu !

Elle fit voler sa corde à sauter par-dessus sa tête, princesse de l'été, petite robe à carreaux roses et rubans roses dans les cheveux. Elle sautilla une fois, deux fois, trois fois, et tira la langue à Tiénot.

— T'as qu'à l'appeler, tu verras !

Une peine immense étouffa Tiénot. Son chien l'avait trahi ! Quand il put reprendre sa respiration, il appela tout bas :

— Gaspar, Gaspar !

— Plus fort, bordel, plus fort ! jura le bandit.

Tiénot se tourna vers lui en essayant de paraître assuré et calme.

— Posez votre manche, vous lui faites peur.

— Ah, oui, le manche, il l'aura pas volé s'il le prend par la gueule !

Joseph Sembat fit mine de jeter son gourdin puis le rattrapa et s'appuya dessus.

— Si j'avais voulu le taper, il serait déjà en quatre morceaux ! Hé, merde, j'ai pas besoin du manche. C'est toi qui vas le battre, et tu tâcheras de taper dur ou je te jette tout nu dans le trou à purin !

— Tout nu, tout nu, chantonna Lisa sans arrêter de sauter.

— Juste pour pas salir tes nippes que ta pauvre mère serait obligée de laver !

Lisa inventa une comptine.

— On verra Tiénot en asticot... tout nu dans le purin... nu comme un petit nain !

Le Glouriou rigola.

— Ah, t'as vu des nains tout nus, toi ? Si je le dis à la maîtresse, gare à tes fesses !

Ces deux-là s'amusaient bien. Tiénot se décida à appeler Gaspar sur un ton plus résolu. « Si tu as fait ça, je suis forcé de te battre, tant pis pour toi ! » Mais il doutait encore.

Gaspar sortit du bosquet de sureau où il s'était caché. L'odeur puante des arbustes lui plaisait. Il se blottissait parfois au creux du fourré, à l'abri du soleil, du vent et en partie de la pluie... Il s'avança, tête basse, la queue entre les jambes, une caricature de la male honte. Il se lécha les babines d'un air misérable, regarda tour à tour Tiénot et Joseph Sembat. Enfin, il s'aplatit, les oreilles abattues, tout tremblant, et rampa vers Tiénot. Le jaune d'œuf lui collait à la barbe et lui dessinait une fleur de pissenlit au coin de l'œil. La tristesse, une sorte de supplication voilaient son regard. On aurait cru qu'il pleurait à sa façon.

— Tu l'as fait ! gémit Tiénot. Tu l'as vraiment fait ?

Joseph Sembat se plaça en retrait et tenta d'adoucir sa voix.

— Prends-le par son collier et amène-le ici. Je le tiendrai pendant que tu lui donneras sa rouste !

— Non, dit Tiénot. Je vais prendre un œuf *clabot*, je vais lui montrer et l'emmener derrière le poulailler pour qu'il comprenne.

Un clabot, c'était un œuf couvé et non éclos, qu'il ait été clair, non fécondé, ou que l'embryon soit mort. Il en traînait toujours quelques-uns autour du poulailler, reconnaissables à leur coquille tachée et terne.

— Je lui mettrai dans la gueule pour qu'il comprenne, répéta Tiénot. Et je le battrai avec un *vime* !

Un vime, un brin d'osier, à peine plus qu'une herbe...

— Ha, un vime, tu parles d'une punition ! Attrape-le, on va voir !

Tiénot hésita. Gaspar méritait une punition, mais pas à coups de manche. Et pouvait-il comprendre seulement sa faute ?

Ils se tenaient tous les trois immobiles au milieu de la cour, s'observant, l'homme et le garçon debout, face à face, le chien couché, la tête au ras du sol, à quelques mètres. Gaspar tremblait de peur, de honte, de peine. Et Tiénot percevait la souffrance de l'animal comme jamais encore il ne l'avait pu.

Le bandit ramassa son chapeau et s'en coiffa, impatient et bouillant de haine. Il sentait sa vengeance à portée de main. Mais pourquoi et de qui avait-il besoin de se venger ? Tiénot souhaita une seconde qu'un éclair tombe du ciel et les foudroie ensemble.

À dix pas, Lisa continuait son jeu. Sautant et sautant, elle chantonnait à mi-voix.

— J'ai tout vu, Titi... Joseph lui a mis !

Tiénot ne l'écoutait pas. Soudain il entendit ses paroles à travers son rire pointu. Le Glouriou gronda :

— Qu'est-ce que tu chantes, toi ?

La fillette s'éloigna prudemment, un pas, deux, trois, à

petits bonds, toujours chantonnant. Et la corde tournait, tournait.

— Joseph lui a mis l'œuf écrasé... pour le barbouiller, hé, hé !

Le Glouriou parut un instant désarçonné. Il lâcha son manche, puis le rattrapa. Son chapeau glissa, il le cueillit à la volée. Tiénot appela sa sœur.

— Lisa, qu'est-ce que tu racontes ?

La petite fille répondit en chanson :

— Joseph l'a mis, Titi, j'ai tout vu !

Ramassant sa corde, elle s'enfuit pour de bon, cette fois, à toutes jambes. Le Glouriou fit mine de lui courir après.

— Tu mens, pisseuse ! Tu vas voir tes fesses !

Tiénot courut se jeter devant lui pour protéger sa petite sœur.

— Vous l'avez fait, cochon, bandit !

Déjà la petite était loin, dans les jupes de sa mère, sans doute.

Le Glouriou fit passer le manche dans sa main gauche et leva la main droite d'un geste menaçant.

— Attention à ton cul, salopiot !

Tiénot recula encore et sentit une vive douleur à sa cheville écorchée. Il trébucha, glissa, le genou dans une bouse de vache. Le bandit éclat de rire et leva son gourdin. Non sans doute pour frapper le garçon, mais d'un geste machinal de moquerie et de triomphe.

À ce moment, Gaspar crut son maître menacé. Il se dressa, courut vers le Glouriou et le mordit au pied, comme il avait appris à gnaquer les vaches. Une attaque bien maladroite... S'il avait été un chien de garde, s'il avait été seulement un peu plus malin, Gaspar aurait refermé sa mâchoire sur le bras qui serrait le manche. Le bandit aurait lâché son arme en gueulant de souffrance.

Joseph Sembat poussa un petit cri, de surprise peut-être plus que de douleur. Il se retourna vivement, son gourdin brandi. Gaspar eut peur. Au lieu de s'accrocher au talon de l'homme, il recula tout en faisant face, pour défendre Tiénot.

Joseph Sembat abattit son manche à toute volée. Gaspar sauta en même temps et s'offrit au coup. Il reçut le manche sur le côté de la tête. Le choc fit un bruit sec, une sorte de craquement. Le chien retomba, inanimé.

Tiénot se jeta à genoux, prit la tête de Gaspar entre ses mains. Le Glouriou se pencha pour tâter sa jambe.

— Il m'a mordu, ce salopiot ! Hé, hé, on dirait qu'il a son compte ?

Gaspar dressa la tête, geignit faiblement, essaya de se soulever sur ses pattes de devant, mais son arrière-train glissa et il piqua du nez. Tiénot voulut le prendre dans ses bras pour le porter à la grange. Il renonça, le chien était trop lourd, lui pas assez fort.

Il retira ses mains pleines de sang. Gaspar avait une blessure au-dessus de l'oreille, il saignait aussi du nez. Sur sa truffe, un filet rouge s'étalait par-dessus la tache jaune de l'œuf. Il respirait avec effort. Le Glouriou rigolait à deux pas, les mains dans les poches.

— Va tirer un seau d'eau. Tu lui videras sur la tête, ça le réveillera !

Tiénot caressa les oreilles et le museau de son chien. Il poussa légèrement ses paupières pour examiner ses yeux. L'un était injecté de sang et un peu vitreux, sur le côté où le manche avait porté. L'autre semblait presque normal, brillant et vivant.

Le Glouriou sortit un mégot de sa poche de chemise, l'alluma au feu du briquet, souffla la fumée par le nez et le jeta à terre avec une grimace de dégoût.

— Il a eu ce qu'il méritait, ton putain de cabot. La pisseuse a inventé, hein, il a bouffé l'œuf. J'espère que la leçon portera.

Tiénot se retint de crier tout ce qui lui moulait le cœur.

Il devait se taire. Se taire à tout prix pour ne pas inquiéter le Glouriou... Qu'il ne change pas ses projets. Qu'il se fasse pincer à la ferme du château. Qu'il aille en prison et y reste dix ans.

« Si je te porte à manger en cabane, cochon, je mettrai du poison dans la sauce ! »

Finalement, il décida à regret de tirer un seau d'eau fraîche. Il fit boire Gaspar. Le chien put se tenir sur ses pattes pour laper quelques gorgées.

Tiénot avala un petit quart de sa soupe et attendit la permission de s'en aller. Il avait traîné Gaspar à la grange et l'avait laissé devant une gamelle d'eau fraîche. Il n'avait pas osé lui mouiller le corps. Il s'était contenté de lui rafraîchir le museau de ses deux mains trempées dans le seau.

Lisa n'arrêtait pas de pouffer en lâchant des postillons et des miettes de nourriture à travers la table. Exaspérée, la mère lui envoya une calotte qui la manqua aux trois quarts.

— Fini les singeries. Tais-toi !

— Singeries... ri... ri ! chantonna la petite fille. Je jure que j'ai rien vu, c'est pas Joseph qui l'a mis !

Le Glouriou frappa sur la table.

— Au lit, tout de suite, morveuse !

— Elle n'a presque rien mangé, protesta la Mado.

— Elle se rattrapera demain.

Le Glouriou remua les trois ou quatre cuillerées de soupe au fond de son assiette, prit la bouteille par le corps et se servit un copieux chabrot. La Mado l'observait d'un regard inquiet. En général, il « faisait chabrot » à midi seulement. Mais ce soir-là on voyait bien qu'il était d'une humeur massacrante et préoccupé par quelque mystérieux souci. Un quart de litre de vin à l'assiette le remettrait dans de bonnes dispositions. La Mado consentit d'un signe, soupira, puis sourit. Le bandit leva son assiette dans ses grosses pattes molles comme pour dire : Santé. Il en vida la moitié d'une goulée, la reposa, frappa le coin de la table, à sa façon habituelle.

— Toi, drôle, j'ai à te dire.

Tiénot tourna la tête et observa le coin du plafond.

— J'ai à te dire, tu entends ? Tu entends foutre bien, oui. Pas question que tu t'en ailles à Paris pour revenir un mois après entre deux gendarmes. Et la maison de correction à la clé, ha !

Tiénot haussa les épaules en silence. Il ne serait pas parti pour travailler au garage de M. François, même si Joseph Sembat l'avait souhaité. Le Glouriou en prison, sa mère aurait besoin de lui à la maison. À condition, bien sûr, que le plan du grand-père réussisse !

En attendant, Tiénot devait rester aussi pour défendre son chien. Mais il lui fallait feindre le chagrin pour endormir l'autre. Il renifla, essaya de simuler un sanglot. Le Glouriou finit son chabrot, reposa l'assiette.

— Je me charge de te trouver un patron, moi, et pas du genre châtelain !

La Mado posa les coudes sur la table, joignit les mains.

— S'il te plaît, Joseph. Laisse-le tranquille. Tu vois bien qu'il est malheureux... S'il te plaît, Joseph !

Joseph Sembat se tut un moment, puis réclama l'omelette. Tiénot se leva sans un mot, sans un geste, glissa hors de la cuisine. Le Glouriou marmonna dans sa barbe :

— Tu vois bien qu'il est malheureux, ha, ha, merde !

Dans le couloir, Tiénot écouta les bruits de chaîne des vaches à l'attache, le piétinement d'une brebis... Il n'entendit pas geindre Gaspar. Pourvu que le chien ne soit pas mort ! Dans la chambre des filles, où elle dormait seule désormais, Lisa sanglotait. Tiénot refusa de se laisser duper par la chipie.

Gaspar paraissait dormir. Il s'approcha du chien et crut l'entendre ronfler. Oui ! Le coup de manche du bandit lui avait cassé quelque chose dans le nez, ou bien un caillot de sang lui bouchait le conduit de la respiration. En soufflant, il produisait une espèce de râle, de chuintement... Enfin, il vivait.

Il était couché sur le côté, les pattes de devant raides. Une de ses pattes de derrière bougeait, mimant la course. Il était peut-être en train de rêver qu'il jouait avec La Fumée, qu'il n'avait jamais reçu un coup de gourdin sur la tête et qu'il était encore un gai luron de chien... Tiénot s'assit près de lui pour veiller sur son sommeil. Puis il songea que le bandit pouvait revenir le frapper : une bonne occasion d'achever la pauvre bête sans défense... Il courut chercher le tranchoir qu'il avait caché sous une crèche. Il se dissimula dans l'ombre et se prépara à se battre.

Le lendemain était jeudi, il veillerait toute la nuit si nécessaire.

Tantôt Gaspar bougeait les pattes de devant et une seule patte de derrière en geignant faiblement. Tantôt il sombrait dans un sommeil profond et devenait mou comme un sac. Il avait toujours la respiration gênée et la truffe chaude... Tiénot guettait le pas de Joseph Sembat, la main sur la poignée du tranchoir. Il avait peur. Il espérait que sa présence près de l'animal suffirait à détourner le bandit.

Il l'entendit sortir de la cuisine et marcher dans la cour, de son pas habituel, lent et lourd. On aurait dit qu'il portait le poids d'un bœuf ! Une minute plus tard, la moto gronda. Quelques pets manqués, deux ou trois poussées d'accélérateur, et en route. Tiénot écouta la machine rouler dans le chemin, puis dans l'allée du château. Impossible de savoir si le Glouriou avait filé vers la ferme ou vers la route. Pourvu qu'il ne revienne pas d'ici une heure !

Tiénot retenait son souffle depuis si longtemps que la tête lui tourna quand il recommença à respirer. Il se laissa rouler contre son chien et le serra dans ses bras. Gaspar haletait légèrement. Tiénot aussi. Leurs deux souffles se mirent à l'unisson. Leurs cœurs battirent ensemble, vite, moins vite, presque lentement...

Tranquillement.

Tiénot s'endormit.

22.

Les nuées déboulaient sur l'horizon. Le tonnerre frappait à petites secousses contre le ciel, comme un visiteur qui tape à la fenêtre. Le premier gros orage de la saison s'annonçait en ce début du mois de juin. Joseph Sembat arriva à la métairie tôt le matin en conduisant une charrette empruntée à la ferme du château. Il piqua son aiguillon devant la grange.

— Holà, les Jouannet, mère et fils ! Il faut rentrer le foin fauché à Costebrave tout de suite. Tant pis si on a plus de bruit que d'eau. Faut pas risquer de perdre un quart de la récolte. Et je suis pas sûr d'être ici demain et après-demain !

Pas sûr d'être ici ? Est-ce qu'il se proposait de partir pour Bergerac ou un autre endroit, comme le grand-père l'avait prévu... pour préparer son alibi ? Tiénot décida de le suivre le plus près possible et ne pas perdre une bribe de ses réflexions. Le Glouriou le regarda méchamment.

— Tu es là, toi ! C'est jeudi, hein ? Tu vas aider aux foins ou tu vas rester près de ton corniaud pour le faire boire à la petite cuiller ?

Tiénot répondit qu'il allait aider. Gaspar était couché dans la grange, une écuelle d'eau et un gamelle de pâtée devant le nez. Tiénot ne pouvait rien pour lui. Maintenant, l'essentiel était de connaître les intentions du bandit pour les rapporter au grand-père... Joseph Sembat prit la mère par le cou et la serra contre lui d'un geste tendre ou moqueur.

— Toi, ma belle, tu restes à la maison, tu aideras à décharger avec ton drôle. Tu le foutras au fond du grenier, à son âge on supporte bien la poussière. Et puis tu nous prépareras une bonne tambouille pour quatre ou cinq. J'ai demandé à la veuve Savon et à la Poussinette de venir nous aider. Elles vont pas tarder. Elles ont pas trop de quoi chez elles, il faut bien les nourrir !

La Mado pâlit, puis rougit et porta machinalement la main à ses cheveux décoiffés.

— La veuve Savon et la Poussinette ? Ensemble ?

C'étaient deux belles pépées, la brune et la rousse. Le Glouriou ne fréquentait pas les maritornes. La jalousie pinçait le cœur de la Mado. La Marguerite Pantissou avait sept ou huit ans de moins qu'elle et, sans enfant, c'était une rivale redoutable. Mais l'Henriette Dupoux semblait intimider le Glouriou, peut-être en raison de son jeune âge. Elle était à peine majeure. Peut-être aussi respectait-il son père, l'aveugle Jules Dupoux. Les aveugles de guerre inspiraient à beaucoup de gens une peur superstitieuse. Jules Dupoux était, de plus, manchot... Il vivait la nuit et dormait tout le jour, ce qui permettait à la Poussinette de s'échapper pour travailler son jardin ou « donner la main » aux voisins.

On avait besoin de bras au moment des foins, et les hommes manquaient. La Mado ne discuta pas les ordres de son journalier. Elle jeta une branchette de buis bénit dans le feu pour préserver la maison de l'orage. C'était une façon de faire contre mauvaise fortune bon cœur. Les deux femmes arrivèrent à la métairie quelques minutes plus tard, Marguerite, grande brune à la poitrine ronde, et la Poussinette, toute mince, les cheveux roux vif et les seins pointus. La Mado leur sourit et leur tendit une main amicale.

Un peu plus tard, la mère Prune passa en courant pour annoncer une méchante nouvelle.

— M. Louis-Pierre est au château depuis hier. Il a deux revolvers et un soldat nègre qui l'accompagne. Il s'est rendu maître du château. Il vient de renvoyer son frère, M. François-Xavier !

Tante Jupiter préparait aussi ses bagages. Elle-même, la bonne mère Prune, fidèle aux châtelains depuis bientôt un demi-siècle, venait de recevoir ses huit jours. Elle allait prendre quelques affaires et rentrer chez elle...

— Ça va tout changer aussi pour les métayers, vous verrez !

Elle conclut en scrutant les nuages, la main en visière sur les yeux :

— Ce n'est pas un orage ordinaire qui va venir. Il s'annonce à l'avance et il sera fort comme le bras de Dieu. Regardez voir les oiseaux et les *ansectes.* On aura la grêle, le vent furieux et la foudre sur le château... C'est un signe pour M. Louis-Pierre. Espérons qu'il le comprendra. Quant à vous, mes pauvres amis, vous feriez bien de vous dépêcher. Le foin qui sera pas rentré une heure après la *méjour,* jamais vous le reverrez !

Le paysage semblait rétréci entre les murs de plomb du ciel. La chaleur montait de la terre par bouffées. Les pigeons tournaient sans fin autour du pigeonnier. Les taupes pointaient le nez hors de leur trou. On aurait cru qu'elles guettaient le ciel si on n'avait su qu'elles étaient aveugles. Les mulots dansaient au milieu des lézards. Les grenouilles chantaient à huit heures du matin comme elles le font d'ordinaire tard le soir. Les alouettes rivalisaient d'ascensions fulgurantes, les martinets de planés fougueux. Les pigeons nageaient dans l'air avec de grands battements d'ailes.

Et la mère Prune avait raison : les insectes enrageaient. Mouches, moucherons, grillons, guêpes, taons, abeilles, sauterelles, et surtout les fourmis volantes, messagères ponctuelles de l'orage. Par places, ces dernières recouvraient le sol de leurs petites formes luisantes et bruissantes. Elles s'infiltraient dans les maisons, mouraient par grappes sous les pieds des gens et des animaux... Pour chasser les bestioles qui lui collaient aux mouillures de la sueur, la veuve Savon troussa jupe et jupon devant tout le monde, et on vit sous le linge la viande nue, blanche et dodue.

— Ça me gratte, ça me gratte. Encore heureux que je n'aie pas de pantalon !

La Poussinette se tenait mieux, mais elle n'était pas insensible aux chaleurs de l'été. Elle avait dégrafé son corsage et relevé ses manches sur ses bras roses. Le Glouriou faisait la roue entre les deux jeunes femmes, tournait en rond pour exhiber ses biceps et ses muscles de poitrine. Il menait sûrement la veuve Savon à la paille, ici et là. Pour la Poussinette, ça devait être plus difficile. Sans doute cherchait-elle un mari. Tout aveugle qu'il soit, le père Dupoux risquait de ne pas agréer facilement le Glouriou !

La troupe partit pour Costebrave en menant les deux charrettes. Chacun emportait dans sa musette une bouteille de piquette ou d'eau rougie.

La pente s'étendait au-dessus de la métairie, vers le tertre de Monte-au-ciel. Les prairies de la butte n'étaient pas très grasses, mais elles couvraient près de deux hectares. Joseph Sembat évaluait le chargement de foin à cinq ou six charretées qu'il fallait ramener à la métairie par le travers de la pente. De quoi s'occuper pour le bonhomme et ses belles. Et Tiénot voulait montrer aux femmes qu'il pouvait tenir la place d'un homme...

Le Glouriou guidait les bêtes du château d'un air fat.

— J'ai même pas demandé la permission de les

emprunter, vu que cette carne de Bezeau s'en va aujourd'hui même, avec sa femme et sa fille. La fille, en voilà une qu'on me paierait pour lui toucher les cuisses, je dirais non merci ! Parlons pas de sa bonne femme, je la voudrais même pas pour garder mes brebis si j'en avais. Toujours est-il que *moussur* le régisseur et sa famille s'en vont passer trois ou quatre jours chez les beaux-parents, histoire de soigner l'héritage qui tarde à venir. Pour ainsi dire, je pourrais être le patron de la ferme pendant ces trois jours. Surtout que le vieux Jouannet est en train de chancir sur son plumard... Mais ça tombe mal, je crois que je vais être obligé de partir moi aussi deux jours, peut-être trois.

Pour les femmes, il expliqua qu'il avait à Bergerac un bon camarade, son *compain* des tranchées, Arthur.

— Arthur, on l'appelle Arturo, il a besoin de moi tout de suite pour l'aider à une grosse besogne. Des gens de Paris qui font réparer leur maison et nettoyer leur jardin, et pas un petit jardin. On pourrait y faire paître deux vaches et six brebis. Enfin, c'est pressé...

Et il répéta :

— Un sacré bon vieux compain des tranchées. Arthur, on l'appelle Arturo !

Le Glouriou surprit Tiénot en train de l'écouter et lui jeta un regard mauvais.

— Toi, sors de mes jambes !

Tiénot s'avança hardiment.

— M'sieur Joseph, avec votre permission, je voudrais faire la charrette de la maison. Je la connais bien. Et je suis trop petit pour lever les pleines fourchées.

— Pourquoi pas ? Toi, Poussinette, tu me feras celle du château en même temps. Faut aller vite.

Lisa rejoignit la troupe.

— Je viens pour chasser les taons aux vaches.

Hilare, le bandit se tourna vers les femmes.

— Voyez cette petite pisseuse. Maligne pour son âge, et

pas vilaine, on croirait ma fille si j'en avais une. Les taons sont fous furieux, aujourd'hui. Tu chômeras pas, drôlette !

Toujours se rengorgeant, il raconta à la veuve et à la donzelle qu'il attendait un télégramme de Bergerac pour confirmer son embauche par le patron de son camarade Arturo.

— Deux jours, trois jours, je sais pas au juste. Le télégramme le dira sûrement. Putain, un télégramme, j'en ai jamais reçu. Comment ça se passe ?

— C'est la Ratoune qui les porte, expliqua la veuve Savon. Tu vas la voir arriver en trottinant sur ses petits pieds et en rongeant n'importe quoi qu'elle a ramassé sur le chemin. Elle te donnera un papier bleu, au revoir et merci. Tu auras huit mots écrits sur le papier... En général, c'est huit mots. Voilà.

Le Glouriou brandit son aiguillon vers le ciel.

— Nom de Dieu, le progrès ! Vous m'aiderez à lire ce papier bleu, toutes les deux. C'est pas que je connaisse point mes lettres, j'étais le meilleur en lecture au certificat...

Tiénot se retint de rire. Son certificat, Joseph Sembat l'avait passé derrière le mur des cabinets, comme on disait !

Il expliqua qu'il avait eu la vue brouillée par les gaz.

— Pas tant que ton père, Poussinette, mais un peu quand même. Tous ceux de l'avant on attrapé ces saloperies. Moi comme les autres, et je fais pas tant d'histoires que le Marius Jouannet. Seulement, depuis que les Fritz m'ont foutu leurs saloperies, je lis pas bien les écritures.

Tiénot aurait bondi de joie. Tout se passait comme le grand-père l'avait prévu. Le bandit fonçait dans le piège comme un taureau sur un chiffon rouge. Le télégramme était une ruse inventée pour qu'on sache bien qu'il s'en allait à Bergerac et ne rentrerait pas avant deux ou trois jours, tout comme la famille Bezeau. Quelle coïncidence ! Un sacré bon alibi. Ah, il était malin, le Joseph ! Mais le grand-père avait voyagé en Algérie et même en Nouvelle-Calédonie. Il connaissait les bandits et leurs ficelles !

Le Glouriou montra aux jeunes femmes le terrain pentu qu'il avait fauché à la machine, la McCormick du château.

— On n'a laissé que les bordures et le côté des bois pour couper à la faux. J'avais parié que je le ferais, je l'ai fait. J'étais comme ça au front, moi. Toujours à risquer, même l'impossible.

Jouant l'admiration, la veuve Savon s'exclama :

— Vraiment, tu n'as peur de rien, Joseph. T'aurais pas envie de m'emmener à Bergerac sur ta moto ? Enfin, si tu reçois le télégramme. Je te donnerai la main gratis !

Tiénot serra si fort son aiguillon qu'il s'enfonça une écharde dans la paume. Qu'est-ce qui se passerait si cette garce suivait Joseph Sembat ? Elle pouvait faire rater le plan du bandit et celui du grand-père en même temps !

Le Joseph hésita. La Poussinette les regardait d'un sale air. Il tenait peut-être à la fille plus qu'à la veuve. Il prit le parti de rire.

— Tu es trop lourde pour la moto, avec tes cent quarante livres, la Guite !

On plaça les deux charrettes sur le chemin presque plat qui suivait la pente par le travers. Fourches et râteaux volèrent sur les andains, soulevant en même temps que le foin de chaudes bouffées de poussière et de parfum. Puis on commença tout de suite à charger la charrette de la métairie. Lisa se tenait à la tête des vaches. Devant les femmes, Tiénot aussi avait envie de paraître un homme. Ses fourchées étaient presque aussi grosses que celles de la veuve, mais il peinait à les lever jusqu'au plancher de la charrette. Joseph Sembat le commanda sur un ton brusque, en le poussant à l'épaule.

— Monte donc.

Tiénot refusa d'obéir docilement devant les jeunes femmes qui le guignaient avec un sourire moqueur.

— C'est trop tôt, ça sert à rien de monter tant que la charge n'arrive pas à la moitié des ridelles. J'ai l'habitude de faire les charrettes avec mes parents.

Le Glouriou tonna :

— Je m'en fous, que tu aies l'habitude. Je t'ai dit de monter sur la charrette. En bas, tu nous gênes tous. Tu tiens ta fourche comme une sucette, tu vas finir par piquer les cuisses des dames !

La veuve le menaça du doigt.

— Tu as une grosse sucette, mon drôle ? Tu veux bien me la montrer ? Rien qu'à moi !

Et de rire à pleine gorge. L'orage énervait les femmes autant que les bêtes, et les rendait à moitié marteaux. Tiénot comprit qu'il allait être tout le matin, ou une partie de la journée, le souffre-douleur du trio. Il décida de partir tout de suite. Il ne voulait pas servir de faire-valoir au Glouriou et de jouet à ces poisons de bonnes femmes. Il avait mieux à faire... et pour commencer aviser le grand-père des projets du bandit !

Partir sans exciter les soupçons de l'ennemi... Mais la rage l'empêchait de réfléchir. Il jeta la fourche aux pieds de la veuve.

— Voilà. Je m'en vais puisque je suis bon à rien. Je risquerai pas de vous piquer !

La veuve Savon éternua, puis mima un baiser avec les lèvres.

— Tiénot, c'était une blague de Joseph. On t'aime bien et on a besoin de toi...

Elle avança vers le garçon, la main tendue pour le caresser. Le Glouriou l'arrêta d'un geste.

— Toi, tu prends pas son parti. Il mérite une trempe !

La Poussinette s'approcha, son râteau levé comme une arme.

— Monsieur Joseph, vous avez tort de malmener ce pauvre drôle. Il est courageux et plein de bonne volonté !

Tiénot attendait, tête basse, poings serrés. La querelle

aurait pu s'arrêter là. Le temps pressait, l'orage grondait de plus en plus fort. Mais le bandit ne supportait pas les leçons. Il arracha le râteau à la jeune fille, la repoussant si vivement qu'elle faillit tomber et lâcha un cri de surprise et de colère.

— Vous êtes fou !

— T'en mêle pas, Poussinette. Ce drôle fait son benêt, mais c'est un petit salopiot qui me cherche des misères et gâte mon travail. Sa place, c'est la maison de correction !

La veuve Savon ramassa la fourche de Tiénot et la planta à ses pieds.

— La maison de correction, bonne mère, tu vas fort !

Tiénot jugea le moment venu de corser la dispute. Il recula de quatre ou cinq pas et montra le poing au Glouriou.

— Vous êtes venu chez nous pour prendre la place de mon père...

Et soudain, il fut incapable de se retenir. Il cracha en direction de Joseph Sembat.

— Cochon ! Cochon ! Cochon !

Cette injure lui plaisait entre toutes. Il éprouvait, à rouler le mot dans sa bouche, une jubilation qui lui faisait danser le cœur. Le Glouriou bondit pour l'attraper. En vain. Tiénot était déjà hors de portée. Il commença à courir dans la descente.

— Reviens tout de suite ! cria le bandit. Tout de suite ou c'est le bagne !

Tiénot s'arrêta à mi-pente pour regarder le ciel. Le soleil jaunissait, l'horizon se plombait, le tonnerre roulait, lent, bas et continu. Tout le pays semblait cerné par les nuages qui montaient. Il se sentait triste d'abandonner le travail aux femmes. Mais le foin aurait dû être rentré depuis deux jours si le Glouriou n'avait pas été occupé Dieu sait où... Tout était la faute de ce cochon. La maison de correction n'effrayait plus Tiénot. Sitôt le Glouriou en prison, Marius

Jouannet redeviendrait maître chez lui et protégerait son fils. Il ne put résister à l'envie de crâner une dernière fois.

— Le foin sera noyé ! cria-t-il. Bien fait, bien fait !

— Attrapez-le ! cria le Glouriou aux bonnes femmes.

Ce gros lourdaud se serait ridiculisé à poursuivre un gamin, plutôt agile malgré ses croûtes aux chevilles. Mais il ne pouvait pas le laisser s'échapper de bon cœur. Il claqua des mains.

— Allez les filles !

La Poussinette jeta un regard au ciel, ramassa une fourche et se remit à charger la charrette de la métairie. Le Glouriou piétinait, se frappait les cuisses, riait si fort que les vaches en furent effrayées. On aurait cru qu'il perdait la boule.

— Ramenez-le, qu'on le déculotte, ce salopiot !

Riant aussi, la veuve s'élança à la poursuite de Tiénot. Ce jeu l'amusait plus que charger le foin. Tiénot dévalait la pente sans trop se presser. La veuve lui cria une blague qu'il entendit mal à cause du tonnerre. Il savait bien qu'elle ne le ramènerait pas au Glouriou, si par miracle elle l'attrapait. Elle le serrerait dans ses bras, le pincerait, le chatouillerait, puis le laisserait s'échapper. Les jeunes veuves aimaient bien s'amuser avec les garçons de son âge, du moins c'est ce qu'il avait entendu raconter par Coco et quelques grands.

Il feignit de se laisser rattraper pour l'entraîner plus loin. Après, il filerait à la maison du Peloux. La veuve continua de courir jupes soulevées, en riant fort, et manqua deux fois de s'étaler. Tiénot passa derrière un bosquet d'acacias et une haie d'aubépines. Il était hors de vue du Glouriou... Soudain, ses jambes faiblirent, le souffle lui manqua, un sanglot monta à sa gorge. Il eut envie de se laisser rejoindre vraiment et s'assit sur un talus, à côté d'un énorme chèvrefeuille. Le parfum capiteux lui fit tourner la tête.

Il ne comprit pas tout de suite qu'il cédait à un besoin de tendresse plus fort que sa rage et sa rancune. La veuve

Savon était peut-être une garce, une poison, tant pis. Il désirait ardemment qu'une femme le serre contre elle, le caresse et le rassure. Et il sentait qu'elle l'aimait bien. Il l'entendit rire de l'autre côté de la haie.

— Je sais que tu es là !

Il ne répondit pas. Elle se montra, les cheveux et les vêtements en désordre, suante et rouge, le corsage plus qu'à moitié ouvert.

— Étienne Jouannet...

On l'appelait si peu par son nom complet qu'il l'avait presque oublié.

— J'aime bien Étienne, dit-elle gravement. Je peux m'asseoir à côté de toi ?

Elle posa ses fesses sur le talus, sa hanche contre celle du garçon. Elle lui caressa la tête sous son chapeau et l'épaule sous sa chemise.

— Tiénot, dit-elle, revenant au diminutif. Je sais ce que tu ressens. Par moment, ce type est à moitié fou...

— Non !

Tiénot serra les poings.

— Il n'est pas fou, c'est un cochon, un bandit !

— Tu exagères. Cochon, si on veut, bandit quand même pas.

— Il veut prendre la place de mon père...

— Je sais. Ta mère fait ses quatre volontés. Elle a un gros béguin. La passion, tu ne peux pas savoir, à ton âge... Nous, les femmes, on a aussi nos désirs, nos appétits, hum, je ne sais pas trop comment dire ça. Je voudrais que tu comprennes ta mère. C'est plus fort qu'elle. Et puis, tu sais, avec les morts et les blessés de la guerre, il n'y a plus tellement d'hommes pas trop vieux, pas trop abîmés ou mal foutus. Joseph Sembat est assez beau gars et costaud, et...

— Il est gras comme un cochon, et tout mou, il a les jambes courtes, il...

— N'en jette plus. Les femmes ne le voient pas tout à fait comme toi. J'en connais qui le trouvent joli cœur, même s'il se lave pas trop. C'est vrai qu'il attire surtout les plus très jeunes... bon. Moi, je me laisse pas mener par le bout du nez comme ta mère, mais enfin pour te dire vrai, je crache pas dessus. Mon Georges me manque tant et... Ah oui, on peut chanter la *Madelon de la victoire,* hein, qu'on les a eus, ha, ha, ha ! Mais on est dans de beaux draps... sans rire pour les draps. Chez la Toca-braso, tu as dû voir des mutilés, des blessés, des malades, des gueules cassés. Une femme comme moi...

Elle écarta les genoux, ôta son chapeau pour s'éventer l'entrejambe.

— J'ai trente-cinq ans, ça doit te paraître très vieux. Mais je me sens encore jeune. Je ne trouve pas d'hommes à épouser, à part des vieux, des mal foutus et des ivrognes. J'en peux plus, alors le Glouriou, pourquoi pas ? Pour aller à la paille ou au lit, pas pour me marier. Il a des bonnes manières sous les draps, le Joseph, même s'il est un peu feignant. Un peu cochon aussi, comme tu dis. Mais quelquefois, c'est bon. Ça compte, ce qui se passe au lit entre un homme et une femme. Je suppose que tu es assez grand pour le savoir, hein ?

Tiénot se demanda si elle couchait aussi avec Coco, simplet, mais jeune et pas vilain avec ses airs d'enfant de chœur monté en graine. La veuve se serra un peu plus contre lui et il respira l'odeur du savon parfumé, mêlée à plus d'une autre. Le mélange lui coupa la respiration une seconde. Il détourna la tête.

— Joseph Sembat se fout de ma mère. Ce qu'il veut, c'est son argent... son argent placé !

— Ça se peut bien. Mais elle, elle a un besoin de lui qui tient au ventre et qui est plus fort que sa tête. Il en profite pour jouer au seigneur et maître. Sauf que tu le gênes, et il essaie de te pousser à faire une grosse bêtise. Ça lui permettrait de t'envoyer à la maison de correction pour se débarrasser de toi. Et puis il est jaloux de ton chien qui t'aime. Lui, il n'a jamais eu personne qui l'aimait, pas même un chien. Les chiens le craignent et lui montrent les dents. Ta mère ? Non, elle ne l'aime pas. Elle l'a dans la peau. Ce n'est pas du tout pareil. Tu comprendras un jour. En attendant, sois prudent.

Tiénot songea : « Quand il sera en prison, c'est moi qui serai débarrassé de lui. Et il n'y en a pas pour longtemps ! » Il serra la main de la veuve, posée sur la sienne.

— C'est un très méchant bonhomme. Il a presque tué mon Gaspar ! Je me demande pourquoi il est comme ça.

La veuve leva les yeux au ciel, soupira.

— Il n'a pas eu de père, sais-tu ? Ça lui a toujours manqué. Sa mère était une pauvresse, en plus elle buvait. Quand il était petit, elle l'envoyait mendier, comme les cherche-pain d'autrefois. Lui, en devenant grandet, il a eu honte. Il préférait voler que mendier... Un peu plus tard, il a inventé un moyen à sa façon de gagner quelque chose à manger ou même deux ou trois sous. Il proposait aux gens de tuer les chiots et les chatons qu'ils ne voulaient pas garder. Après, il a offert de s'occuper des vieux chiens, de toutes les bêtes malades. Et aussi d'enterrer les veaux et les agneaux mort-nés... Il ne gagnait pas lourd, mais il aimait ça. Et puis on a appris qu'il s'amusait à faire souffrir les animaux vivants, avant de les tuer. Une fois, on lui a donné un chevreau qui était né sans pattes. On l'a surpris à le cuire tout vif ! Les gens ont arrêté de lui donner leurs animaux à tuer. À douze ou treize ans, il a commencé à châtrer les mâles. Il est devenu très habile, on le payait bien. Il a été embauché comme apprenti-boucher. Mais il maniait trop bien le couteau, son patron a eu peur de lui et l'a chassé. Enfin, c'est ce qu'il a raconté. C'est son outil à lui qu'il mettait à la patronne ! Et partout pareil. Il ne restait pas longtemps à la même place. À la guerre... Enfin, je crois que je suis mauvaise langue. À côté de ses défauts, il a de grandes qualités. Il sait tout réparer, il n'a pas son pareil pour chasser la vermine d'une maison et la sauvagine d'une propriété. Quand il attrape un renard, mort ou vif, il le donne aux enfants qui peuvent gagner quelques pièces en le promenant chez les gens. Il... Enfin, tu le sais, mais pour toi, il est tout mauvais. Si tu étais une fille, qui sait, il te plairait peut-être. Oh, je rigolais !

Elle lui poussa son chapeau sur la nuque, ébouriffa ses cheveux.

— Tu es mignon, Étienne. Si le Glouriou t'embête encore, dis-le moi. Pourquoi tu ne viendrais pas me voir un jour, à la Mouthe du Loup. Le loup, c'est pas moi, promis, juré !

Elle coiffa sa capeline, planta l'épingle dans son chignon d'un geste vif et sûr, se leva brusquement, avec une souplesse inattendue chez cette femme qu'il croyait lourde. Elle lui secoua ses jupons devant la figure et lui tendit la main.

— Allez, je remonte, il faut qu'on ramène au moins deux charrettes avant l'orage. Le reste, vous allez en perdre, c'est sûr. Toi, va-t'en d'ici !

— Vous ne voulez pas que je revienne avec vous ?

Il la voyait à présent très différente : généreuse, aimante, sensible, maligne aussi mais pas méchante, et assez forte pour le défendre contre le cochon. Une seconde, il souhaita que sa mère lui ressemble... Non, la Mado était la Mado. Elle ne devait pas changer. Délivrée du bandit, elle serait de nouveau celle qu'il avait tant aimée.

La veuve le prit par le bras, le souleva vivement et le jeta au bas du talus.

— Fiche le camp, c'est mieux. Va aider ta mère ou t'occuper de ton chien. Fais ce que tu veux, mais disparais jusqu'à l'orage. Sinon, le Joseph sera furieux, il se mettra après toi et on fichera rien !

Elle troussa d'une main sa jupe et son jupon pour s'élancer dans la côte. Une volée de papillons l'encercla, puis le vent les emporta. Elle se retourna à demi, perdant son élan, et lui envoya un baiser du bout des doigts, pardessus son épaule. Elle dut se pencher pour repartir en s'accrochant à l'herbe rase. Il la regarda bondir comme une jeune chèvre. Elle avait dit : Va-t'en ! Mais il avait les jambes fauchées et la tête qui tournait. Il dut attendre une longue minute pour trouver la force de descendre au chemin. Un jappement plaintif, l'arrêta.

— Gaspar !

Son chien trottait vers lui, tête basse, une patte de derrière qui traînait, le dos creusé. Tiénot courut à sa rencontre. Gaspar se coucha, tremblant, comme s'il s'attendait à être battu ou chassé. Tiénot se jeta à genoux devant lui pour le caresser. Le chien frappa la terre de sa queue. Mais il avait perdu son entrain et sa joie de vivre. Il essaya une contorsion pour se lécher le dessous des pattes. Il ne réussit pas, se fit mal, poussa un sourd geignement. Il peina à se mettre debout, sa patte gauche n'obéissait plus, une faiblesse dans les reins le gênait pour soulever son arrière-train.

Tiénot remarqua aussi son œil vitreux, du côté où le Glouriou l'avait frappé.

23.

Pour se rendre au Peloux, il coupa par les bois et musa un peu.

Aux arbustes, buissons, broussailles se mêlaient une multitude de plantes à fleurs. Les reines-des-bois ou petits muguets, les plus rares mais les plus recherchées pour leurs vertus médicinales. Sa mère buvait la tisane de petit muguet pour ce qu'elle nommait une cure de printemps. À l'école, les Bragou fumaient les feuilles. Il voulut mâcher quelques fleurs trop amères, qu'il recracha. Plus loin, il aperçut sous de frais ombrages un fourré de framboisiers. Il repéra les lieux pour y conduire les filles. Les fraises sauvages s'étalaient en larges traînées, dans les espaces ouverts, à mi-soleil. Il cueillit quelques fruits qu'il avala sans les mâcher. Il dut traverser un champ d'orties pour arriver au Peloux. Fatigué, malade, le vieil homme ne nettoyait plus les abords de sa maison. Tiénot l'appela de la porte, puis de la fenêtre, enfin toqua au volet.

— Grand-père !

Aucune voix ne lui répondit. Un frisson de peur le figea sur le seuil de la pauvre maison du Peloux.

— Grand-père ! Pépé Jean ?

Pourvu que rien de grave ne soit arrivé au vieil homme. S'il était malade pour de bon... S'il était mort ? Si le bandit avait deviné son plan, découvert le piège qu'on lui préparait et assassiné son ennemi ! Il avança un peu plus dans le couloir qui menait à l'étable d'un côté, à la chambre de l'autre.

— Grand-père, c'est moi, Tiénot, avec mon chien Gaspar.

Le silence se prolongea encore un moment, puis une voix mourante murmura du fond de la pièce, derrière le rideau du lit qui étouffait les sons :

— Je n'entends pas bien et je peux pas me lever. Qui est là ?

Tiénot entra dans la chambre, Gaspar sur ses talons. Il répéta son nom. Le grand-père remua de son lit, toussa et gémit.

— Approche-toi. Plus près. Parle plus fort...

Tiénot obéit et cria :

— Je venais vous dire que...

Son grand-père l'arrêta d'une voix changée, plus sèche, plus nette.

— Tu es sûr qu'on t'a pas suivi ? Va quand même voir s'il n'y a personne. Je serai plus tranquille.

Tiénot se précipita dehors. L'orage roulait plus fort en approchant, et les combes renvoyaient l'écho du tonnerre. De grands oiseaux, buses ou éperviers, planaient lentement au-dessus de la forêt. Il en vit un piquer soudain sur une proie et disparaître dans les hautes ramures. Il scruta longuement les abords, écouta les chants exaspérés des insectes, les cris des grenouilles autour de la mare et les piaillements des oiseaux dans un proche bosquet. Les appels des bergères montaient des pâturages. Les vaches qu'on poussait vers les étables meuglaient plaintivement. Pas d'humain en vue. Le malheureux Gaspar leva son cou raidi et tenta de humer l'air chargé de poussières et d'odeurs. Tiénot songea aux deux charrettes, accrochées sur les flancs de Costebrave, que le Glouriou chargeait en hâte avec les femmes. À moins qu'il ait renoncé et entrepris de ramener les attelages à la métairie... Oui, c'est ce qu'il avait dû décider pour ne pas risquer les bêtes du château sous l'orage.

Suivi pas à pas par son chien, Tiénot fit le tour de la maison en catimini et ne vit personne. Bien sûr, les gens étaient occupés par les précautions d'avant l'orage. Ils avaient bien d'autres soucis que d'espionner un vieillard infirme cloué à son grabat ! Il rentra dans la chambre et vit son grand-père assis au bord du lit, les jambes pendantes, ses chausses à moitié enfilées.

— Personne, garçon ?

— Beaucoup de bêtes qui courent partout, mais pas de gens.

Le vieil homme enfila son pantalon, serra sa ceinture.

— C'est que la demoiselle Dupoux, la fille de l'aveugle – qui ne l'est pas, elle... – doit m'apporter à manger et faire mon lit pendant que les Bezeau sont partis.

Tiénot éclata de rire.

— La Poussinette ? Vous ne la verrez pas ce matin. Elle est au foin chez nous, avec la veuve Savon. Elles aident le Glouriou à charger les charrettes à Costebrave... Moi, il m'a chassé, et je suis venu !

— Ah, vous avez encore du foin dehors. Vous allez le tremper comme pour la tisane... à moins que la Poussinette ait un grand parapluie ! C'est tant pis pour ta mère, elle n'avait qu'à pas donner sa confiance au Joseph. Hilaire Bezeau se serait occupé de faucher et de rentrer vos foins avec ses journaliers. Mais je devine que tu viens m'apporter des nouvelles et que tu brûles de me les dire.

— Oui. Le bandit attend un télégramme. La Ratoune doit lui apporter le papier aujourd'hui. Avant l'orage, j'espère...

Le grand-père se gratta la tête et se moucha.

— Bon. Aide-moi donc à me lever. Ah, non, je n'ai pas besoin d'aide, mais à force de faire semblant, je finis par y croire !

Il marcha d'un pas sûr jusqu'à la table de la cuisine, s'assit à sa place et se versa un verre de piquette.

— As-tu soif, mon garçon ?

Tiénot but un verre d'eau rougie et répondit à la question qu'il lisait dans les yeux du vieil homme.

— Le télégramme doit être envoyé au Glouriou par un camarade de guerre, Arturo, pour l'avertir qu'on a besoin de lui tout de suite. Tout ça est sûrement calculé d'avance et...

— Cet Arturo est un complice, sans doute un receleur. Ils ont bien préparé l'affaire. Si on ne prenait pas le Joseph sur le fait, on pourrait jamais l'accuser. Et ils comptent bien partager le produit du vol. Hilaire Bezeau s'est arrangé pour que le Glouriou croie mettre la main sur un vrai magot. Peut-être dix mille francs ! Il a goût à gagner gros. C'est ce qui va le perdre !

Le grand-père se tailla une tranche dans une tourte de pain.

— Puisque tu me dis que la Poussinette ne viendra pas de bientôt, autant que je me cale la panse. As-tu faim ?

Tiénot était si énervé qu'il n'aurait pas avalé une cerise cuite.

— Tu vas aller veiller à la ferme dès ce soir ?

— Je ne pense pas qu'il fera son affaire aujourd'hui, surtout avec l'orage. Mais j'irai quand même, par prudence.

— J'espère que tu l'attraperas et qu'il restera en prison longtemps.

Tiénot regarda le grand-père mâcher tranquillement son pain et son fromage.

— Le Glouriou a toujours été une sale bête, hein ? Un mauvais !

Le grand-père approuva d'un geste de sa main qui tenait le couteau.

— Oui. L'homme est comme Dieu l'a fait, et même un peu pire. Joseph Sembat, je me rappelle quand il était petit. Sa mère le punissait durement. Mais je crois bien que les gifles, la fouettée au vime et le lit sans souper ne faisaient que le rendre plus mauvais. Il ne pensait qu'à se venger. Et il était capable de se dire : « Je ne peux pas maintenant, je me vengerai quand je serai grand ! » Tiens, à une époque... il avait onze ou douze ans... il volait le linge des femmes sur les cordes à étendre. Les lavandières l'ont attrapé, trempé dans le lavoir et fessé avec un battoir. Le cul nu, ça devait claquer. Mais il y a une jeunette qu'il avait pillée de ses dessous du dimanche et qui a jugé que ça n'était pas une punition suffisante. On l'appelait la Rana, la grenouille, à cause de sa façon de crier comme qui coasse, si je me souviens. Elle a eu l'idée de savonner une moitié de pince à linge pour lui fourrer dans le trou de balle. Il a bien braillé, le drôle, il était pas trop glouriou. Il a gardé la pince jusqu'à ce qu'il a pu la chier. Et elle lui a pas mal égratigné le boyau pour sortir. Il a marché pendant des semaines en écartant les quilles. Il a attendu vingt ans pour se venger. En rentrant de la guerre, il a visité la Rana, devenue veuve et soûlaude. Il n'a pas eu de peine à coucher dans son lit. Elle avait presque quarante ans. Il l'a emmenée chez les charbonniers du Plat des Séchères, ils l'ont fait boire et ils l'ont passée au charbon de bois de la tête aux pieds, même là où elle lui avait mis la pince à linge. Après, ils l'ont chassée dans les bois, nue comme une sauvageonne. Heureusement, c'était l'été !

Tiénot s'indigna.

— Les charbonniers n'avaient pas le droit, elle aurait pu se plaindre aux gendarmes !

— Le Glouriou l'avait forcée à dire qu'elle était *consente.* Les charbonniers ont pu s'amuser tant qu'ils ont voulu ! Ta mère...

— Jamais elle ne se laisserait mener chez les charbonniers !

— Ah, ça non. Mais si on ne l'envoyait pas au violon, il serait bien capable de lui piper ses sous et de lui faire jurer qu'elle est consente !

— L'envoyer au violon, ça veut dire en prison ?

— C'est le mot des soldats.

— Tu crois que tu vas réussir à le prendre ?

— Les coquins ont souvent la main plus chaude que le pied vif. C'est comme ça qu'ils se font pincer.

— Et tu n'as pas peur ?

— Je sais bien que j'ai deux fois son âge et le pouce. S'il se voit pris, il essaiera de me tuer. J'ai confiance que mon brave canardier, s'il pète bien, lui ôtera l'envie !

— S'il pète bien ?

— Enfin, j'espère qu'il pétera pas du tout. Que j'aurai pas à m'en servir...

— Tu veux dire que le bandit n'essaiera pas de s'échapper ?

— Oui, c'est ce que je veux dire.

Tiénot n'était qu'à moitié persuadé. Il insista.

— Et les gendarmes ? Tu ne pourrais pas les appeler pour qu'ils l'attendent avec toi ?

— Ah, en voilà une qui me trottait par la tête quand j'ai commencé d'y penser. Mais comment engager les pandores à veiller la moitié d'une nuit sans être sûrs de rien ? Et puis s'ils voulaient bien venir, par la grâce de saint Antoine, comment faire pour empêcher le bruit, les odeurs, l'affolement des chiens, de quoi avertir dix fois notre voleur ? Non, il faut que je sois seul, moi, le vieux soldat... comme une sentinelle devant un gourbi. Je serai sûr que rien ne mettra le Joseph sur son qui-vive. Alors j'aurai une bonne chance de le choper. Il faut pas qu'on loupe le coche, il risquerait de pas repasser avant longtemps. Mais ne te soucie pas, je veillerai au grain. Le Joseph a fini son pain blanc. Bientôt, il sera tout content de croquer un quignon moisi en cabane !

Depuis quelques minutes, le tonnerre cognait juste au-dessus de la maison. Le toit et les murs tremblaient. Le grand-père était obligé de crier pour se faire entendre. Il ferma son couteau, donna au garçon une tape sur la joue.

— Il est temps que tu rentres chez toi.

Tiénot courut à la fenêtre observer le ciel.

— Tu crois que j'arriverai à la maison avant la pluie ?

— Te mouiller un peu te rafraîchira la tête. Tu en as besoin, tu réfléchis tant que tu risques la méningite, va, va !

— On ne se reverra pas avant que le bandit soit en prison...

— Va.

Tiénot appela Gaspar et s'enfuit.

Les nuages volaient, s'amassaient, couvraient maintenant les trois quarts de l'horizon. La forêt sifflait et grondait sous les rafales qui chassaient les oiseaux. L'orage évoquait par mille bruits étranges tous les cauchemars de l'enfance. On aurait cru qu'une horde de monstres furieux frappaient le plafond du ciel, palpitant d'éclairs, pour tenter de le percer. De temps en temps, quelques gouttes d'eau s'égrenaient en minuscules averses que Tiénot traversait à la course. Une sorte de crépuscule jaunâtre chassait le jour. Le tonnerre roulait toujours d'un bout à l'autre du monde, comme un train géant tournant sans fin autour d'un enfant solitaire. Mais il ne frappait pas encore à proximité. Tiénot avait l'impression de flotter dans un paysage irréel, porté au-dessus de la terre. Sous sa chemise, la fraîcheur de l'air hérissait sa peau. Essoufflé, il se mit au pas, puis se retourna et appela Gaspar. Il crut entendre un couinement loin derrière lui.

— Gaspar !

Il vit le chien trottiner, tout de travers, puis trébucher, tomber et se relever. Il se baissa pour l'attendre en tapotant ses genoux des deux mains. Gaspar le rejoignit d'un pas sautillant, les oreilles pendantes et la queue basse.

— Mon Gaspar...

Il flatta le museau et le cou de l'animal et lui parla d'instinct près de l'oreille.

— Tu vas guérir. Tu cours presque comme un lapin.

Le Glouriou ira en prison et nous foutra la paix. On sera heureux. Viens !

Dans l'œil vivant du chien, une lueur de joie s'éclaira. Tiénot repartit sans courir. Gaspar, tirant son arrière-train avec vaillance, suivit son maître, le nez sur ses talons. Tiénot tournait de temps en temps la tête pour l'encourager en criant son nom dans le vacarme de l'orage.

Le tonnerre remplit l'espace, la pluie tomba plus fort.

Dans la cour de la métairie, Joseph Sembat malmenait l'attelage des Jouannet en essayant de reculer la charrette trop lourdement chargée. Le foin débordait des ridelles, frottait contre le portail. Les vaches, qui craignaient le Glouriou, s'écartaient tour à tour du timon, déjoignaient leur effort et glissaient sur le sol mouillé.

Tiénot observa une minute le manège du journalier. La Casta et la Bermé étaient les bêtes les plus calmes et les plus dociles du cheptel. Mais le Glouriou les piquait sauvagement de son aiguillon et leur lançait des cris furieux qui n'avaient aucun sens.

Les femmes, à l'intérieur, déchargeaient l'autre charrette, celle du château. Tiénot pouvait entendre la Poussinette chantonner et la veuve Savon rire très haut. La Mado était sûrement au fond du grenier, la place qu'il aurait dû prendre. Elle gardait la bouche fermée pour ne pas avaler la poussière de foin qui volait. Vite, la rejoindre avant qu'elle s'étouffe ! Non, il craignait que le bandit reporte sa colère sur Gaspar. Il fit rentrer le chien par la bergerie et le conduisit à sa soupente. Il hésita à l'attacher et renonça : il n'avait pas le temps de chercher une corde. Gaspar était sûrement assez malin pour comprendre qu'il devait rester caché de son ennemi.

Avant de monter au grenier, Tiénot jeta un regard dans la cour. Le Glouriou s'acharnait toujours sur les pauvres bêtes, qui ne trouvaient pas le bon aplomb de recul. Il les menaçait maintenant d'une fourche. Les roues patinaient, les essieux grinçaient.

— Tant pis, j'y vais ! décida Tiénot.

Il se précipita devant l'attelage.

— Je peux vous aider ?

Joseph Sembat lui fit face, la fourche levée, hagard, les cheveux collés au front. La pluie lavait la sueur sur son visage rouge et crispé par la colère.

— Ah, te voilà, toi ! Où diable étais-tu ?

Tiénot lâcha le premier mensonge qui lui tomba dans la bouche.

— Au grenier, avec ma mère.

Le Glouriou brandit encore la fourche à la tête des vaches.

— Sales putains de *gayes* !

Il dut se rendre compte qu'il n'avait pas plus de quelques minutes pour rentrer la charrette. L'orage affolait les vaches, la pluie qui ruisselait rendait le sol glissant sous leurs sabots. Le mieux était sans doute de dételer et d'abandonner la charrette et le foin devant la porte. Ou de céder honteusement la place au gamin ! Il jeta la fourche, tourna le dos et marcha vers la maison, les épaules courbées sous l'averse, ce qui faisait paraître ses jambes encore plus arquées que d'habitude.

— Bordel, je crève de soif, je vais boire un verre de piquette !

Le temps de faire oh ! et ah !, Tiénot estima la situation. La grange était un peu étroite pour loger deux charrettes en même temps, mais ça paraissait tout de même possible en serrant à fond sur la droite. Il se rappela les conseils de son grand-père pour manœuvrer les bêtes. Il s'approcha de l'attelage, appela les vaches par leur nom. Il leur toucha le garrot, leur gratta le front entre le joug et les coussinets des jouilles, puis le mufle sous les pare-mouches et les babines gluantes de bave. Enfin, il les laissa pour aller voir de près la charrette.

Elle ne passerait pas sans qu'on dégage un peu le flanc droit. Le foin débordait les ridelles et formait un bouchon contre le haut du portail qui ne s'ouvrait pas à fond. Il prit l'outil que le Glouriou avait laissé tomber et arracha quelques fourchées. Il fit le tour de l'attelage, sans aiguillon, essaya de guider les vaches à la main.

— Arriè, arriè !

L'une après l'autre, il les poussa par de petites tapes sur le côté de la croupe pour les ramener au timon, en criant toujours : Arriè, arriè ! Pour bien guider la charrette, une devait reculer en ligne, presque collée au timon, l'autre s'écarter au commandement. Elles l'avaient fait mille fois. Tiénot essaya de les rassurer pour qu'elles retrouvent leurs réflexes et leur entente.

La charrette résista. Elles s'arrêtèrent. Tiénot s'engagea entre le portail et les ridelles. Dangereux si le Glouriou revenait brusquement en hurlant, mais le bonhomme devait écluser son litre. Tiénot ne prit pas la peine de ramasser la fourche. Il arracha à la main quelques poignées de foin. Il était trempé, ses sandales glissaient de ses pieds, il en perdit une, jeta l'autre. Son chapeau était tombé, ses cheveux collaient à sa figure. La poussière mouillée l'aveuglait. Il ressortit pieds nus, reprit la manœuvre. Un grondement de tonnerre tout proche fit frémir les bêtes, mais elles ne se désunirent pas et poursuivirent leur effort. Chacune un demi-pas en arrière. Ensemble. Un pas. La charrette reculait droit, trop droit. Comment la pousser un peu du côté du portail ? En appuyant du côté opposé ? C'était presque un exercice du certificat ! Il pressa des deux mains le front de la Bermé, la gauchère...

Victoire, ça passait ! Il revint à la droitière, relança son élan. La charrette était dans la grange. Une voix tomba du grenier comme si elle venait du ciel des anges. La Mado.

— C'est toi, mon Tiénot ? C'est toi qui as reculé la charrette ?!

— C'est moi. Je suis là, maman. Je te rejoins au grenier. Je...

Deux bras nus le saisirent avec force pour le serrer contre une poitrine ronde et parfumée. La veuve Savon !

— Tu l'as fait, Tiénot ! J'ai tout vu, mais je n'ai rien dit de peur d'effrayer les vaches...

Elle lui lécha la figure à grands coups de langue, comme Gaspar avant que le Glouriou l'assomme.

— Tu es beau et tu sens bon !

Il savait bien qu'il n'était pas beau et qu'il sentait la sueur et la crasse. Mais il tremblait de bonheur. La veuve lui souffla à l'oreille :

— Je te savonnerai tout à l'heure.

La Poussinette sauta de la première charrette, déjà plus qu'à moitié déchargée, et interrompit leurs effusions.

— Est-ce qu'on dételle les vaches ?

Tiénot ne comprit pas tout de suite qu'elle lui posait la question, à lui. Lui, Tiénot, encore un enfant et presque un homme... Il devait décider en une seconde.

— Non. Elles sont à l'abri. On va caler le timon, elles ne bougeront pas.

— Même avec le tonnerre ?

— C'est pas la première fois qu'elles l'entendent. Maintenant qu'elles sont à l'abri et nous à côté, elles ne bougeront plus.

Il se glissa entre le cul des vaches et l'avant de la charrette, s'accroupit pour détacher le support du timon et le caler. Ainsi, les bêtes n'auraient pas à supporter la charge.

Comme il empoignait l'échelle du grenier, un vertige lui fit tourner la tête et lui faucha les jambes. Il dut s'appuyer à la charrette du château qui occupait le fond de la grange. Il ferma les yeux, sentit les larmes sous ses paupières. À ce moment, la foudre frappa un arbre proche, sans doute un peuplier du chemin. La charpente et les murs tremblèrent. La secousse lui fit du bien. Il ouvrit les yeux. La veuve lui tendit sa fourche.

— Tu oublies ton outil, mon gars.

La Poussinette lui jeta ses sandales.

— Ce foin est plein de chardons, tu en auras besoin !

Puis sa mère l'appela.

— Viens vite, Tiénot. Je n'en peux plus !

Il enfila ses sandales, prit sa fourche, bondit à l'échelle.

Les deux charrettes déchargées, Tiénot et les trois femmes s'extirpèrent de la grange, assommés par le silence après l'avoir été une heure durant par le tumulte. Ils sortirent dans la cour comme le diable sort de l'enfer, en se demandant où est passé le monde.

Où était passé l'orage ? On entendait le tonnerre pareil à un murmure sur les lointains. Quatre rayons de soleil tombaient par les trous de la nuée. Une lumière pâlotte et irisée brillait dans les flaques. Les oiseaux chantaient, les brebis bêlaient. La Mado se gifla plusieurs fois pour faire circuler le sang dans sa tête. La veuve Savon trempa les mains dans l'abreuvoir placé sous un chêneau et rempli par l'averse, puis se rinça le visage et les épaules, jusqu'aux seins. Ébloui, hébété, Tiénot se frotta les yeux et essaya de cracher la poussière qui collait à sa langue. Quand il put parler, il s'inquiéta du Glouriou.

— Lisa, tu as vu Joseph ?

La petite fille avait rejoint les grandes personnes un moment plus tôt pour leur apporter à boire. Elle avait oublié volontairement son frère. Elle leva les bras, se mit à rire et à danser au milieu de la cour, en imitant les gestes d'un cycliste qui tient son guidon et le bruit d'un moteur qui démarre.

— Je l'ai aidé à li... à li-lire son télé-télégramme. Et puis il est parti... ti-ti... sur sa moto... po-po-po !

— Jésus ! il est parti sous l'orage ? s'exclama la Mado.

Lisa claqua des mains, mima un saut à la corde.

— Non, Jésus, il a attendu, Jésus, que la pluie s'arrête. Il a dit et il est parti... Il a dit... Jésus... qu'est-ce qu'il a dit ?

La Mado joignit les mains sur sa poitrine.

— Lisa, ne fais pas l'idiote ! Qu'est-ce qu'il a dit ?

Et Lisa, toujours chantant :

— Il a dit... dit... dit...

Tiénot se précipita dans la maison. Tout de suite, il vit le papier bleu sur la table de la cuisine. Le Glouriou avait oublié son télégramme ou peut-être l'avait-il laissé exprès, ouvert, déplié, pour que tout le monde le lise.

... Attendu Bergerac pour gros travail demain. Arturo.

Tiénot renifla l'odeur du vin et une autre, plus âcre. Il baissa les yeux et découvrit la bouteille de rouge éclatée sur les carreaux de la cuisine, les morceaux de verre éparpillés. Le goulot manquait. Terrifié, il avança de deux pas. Ses yeux s'habituèrent à la pénombre. Il découvrit Gaspar étendu dans le couloir, plein de sang, la langue tirée et les pattes raidies. Posé à côté de son museau, le goulot, où tenait encore un épais tronçon de verre, aussi taché de sang... Joseph Sembat avait égorgé le chien avec un tesson de bouteille !

Tiénot s'agenouilla devant son malheureux compagnon, toucha sa truffe, son œil, son flanc. Mort. Par sa faute. Il maudit son idée de conduire l'animal à la soupente. Gaspar avait voulu sortir au bout d'un moment, peut-être parce qu'il était affamé et qu'il sentait l'odeur de la nourriture. Mais il était trop diminué pour éventer la présence de son ennemi...

Tiénot, torturé par le remords, songeait qu'à la grange le chien aurait été en sécurité près des femmes. Le bandit ne l'aurait même pas vu ! Puis une autre pensée lui vint. Pour ce jeune animal, si plein de vie et de fougue, la mort valait peut-être mieux que l'existence misérable, humiliée qui lui était promise. Un jour ou l'autre, on aurait dû l'abattre. Une main se posa sur son épaule, celle de sa mère.

— Mon pauvre Tiénot. Tu l'aimais tant !

24.

Mado serra très fort le bras de Tiénot.

— Viens, il faut que je te parle. Non, pas à la maison...

Il rentrait de l'école, la tête bruissante des leçons qu'il se récitait sans fin, des exercices qu'il essayait de résoudre en fermant les yeux. Elle l'attendait au bord du chemin, vêtue de sa robe bleu pâle, aux manches demi-longues, et de son fichu de soie blanc et mauve qu'elle rabattait sur son visage comme une voilette. Elle mettait parfois la robe bleue pour aller à la messe ou en ville. Jamais elle ne s'habillait ainsi sans raison. Tiénot pensa qu'elle se préparait à rejoindre Joseph Sembat à Bergerac. C'était une catastrophe. Elle dormirait avec lui et il ne pourrait pas rentrer en secret dans la nuit. Ainsi, il échapperait au piège, et tout serait à recommencer.

Tiénot posa son cartable au bord du chemin.

— Tu pars, maman ?

— Non, où veux-tu que j'aille ? Enfin si, mais je ne vais pas loin, et je voudrais que tu m'accompagnes. Garde ton cartable. Il y a si longtemps que je n'ai pas regardé tes cahiers, j'aimerais les voir. Tu veux bien ?

Tiénot acquiesça d'un signe, tellement soulagé que sa fatigue s'envola. Il avait peu dormi la nuit passée. Il s'était levé très tôt pour enterrer Gaspar dans le bosquet de sureaux où le pauvre chien se plaisait tant. Le sol détrempé était assez souple pour qu'il puisse creuser la fosse sans trop de peine. Il voulait la tombe profonde. Il avait mis quand même presque une heure. Avant d'allonger le cadavre au fond du trou, il avait embrassé une dernière fois son brave compagnon, essuyé ses larmes, versé sur ses paumes enflammées quelques gouttes d'une mixture vétérinaire. Il avait regardé l'heure à la pendule : trop tard pour se coucher, encore bien trop tôt pour partir à l'école. Il avait décidé de faire un crochet par la maison du Peloux, voir si son grand-père était réveillé... Maintenant, la fatigue lui brouillait la tête et lui moulait le corps.

La Mado lui pinça l'épaule et lui prit la main. Il voulut se dégager. Il n'avait plus l'âge qu'on le tienne par la main ! Elle resserra sa paume nerveuse sur les doigts de son fils et il dut se laisser tirer dans le chemin du château. Elle rit doucement, d'un rire sans joie.

— On est seuls tous les deux, pour une fois. J'ai conduit les vaches au pré plus tôt, parce qu'il faisait frais. Je viens de les rentrer. Le foin qui reste dehors doit sécher deux ou trois jours. Joseph ne reviendra pas avant dimanche ou lundi. Tu sais que Justine a rejoint Lisa à la sortie de l'école ? Elle doit l'emmener chez la mère Tatou pour lui acheter un cadeau et lui dire au revoir en même temps. Elle t'a raconté que la demoiselle l'emmenait en voyage la semaine prochaine pour l'habituer à sa nouvelle vie ?

— Non, elle ne m'a rien dit.

Pas de cadeau ni d'au revoir pour lui. Justine le détestait. La mère s'arrêta, observa le paysage comme si elle le voyait pour la première fois.

— Oui, nous sommes seuls. Je veux que tu m'accompagnes à la chapelle des Hêtres pour prier avec moi...

Prier ? Prier ! Il n'était pas allé depuis bien longtemps à la petite chapelle où la pierre des femmes l'attirait autrefois. Il ne savait plus prier. Mais il avait envie de recommander l'âme du pauvre Gaspar au bon Dieu des bêtes. Pourquoi pas là ?

Ils suivirent un sentier mal entretenu, durent se frayer un passage à travers les branches d'arbres et d'arbustes arrachées par le vent. La douce lumière d'une fin d'après-midi semblait pleurer entre les feuillages. En arrivant au bosquet, Tiénot se rappela un morceau de tronc couché, un billot à moitié recouvert par les hautes herbes, sur lequel il s'était assis maintes fois. Il voulut y entraîner sa mère, mais elle préféra un mur éboulé derrière la chapelle, s'y adossa en restant droite. Il chercha une place pour s'asseoir. Elle le retint.

— Tu es si fatigué ? Je préférerais qu'on soit debout.

Il n'osa pas avouer qu'il était épuisé, qu'il tenait à peine sur ses jambes. Il pensa à son chien et lui demanda pardon pour la dixième ou la vingtième fois. « Mon Gaspar, si je t'avais laissé entrer à la grange, tu serais encore vivant. Me pardonneras-tu un jour ? »

Il espéra une seconde que le chien l'entendait par-delà la mort. Une seconde seulement. Il savait bien que personne ne l'entendait, où que ce soit, que personne ne lui répondrait ni ne le pardonnerait. Il garderait le souvenir et la douleur de sa faute, dans sa tête, dans son cœur, toute sa vie peut-être. Gaspar, s'il avait vécu, n'aurait jamais compris la méchanceté des hommes. La mort l'en avait délivré. À jamais. La trace de son passage sur la terre, si bref, subsisterait seulement dans la mémoire de l'enfant qui l'avait aimé, dans celle de l'homme qu'il deviendrait et qui se souviendrait, Étienne Jouannet. Mêlée à mille autres fantômes. La pensée du temps lointain, de la vie qui l'attendait, aida Tiénot à se sentir plus mûr et plus fort. Le regard au ciel, les dents serrées, il promit à son brave compagnon qu'il ne l'oublierait jamais.

La pluie de la veille et une autre plus faible dans la nuit avaient laissé de petites mares derrière la chapelle. Moucherons et moustiques dansaient dans les reflets qui s'allumaient sur l'eau boueuse. Une odeur âcre, épaisse de mousse, de terre mouillée, de végétation fripée, flottait dans le bosquet. Tiénot vit que sa mère respirait avec effort. Sa poitrine se soulevait trop vite, tendait son corsage serré. Elle bougeait doucement les lèvres puis, de temps en temps, ouvrait tout grand la bouche pour chercher son souffle. Elle priait dans un murmure très bas le Seigneur, la Vierge, les saints... Il pensa qu'elle demandait peut-être pardon de toutes les bêtises qu'elle avait faites avec le Glouriou. Alors, on était là jusqu'à la nuit !

Il eut envie de prier avec elle, pour partager son émotion. Les premiers mots du Notre Père dansèrent aussitôt sur sa langue. Mais il se sentit gêné de les prononcer, même dans le silence d'une oraison muette. Alors il s'amusa à les changer. Notre père qui êtes je ne sais pas où... si vous êtes quelque part... pourquoi permettez-vous tant de malheur ?

La guerre ! Le mari de la veuve Pantissou était mort, comme un million et demi de soldats. La grand-mère de Tiénot avait péri de la grippe espagnole. Son père souffrait le martyre à cause de ses poumons brûlés, celui de la Poussinette était aveugle. Et Sosthène Guigou avec son moignon écorché, et Marteroux avec ses pieds sans orteils. Et le déserteur de la forêt que les charbonniers avaient peut-être brûlé... Et même le docteur Lagrange ! Il ferma les yeux pour chasser les images de misère et de détresse autour de lui et ce qu'il connaissait des souffrances du monde. Les images revinrent, obstinées, querelleuses. Il retint un cri de colère, et il eut honte aussitôt. M. Beugnac aurait bien ri. Le maître d'école avait dit une fois, ou peut-être deux : « Rager contre le bon Dieu est à peu près aussi malin que tirer la langue au ciel pour arrêter la pluie ! »

Il scruta le visage de sa mère, à mi-profil. Elle avait fardé ses lèvres d'un rouge assez vif, et ses joues, ses pommettes. Elle avait même noirci ses cils au charbon. Non... Autrefois, elle se servait d'une poudre échangée aux charbonniers contre un « baiser qui tache ». À présent, elle achetait à Bergerac de mystérieux flacons et trempait un pinceau dans le liquide sombre. Ces artifices ne cachaient pas complètement sa pâleur, son teint un peu gris et, par places, comme cireux. Elle avait minci, elle était presque trop maigre, maintenant, et les os pointaient sur son visage, ses joues se creusaient, l'arête de son nez s'était affinée, durcie. Par contraste, sa bouche, épaissie par le rouge, semblait plus grande plus large, ses yeux plus enfoncés sous les arcades du front. Leur beau brun doré avait terni, leur flamme ne pétillait plus. Il chercha des reflets roux dans le brun vif de ses cheveux. Il soupçonnait sa coiffeuse de Bergerac de les avoir ajoutés pour lui donner l'air dame. Mais depuis que le Glouriou régnait sur sa vie comme sur la métairie, elle ne fréquentait plus les salons de coiffure de la ville. Des mèches grises se mêlaient à ses boucles brunes, et l'éclat de sa chevelure s'éteignait peu à peu.

— Maman...

Il ne savait que dire, pourtant le silence de sa mère l'inquiétait, l'effrayait. Il avait besoin d'entendre sa voix, de s'assurer qu'elle ne s'enfonçait pas dans un rêve intérieur, pareil à une sorte de folie.

— Maman, tu veux regarder mes cahiers ?

— Plus tard.

La Mado arrêta de marmonner, ferma les yeux.

— Tiénot, dit-elle enfin. Mon Étienne...

Depuis quand ne l'avait-elle pas appelé par son prénom entier ? Son cœur battit plus vite. Ils se grattèrent en même temps le coin de l'œil, un tic qu'ils partageaient, ils s'en aperçurent et pouffèrent ensemble.

— Hou, hou, hou ! fit la mère. Étienne, tu es presque un homme. Hier, tu as montré du calme et du savoir-faire avec les bêtes. Joseph n'aurait jamais rentré la deuxième charrette. Tu as été très courageux pour ton chien. Tu l'as enterré tout de suite...

— À cause des mouches.

— Et sans aide. Les femmes voulaient t'aider, moi aussi.

Mais on a compris que tu préférais être seul. Qu'est-ce que tu as fait des tessons de bouteille ?

— Je les ai mis avec lui.

— Je ne sais pas si c'était une bonne idée...

— Il y avait beaucoup de son sang. Je suis triste, maman.

Le mot était bien au-dessous de la vérité.

— Je sais, dit-elle. Tu es malheureux, et c'est un peu ma faute. Je prie pour qu'il ne revienne pas...

Tiénot serra les poings dans ses poches pour se retenir de frapper les pierres.

— Papa ?

— Non, Joseph.

Il ne comprit pas. Il crut qu'elle se moquait de lui. Mais elle posa les mains sur le haut de son visage, cachant ses yeux et son front.

— Je n'en peux plus, avoua-t-elle. Il me rend folle. J'ai honte de le dire, mais ça me soulage. Je pense que tu es assez grand pour comprendre. Je l'ai... non, il y a des mots que je ne peux pas prononcer. Pas devant toi !

Il faillit répondre qu'il savait, que la veuve Savon lui avait tout expliqué. Mieux valait se taire. Elle lui toucha le bras légèrement.

— Je sais que tu devines. Quand il est là, je ne me commande plus. Je deviens son... oh, esclave est peut-être trop fort. Je suis sa servante et un peu plus. Je ne peux pas me passer de lui. Et quand il n'est pas là, j'ai... je pense tout le temps à lui. Pour toi, je suis une vieille femme, mais moi je me sens encore jeune. Je voudrais... Ah, je ne sais pas. Joseph me fait bouillir le sang dans le corps !

Tiénot se retint de rire. Exactement ce que la Marguerite Pantissou lui avait raconté la veille. Ainsi, les femmes étaient toutes les mêmes... Elle reprit :

— Pardon, je ne devrais pas te dire ça. Enfin, tu me vois bien, je ne peux pas le cacher. C'est plus fort que moi. Je voudrais qu'il parte, mais je n'ai pas la force de le chasser. Je sais que je n'ai pas d'excuse. Enfin, si, peut-être, la guerre qui m'a rendu ton père dans l'état... un état... où il ne peut plus être un mari. Je souffre, j'essaie de lutter, je me sens devenir toquée !

Elle baissa les mains, posa la droite sur le poignet de Tiénot et le serra d'un geste convulsif. Il sentit ses ongles lui percer la peau, se retint de gémir. Il essaya de sourire.

— Maman, c'est la passion, n'est-ce pas ?

Elle répondit sur un ton joyeux, à voix haute, presque un cri.

— Oui, oui, tu comprends ? Oui ! J'oublie que tu es instruit, maintenant, que tu lis des livres. C'est la passion !

Il regardait la sueur mêlée de larmes dissoudre le fard et couler sur le visage de sa mère. Une lueur égarée flambait dans son regard. Elle était belle, la Mado.

— Tu serais heureuse s'il partait ?

Elle respira la bouche grande ouverte, prit sa poitrine dans ses mains, ferma de nouveau les yeux.

— Non...

— Tu souffrirais ?

— Oui !

— Mais tu souhaites quand même qu'il ne revienne pas ?

Elle noua ses mains entre ses genoux.

— Je voudrais. J'essaie de le souhaiter. Je ne peux pas. C'est pour ça que je prie.

Un sentiment presque oublié pinça le cœur de Tiénot.

— Je t'aime, maman.

— Moi aussi, je t'aime. Je m'en veux à mort de l'avoir laissé tuer ton chien.

— Tu ne pouvais pas l'empêcher.

Tiénot respira très fort. Il eut envie de lâcher son secret.

— Je pense que Joseph ne reviendra pas...

— Ah, tu le penses ?

— Il va sûrement aller en prison.

Elle bondit, se retourna, fit face à Tiénot.

— En prison ? Pourquoi en prison ?

— C'est un bandit !

— Oh non...

Elle avança d'un pas, recula de deux, se tordit les mains.

— Ne répète pas toutes les saletés que tu entends, je te prie. Joseph est un homme violent... oui, souvent violent... un homme ! Mais honnête. Honnête, je le jure !

Tiénot s'obstina, tremblant, le front baissé.

— C'est un voleur. J'ai repéré sa cache, un jour !

La Mado frappa du pied, menaça son fils d'un doigt pointé.

— Regarde-moi en face et ose répéter ce mensonge !

Tiénot leva les yeux tout en évitant le regard de sa mère, brûlant d'un feu farouche, presque haineux.

— C'est pas un mensonge. Je le sais. J'ai vu les affaires volées, un jambon, des bijoux, des vêtements... dans la cave sous la forge. Et tout le monde sait qu'il...

Elle s'approcha de nouveau. Il lui échappa en glissant le long du mur, vers la chapelle. Elle brandit la main droite, doigts écartés, comme pour le gifler, mais retint son geste.

— Menteur, tu n'as rien vu ! Ta petite sœur a raison, tu es un menteur, un menteur...

Tiénot osa lui faire face, à quatre ou cinq pas. Osa la regarder.

— Mon grand-père le sait. Et Hilaire Bezeau, et même Frédo !

— Pauvre idiot, tu répètes ce qu'ils t'ont fourré dans la cervelle. Tous ceux qui disent que Joseph est un voleur sont des ch...

Elle faillit prononcer le mot « chiens ». Puis elle dut se rappeler la mort de Gaspar et elle eut honte.

— Ce sont des cochons. Des cochons !

Exactement ce que Tiénot pensait de Glouriou. Elle étouffait. Elle ôta son fichu pour mieux respirer.

— Ce vieux pourri de pépé ! Et cette carne de Bezeau, toujours à lécher le cul de ses maîtres ! Tu les crois ! Je te le pardonnerai pas !

Elle porta la main à sa poitrine, ouvrit la bouche. Tiénot crut qu'elle allait crier ou s'évanouir. Elle respira longuement. Puis elle scruta son fils avec une grimace douloureuse.

— Tu es comme ton père. Encore pire !

Tiénot ressentit l'injure dans tout son corps, des épaules au ventre. Il chercha une réplique aussi méchante. La vérité blessait plus que tout. Il la lança au visage de sa mère.

— Joseph Sembat se fiche de toi. Tu es trop vieille pour lui. Ce qu'il veut, c'est ton argent en ville !

Cette fois, elle cria. De rage, de douleur, qui sait. Elle se baissa vivement, ramassa une pierre à ses pieds. Il crut une seconde qu'elle allait la lui jeter ou le frapper avec. Elle la balança d'un geste forcé dans les hautes branches des hêtres. La pierre passa à travers les feuillages et atterrit sur le toit de la chapelle. La Mado se retourna vers Tiénot, une main crispée sur sa gorge, l'autre serrée contre sa cuisse.

— Pourquoi tu me détestes autant ? Tu es un mauvais enfant, un mauvais fils... Tu es mauvais, mauvais !

Tiénot sentit les larmes remplir son nez, couler sur ses joues. Il se retint de les essuyer.

— Je ne te déteste pas, maman. Je dis la vérité, tu le sais bien.

— La vérité...

Il se rapprocha lentement. Il comprenait sa souffrance. Il avait envie de la serrer dans ses bras.

— Non, dit-elle d'une voix calmée, je ne te crois pas !

Une voix forte héla soudain à l'entrée du bosquet :

— Que se passe-t-il ici ? J'entends crier depuis cinq minutes dans ce lieu de recueillement ! Qui êtes-vous donc ?

L'homme s'avança, appuyé assez lourdement sur sa canne, quoique jeune, trente-cinq ans environ. Plutôt petit, le visage rouge et légèrement bouffi, la moustache relevée, coiffé d'un chapeau rond, une vareuse gris beige sur une culotte de cheval de même couleur, enfoncée dans une paire de leggings brillants, des jumelles pendues au cou, il avait une allure militaire qui ne trompait pas.

— Monsieur Louis-Pierre !

Tiénot leva son béret. La Mado remit son fichu et le serra autour de sa tête.

— Excusez-moi. On s'en va.

— Oh, je vous reconnais, vous êtes Madeleine Jouannet.

Le châtelain porta la main à son couvre-chef.

— J'ai l'honneur de vous saluer. On vous appelait Mado... Ce jeune garçon est votre fils, n'est-ce pas, Mado ?

La mère afficha un visage de bois et répondit sur un ton de fureur contenue :

— Vous pouvez dire madame Jouannet, si ça vous écorche pas la bouche !

Le comte Louis-Pierre se gratta le cou sous le menton, peut-être son tic à lui. Tiénot grimaça pour ne pas rigoler. Connaissant la réputation de l'homme, autoritaire, fier de son rang, il se prépara à l'entendre sacrer et menacer. Pourtant il approuvait l'attitude insolente de sa mère. Il s'approcha d'elle pour la soutenir. À sa grande surprise, le châtelain fit un signe de tête poli et presque aimable.

— Volontiers, madame. Jouannet est le nom d'un brave soldat, qui a fait tout son devoir, et même un peu plus. Invalide, je crois ?

La Mado refusa la paix que lui offrait le nouveau maître de Hautefage.

— Tout son devoir ? Quelle bêtise ! Il s'est laissé monter le cou par les gros... oui, les gens comme vous, les officiers, les patrons. Il aurait pu rentrer à sa première blessure ou rester à l'arrière. Non, il a préféré abandonner sa femme et ses gosses pour aller gagner des galons et des médailles. Vous savez où il est, maintenant ? À l'hôpital, avec les poumons comme des bouts de bois. Et il n'en reviendra sans doute jamais !

Le comte écoutait l'engueulade très droit, impassible,

presque au garde-à-vous, toujours appuyé sur sa canne. Il avait dû se faire abîmer la jambe au Maroc.

Tiénot ne reconnaissait plus la Mado qui chantait si volontiers *La Madelon de la Victoire* en levant son verre.

Nous avons gagné la guerre

Hein, crois-tu qu'on les a eus !

Mais peut-être renvoyait-elle au châtelain sa colère contre son fils. M. Louis-Pierre essaya de l'interrompre.

— S'il vous plaît, madame Jouannet, je ne...

Elle ne l'écoutait pas, suivait son idée.

— Et tout ça pour quoi ? Une pension ridicule... juste comme s'il avait eu la jambe un peu tordue !

— Si c'est une allusion à ma blessure...

— La guerre, vous l'avez voulue, vous, les officiers, les riches et votre gouvernement !

— Au sujet de la pension de votre mari...

— Vous l'attendiez depuis si longtemps ! Vous croyiez la gagner en trois mois !

— Pour cette pension, je pourrais...

En vain essayait-il d'apaiser cette furie qui criait, le menaçait de ses poings.

— Je me fiche de la pension ! Je ne pense pas qu'à mon mari, je pense aussi à tous les invalides. Les aveugles comme Jules Dupoux, qui gâche la vie de sa fille ! Les épaves humaines comme Sosthène Guigou, qui est devenu un pauvre hère, un dégoûtant, on est bien obligé de lui pardonner, avec son moignon qui pourrit comme un abat de mouton. Je veux vous entendre avouer que vous l'avez voulue, la guerre, que vous avez tout fait pour la provoquer. Il faut être juste, le Kaiser aussi l'attendait, et ses généraux étaient décidés à en découdre... En découdre, ha, ha ! Le joli mot ! Vous avez décousu des millions de pauvres gens, des paysans, des ouvriers, des domestiques !

— Les officiers aussi ont payé cher.

— Et maintenant, tous ces gens vous manquent pour

travailler vos terres, faire tourner vos usines et vous servir dans vos châteaux !

— Ma famille est ruinée, vous le savez. C'est pour cela...

— Vendez vos propriétés, et nous avec, aux nouveaux riches qui en ont profité pour remplir leurs poches et leurs coffres-forts ! C'est eux qui ont gagné la guerre... enfin, je suppose. Vous n'êtes peut-être que de pauvres idiots, il faudrait vous pardonner comme on pardonne aux simples qui ne savent pas ce qu'ils font !

— Mon frère Jean-Henri est mort, mon cousin...

— Et Nivelle, le boucher de Verdun. C'est bien lui qu'on appelait le boucher de Verdun ? Il s'en fichait, lui, de faire tuer cent mille hommes en un jour, ou une semaine, ou n'importe ! Et vous l'applaudissiez, vous tous, les profiteurs et les imbéciles !

Le comte Louis-Pierre leva les bras en un geste d'impuissance, fit un tour sur lui-même, regarda fixement le mur gris de la chapelle.

— Madame, il fallait arrêter les Boches !

— Ah, les Boches... Vous dites les Boches, maintenant, pour me faire plaisir, peut-être. Mais pendant la guerre, c'était messieurs les Prussiens, messieurs les Allemands, Sa Majesté le Kaiser. Vous étiez d'accord pour vous battre jusqu'au dernier soldat... jusqu'au dernier biffin !

Tiénot rejoignit sa mère, lui prit le bras, la tira en arrière.

— Maman, tu es énervée...

Il l'admirait, mais il avait peur qu'elle se laisse emporter un peu plus, qu'elle perde à moitié la boule et se jette sur le châtelain, le frappe et le griffe. Lui, M. Louis-Pierre, gardait son calme. Tiénot ne s'en étonnait pas trop. C'était le caractère du comte Antoine, qui ne se mettait pratiquement jamais en colère parce qu'il se fichait de tout. Mais le jeune comte finirait bien par éclater. Sa querelle avec la Mado se changerait en peignée. Elle perdrait sa dignité. Tiénot en mourrait de honte. Soudain elle retourna au combat, avec vaillance.

— Et les mutins... les soi-disant mutins... les déserteurs ou je ne sais quoi que vous avez fusillés ? Pour l'exemple ! Pourquoi ne pas fusiller toute l'armée, pendant que vous y étiez ? !

— Personnellement, je n'ai jamais...

Elle n'entendait plus que la colère qui bouillait en elle, la rancœur qui irritait ses plaies vives. Elle l'interrompit encore une fois, sur un ton querelleur et désespéré.

— Oui, toute l'armée au poteau ! Enfin, les soldats, pas les officiers ! Les Boches n'auraient eu qu'à s'asseoir en attendant que vous ayez fini le travail !

Le petit homme gris, qui ne ressemblait plus du tout à un officier ni à un châtelain, se tenait dans la pénombre, décontenancé et misérable. Il s'appuyait de plus en plus sur sa canne, comme s'il peinait à rester debout. On aurait cru qu'il allait tomber s'il osait bouger... De sa main libre, il se grattait le cou frénétiquement, et sa pomme d'Adam montait et descendait à toute vitesse, l'air poussée par un ressort.

— Au moment des mutineries, j'ai défendu...

— Vous, les officiers, tous les officiers, généraux compris, vous n'aviez qu'à dire au gouvernement : « Ça suffit, on arrête ! » Les politiciens auraient été bien obligés de finir leur saleté de guerre !

Elle dénoua son fichu, étira les pans comme si elle voulait s'en servir pour étrangler le châtelain. Lui recula d'un pas, vraiment effrayé, la main toujours serrant la poignée de sa canne.

— Selon vous, il fallait capituler ?

La Mado gifla l'air d'un revers de main.

— Capituler ? Oui, plutôt capituler que faire massacrer un million de jeunes hommes en plus ! Tant de vies gâchées, perdues !

Elle s'étrangla et se mit à sangloter, tête basse, les

épaules secouées. Elle échappa à la main de Tiénot, s'enfuit dans le bosquet, disparut derrière la chapelle.

Le premier mouvement de Tiénot fut de rejoindre sa mère. Dans l'état de fébrilité et d'excitation où elle était, tout pouvait arriver. Mais courir derrière elle, ç'aurait été se résoudre à une fuite honteuse devant le châtelain, le laisser maître du terrain, triomphant. Il avait l'honneur des Jouannet à défendre pour le compte de son père. Il fit face au petit homme, le béret sur la tête, les poings sur les cuisses, entre garde-à-vous et insolence.

— S'il vous plaît, monsieur !

Le comte Pierre ôta son chapeau et l'agita en guise de salut du côté où la Mado était partie.

— Ta mère est une maîtresse femme, mon garçon !

— S'il vous plaît, monsieur...

Tiénot songea : « Tant pis pour l'honneur des Jouannet, la pension est sûrement plus importante ! »

— C'est vrai, monsieur, que le gouvernement a été injuste avec mon père. Sa pension est plus petite que celle du jardinier Pè-Tord... euh, Jeantou. Et il va peut-être mourir de ses poumons !

— Nom d'une pipe, que fout le capitaine d'Ayran d'Eylias ?

— Mon père est révolté. Il engueule les officiers docteurs aux visites. Alors, ils le punissent. C'est peut-être pour ça qu'on n'augmente pas sa pension.

— Tu fais bien de m'en parler. Je vais m'occuper du cas de ce brave sous-officier. Je vous aiderai aussi pour la métairie.

— Merci, monsieur, on n'a pas besoin d'aide, protesta Tiénot en s'efforçant de prendre un ton assuré, un ton d'homme. Je vais bientôt finir l'école. On se débrouillera avec un journalier.

« Mais surtout pas Joseph Sembat ! » pensa-t-il.

Le châtelain se pinça la moustache, avança d'un pas vers le garçon, nota son geste de recul, leva sa canne, s'arrêta.

— Très bien, très bien. Comment t'appelles-tu ?

— Étienne Jouannet, monsieur.

— Étienne Jouannet, tu es le digne fils de tes parents. Je voudrais te dire une chose importante, que tu es assez intelligent pour comprendre. Du moins, je crois.

Tiénot ne bougea pas, osa fixer dans les yeux le jeune comte dont la pomme d'Adam bougeait sans cesse. Le petit homme leva la main, et Tiénot devina qu'il avait l'intention de la poser sur son épaule. Un geste protecteur que le fils de la Mado refusait. Il se raidit. Le châtelain laissa retomber sa main.

— Jeune Étienne, voici ce que je veux te dire. Ton père et moi, et des millions d'autres, nous sommes battus pour que cette guerre – la guerre du droit – soit la dernière. La der des ders, comme disaient les poilus ! La dernière pour toujours. Et que tu n'aies pas, toi ni aucun garçon de ton âge, à courir aux frontières dans vingt ans, sac au dos, baïonnette au canon. Tu n'as aucun devoir de reconnaissance, mais tu dois savoir !

Il se tut, s'appuya sur sa mauvaise jambe, battit de l'air de sa canne.

— Bien.

Tiénot salua du béret.

— Merci, monsieur.

Il ramassa le fichu de sa mère, le jeta sur son épaule.

— Au revoir, monsieur !

25.

Hors du bosquet, la lumière du jour était encore très claire. Le soleil rougissait à peine sur l'horizon. Tiénot pressa le pas tout en se retenant de courir, au cas où M. Louis-Pierre l'aurait observé.

Il s'attendait à être morigéné par sa mère. Mais il avait sa conscience pour lui et il saurait répondre à la Mado. D'abord, il lui dirait qu'il l'admirait pour son courage en face de M. Pierre-Louis. Puis au sujet du Glouriou : « J'espère que ta prière sera exaucée et qu'il ne reviendra pas... et que papa, lui, rentrera bientôt ! »

Il entendit soudain un trottinement dans le sentier derrière lui. Un trottinement et un jappement d'appel... Un bout de seconde, il crut son Gaspar ressuscité. Puis un petit diable gris sauta au milieu des grandes herbes, tourna autour de lui avec des gémissements, mi-plaintifs, mi-interrogateurs. Il tendit la main pour caresser la chienne. Elle vint se frotter à sa jambe et gémit plus fort.

— La Fumée !

Ce nom l'amusait toujours. Pourtant il n'avait pas envie de rire. Un coin de douleur s'enfonçait dans sa poitrine. La chienne se leva sur ses pattes de derrière, appuya ses pattes de devant sur le ventre de Tiénot. Elle était juste assez grande pour lui lécher le menton et la bouche. Il se pencha un peu, se laissa badigeonner la figure de salive, puis repoussa la chienne.

— Gaspar est mort !

Elle remua la queue, pointa une paire d'oreilles frémissantes et fixa longuement Tiénot d'un regard qui lui parut grand comme le ciel.

— Gaspar est mort, répéta le garçon. Tu ne peux pas comprendre, ma vieille. Ça veut dire que tu ne le verras plus jamais ! Hein ?!

La Fumée l'observait avec une curieuse moue des babines. Elle remuait la queue, pointait les oreilles, guettait l'air ou Dieu sait quoi. Il répéta plusieurs fois : « Gaspar est mort. » Il savait bien que l'explication n'avait aucun sens pour la chienne. Néanmoins il espérait une sorte de miracle. La Fumée parut trouver dans ses paroles, ou peut-être dans sa voix, une consolation, un encouragement, un espoir. Elle se remit à gambader, l'air plein d'entrain. Tiénot courut vers la maison, elle le suivit, puis le dépassa. Croyait-elle trouver Gaspar à la métairie ? Elle avait dû le chercher toute la journée. Elle aussi attendait un miracle.

Tiénot ralentit pour souffler. Il n'eut plus qu'une pensée : se coucher et dormir. Il repartit d'un pas traînant. Tout en marchant, il ne put s'empêcher de parler seul, à mi-voix.

— Cochon de bandit ! Qu'il crève à la prison !

Puis le nom de Gaspar lui échappa. La Fumée l'entendit, elle se rapprocha, vint trotter à hauteur de son genou. Il s'arrêta, elle lécha sa cheville saignante.

— Brave fille. Ça va être dur pour toi.

« Cent sous pour savoir ce que tu as dans la tête ! » pensa-t-il. Et il sourit malgré sa souffrance. Ils repartirent lentement, tous les deux. Elle le suivit à la métairie. Arrivée dans la cour, elle se mit à courir de tous côtés en flairant avidement la terre. La Mado sortit alors de l'étable, à la main une fourche de litière à quatre brins.

— Va-t'en, toi ! Va-t'en d'ici, sale bête !

La Fumée, habituée à être traitée avec douceur par sa maîtresse et par Tiénot, ne comprit pas la menace. Elle trottina vers la mère, en tortillant la croupe, les oreilles dressées. La Mado courut sur elle, sa fourche pointée.

— Fiche le camp ! Que je te voie plus traîner par là ! Va au diable !

La chienne s'enfuit en couinant de peur. C'en était trop pour Tiénot. Il s'appuya contre le portail, la tête entre ses bras, le front sur le bois rêche, et il laissa enfin couler les larmes qui l'étouffaient depuis plus d'un jour.

Il entendit sa mère approcher. Elle se tint derrière lui. Il respira son parfum et l'odeur de reine-des-bois qui imprégnait ses vêtements de sortie. Elle ne s'était pas... Elle posa la main sur sa tête, tira son béret en arrière, caressa ses cheveux.

— Mon Tiénot, tu es très fatigué, je sais. Tu as faim ? La Marguerite Pantissou vient d'apporter du blanc de poulet pour Lisa et pour toi...

— Avec sa pension de veuve, elle peut se payer du poulet quand elle veut ! marmonna Tiénot.

— Oui, mais elle a pensé à nous. C'est gentil.

Elle soupira, lui massa les épaules, passa les doigts sous son col de chemise.

— Tu veux bien oublier ce que j'ai dit à la chapelle ?

Il hésita une seconde et répondit oui. Elle insista.

— Tout ?

— Oui ! Tu n'as pas regardé mes cahiers...

— Tu devrais manger un morceau et aller te coucher. Je les regarderai pendant ce temps.

— Je n'ai pas faim.

— La Marguerite a fait le chemin depuis la Mouthe pour t'apporter le poulet...

Il croqua la moitié de sa part de blanc, but un verre d'eau rosi à la piquette et se jeta sur son lit. Malgré sa fatigue, le sommeil ne le prit pas tout de suite. Il songea à La Fumée. La chienne était-elle rentrée au château ou continuait-elle à errer par les champs et les chemins où elle avait l'habitude de jouer avec son frère ? Combien de temps lui faudrait-il pour l'oublier ? Puis une autre pensée, qu'il s'efforçait de chasser depuis des heures, l'envahit complètement : le bandit. Le bandit tenterait peut-être son mauvais coup cette nuit. « Demain, tu seras en taule, cochon de Sembat ! »

Il s'endormit sur ce souhait farouche.

Il eut un drôle de rêve. Drôle, surprenant, parce qu'il s'aperçut tout de suite qu'il rêvait. Tous ces gendarmes à cheval dans la cour de la ferme et le Glouriou au milieu, les mains liées, tête nue, pas glorieux du tout... c'était trop beau pour être vrai. Il n'y avait pas autant de gendarmes à cheval dans tout le département. Les cognes étaient presque tous à bicyclette depuis la guerre ! Oui, il rêvait sûrement. Le rêve s'effaça, il se réveilla à moitié... Juste assez pour se souvenir que M. Beugnac s'en allait au certificat dans un canton voisin, en attendant le tour de Réverac. Pas d'école à Gignac ce samedi. Il se rendormit.

Vers le matin, il eut encore un cauchemar. Il déterrait Gaspar sous la pluie pour montrer aux gendarmes que Joseph Sembat l'avait égorgé. Pourvu que le cadavre ne soit pas trop décomposé, que la blessure se voie bien ! Mais pas de cadavre. À la place, il vit un sac à grain bourré de papier. Il l'ouvrit. Des billets... des gros billets rose et bleu, cinq cents francs, mille francs, qui débordaient de ses mains, se collaient à la terre mouillée, s'envolaient sous les rafales de l'averse. Il avait mis la main sur le trésor de la Mado !

Quand il se réveilla pour de bon, la clarté du matin coulait jusque dans les plus obscurs recoins. Le temps d'enfiler son pantalon et sa chemise, il bondit à l'étable. La Mado lâchait les vaches, les brebis étaient déjà rassemblées dans le pré de la maison.

— Tiénot ?

— Maman, regarde les hirondelles.

Mille traits noir et blanc fendaient le ciel, rasaient la terre en lâchant au passage de bref pépiements. On aurait cru que les hirondelles ensemençaient la terre.

— Elles sont folles, ce matin, dit la Mado en riant.

— Et le soleil !

— Ça sera une belle journée.

Les oiseaux trillaient toutes les notes de leur gamme. Les deux coqs de la basse-cour se défiaient au cocorico en sautant les poules sur le fumier. Le bleu du ciel débordait sur le vert cru de la forêt. Brebis et agneaux bêlaient à pleine gueule. Les vaches meuglaient de plaisir en pissant toutes à la fois. Pour une raison mystérieuse, la campagne paraissait en fête. La Mado s'essuya les mains à son tablier et bâilla en nouant ses cheveux.

— On va pouvoir tourner le foin mouillé à Costebrave, Tiénot, si tu te sens reposé ?

Elle était belle, ce matin, comme la nature tout entière, gaie et sérieuse à la fois, telle que Tiénot l'avait vue mille jours, mille matins, avant l'arrivée du Glouriou. Elle n'en finissait pas de bâiller, de respirer la bouche grande ouverte, de gonfler la poitrine. On l'aurait crue rajeunie de dix ans, peut-être un effet du beau temps et de l'air vif. Elle sortit pour se laver les mains au baquet de la pompe. Tiénot la suivit. Elle se retourna, lui baigna le visage et le cou à l'eau froide.

— Tu as l'air mal réveillé. Je suis sûre que tu as encore la tête pleine de cauchemars. Quand tu étais petit, tu faisais toujours des cauchemars après les orages. Ça durait deux ou trois nuits... Qu'est-ce que tu regardes ?

Tiénot ne pouvait se retenir de guetter les alentours. Quelqu'un du château ou de la ferme allait forcément débouler à la métairie en criant : « Vous savez ce qui s'est passé cette nuit ? Joseph Sembat s'est fait pincer chez les Bezeau. Les gendarmes viennent de l'emmener en prison ! » Il toucha la main de sa mère, lui sourit, une larme sous les cils. Elle serait si malheureuse quand elle apprendrait l'arrestation de Joseph Sembat. Plus que malheureuse, folle furieuse peut-être. Elle se forçait tellement à le croire honnête. Elle priait pour qu'il ne revienne jamais, du moins elle le prétendait, et Tiénot savait qu'elle ne mentait pas. Mais elle l'attendait avec une impatience à peine déguisée. Elle était la Mado.

— On va vite tourner le foin de Costebrave, reprit-elle. Si le beau temps continue et si Joseph est là lundi, ou même mardi, on pourra rentrer au moins trois charrettes bien sèches. Presque comme si le foin n'avait pas été mouillé !

Non, Joseph ne serait pas là lundi.

Tiénot continuait de guetter la silhouette pressée d'un visiteur ou d'une visiteuse. Attendre toute la journée pour savoir ce qui s'était passé à la ferme du château, impossible, ce serait à se ronger les pieds et les mains ! Dès qu'il pourrait, il passerait au Peloux questionner son grand-père. Enfin, pas trop tôt quand même. Le vieil homme avait sans doute veillé une partie de la nuit à la ferme du château et il avait besoin de dormir, maintenant.

Peut-être Joseph Sembat n'était-il pas prêt, ou fatigué par sa journée de travail à Bergerac, il avait retardé son brigandage jusqu'au lendemain.

Il y aurait encore une nuit d'attente. Une longue nuit.

Tiénot mangeait sans appétit sa soupe au lait du matin. Sa mère l'observait, intriguée, tendre et inquiète.

— Tu es bien pensif. C'est le certificat qui te tracasse ? Je suis sûre que tu l'auras.

— Je récite mes dates mentalement. Je suis obligé de fermer les yeux.

Elle tournait sa cuiller dans son assiette, gardait longtemps chaque bouchée avant de l'avaler. Son chéri lui manquait, bien sûr. Elle devait chipoter avec la Vierge et les saints sur ses prières de la veille !

Elle posa la main sur celle de son fils.

— Lisa reste à la maison aujourd'hui. Ce n'est pas qu'elle ait peur d'aller à l'école toute seule, mais Justine vient lui faire ses adieux et lui a promis de l'emmener dans les bois. Sans doute vers le milieu de la matinée... Ce matin, elle gardera les vaches au Pré-bas, pendant qu'on tournera le foin de Costebrave, toi et moi. Puis tu conduiras les bêtes une heure à la Combe noire, une heure ou deux. Une heure si tu penses qu'il y a assez d'herbe. Enfin, tu verras.

— C'est le seul pré qui ait de l'herbe drue. Une heure devrait suffire.

— Tu rentreras quand tu voudras. Après midi, on finira de tourner le foin et on commencera de curer l'étable si tu n'es pas fatigué. Joseph devait le faire, mais il n'a pas pu. Après, on ramassera les fèves. Si on a le temps, on conduira deux ou trois tombereaux de fumier pour les raves. Et puis...

— Maman ! On n'aura pas le temps de faire tout ça. Et tu oublies la vigne !

— C'est vrai. Je réfléchis aux travaux comme si Joseph ne devait jamais revenir. Et puis, de toute façon, on partira à la Saint-Michel, sans attendre que M. Louis-Pierre nous mette à la porte !

Tiénot n'avait aucune envie de quitter la métairie et il était sûr que M. Louis-Pierre ne chasserait pas la famille de Marius Jouannet, le brave soldat. Il baissa la tête, étudia les dessins de la toile cirée que la mère avait rapportée de Bergerac. Sa gorge se serra.

— Pour aller où ?

— J'ai assez d'argent pour ouvrir un petit commerce en ville. Qu'est-ce qui te plairait ? Une épicerie ? Une quincaillerie ? Un magasin de grains ? Un café ?

Tiénot n'avait aucune préférence. Il voulait rester au milieu des vertes collines, avec ou sans certificat. Il avait refusé de suivre M. François-Xavier. Et il ne suivrait pas son ami Frédo si celui-ci le voulait comme apprenti. Alors vivre dans une épicerie à Bergerac ? Une épicerie ou une quincaillerie ou n'importe quelle boutique... Non, jamais !

Tout en chargeant le foin avec sa mère, Tiénot calculait. Le Glouriou n'était pas venu la nuit dernière, pour une raison toute bête, peut-être la fatigue ou une panne de moto. Oui, une panne de moto, ça semblait très possible. La machine serait sans doute réparée aujourd'hui. Le bandit tenterait son affaire cette nuit, et le grand-père l'attendrait à la ferme.

Le grand-père... Tiénot avait toujours très envie de faire un saut au Peloux pour le voir. Mais il ne pouvait pas. Il n'avait pas le droit. Ç'aurait était trahir sa mère, maintenant qu'il s'était à moitié réconcilié avec elle. Il n'oserait plus la regarder en face. Il l'aimait encore plus depuis qu'il avait remarqué les fils blancs dans ses cheveux...

Il n'irait pas au Peloux ce jour-là. Le lendemain, peut-être, suivant les nouvelles. Il tâcherait que la Mado ne se doute de rien. Mais elle saurait un jour, d'une façon ou d'une autre, et ce serait terrible

La Fumée le rejoignit à la Combe noire en fin de matinée. Elle lui fit fête comme d'habitude, sans arrêter de regarder tout autour : elle n'avait pas encore perdu l'espoir de retrouver son frère. Combien de temps lui faudrait-il pour oublier ? Tiénot essaya de comprendre ce qui pouvait se passer dans une cervelle de chien. Autrefois, il avait presque l'impression de lire les pensées de Bella. Mais il était un enfant, il n'avait pas l'esprit encombré de mille soucis...

Il voulut envoyer La Fumée tourner une brebis. Naturellement, elle ne comprit pas. La brebis eut quand même peur et rejoignit le milieu du troupeau. La chienne vint s'asseoir près de lui et le regarda, les yeux brillants sous les poils gris qui lui faisaient de gros sourcils froncés. Il eut envie de prononcer le nom de Gaspar, il se retint pour ne pas troubler la chienne.

— Ma pauvre fille, on ne le reverra jamais, ton frérot. Tu ne sais pas ce que ça veut dire, d'accord. Et moi ? Moi non plus, ma vieille. Je n'arrive pas à me fourrer cette idée dans la tête. Tu te rappelles quand vous vous asseyiez côte à côte pour observer les oiseaux ? Et lui qui courait après les insectes et qui essayait de les attraper du bout de la patte ? Et les bretelles ! Elles venaient du château, je crois bien que c'est toi qui les avais apportées. Oui, c'est toi, je me souviens. Tu es arrivée un jour en les tirant dans ta gueule, tu étais obligée de tenir la tête haute pour les soulever et pas te prendre les pattes dedans. Tu as rejoint Gaspar et tu les as laissés tomber devant lui. C'était un cadeau... Merde, je l'ai dit !

La Fumée dressa les oreilles. Il avait prononcé le nom qu'elle attendait. Puis elle rampa vers lui d'un air soumis et suppliant, semblant penser qu'il lui cachait Gaspar pour la punir de quelque faute mystérieuse. Et peut-être qu'il voudrait bien, d'un geste magique, faire paraître le brave animal, la queue en l'air et souriant de toutes ses dents ! Gaspar était un chien si gai...

— Et tu te souviens, la Fumée, quand la cloche de l'église sonnait ? Il levait la tête, il cherchait la direction du son et il écoutait en bougeant les oreilles pour mieux entendre.

Les filles avaient supplié Tiénot de les accompagner au bois.

— Tu viens ou on te tue et on te donne à manger aux renards !

— Encore heureux qu'il n'y ait plus de loups dans la forêt.

Lisa voulait que Justine la conduise au Plat des Séchères pour voir les charbonniers. Après avoir promis, la main sur le cœur, Justine avoua qu'elle avait oublié le chemin. Elle espérait se guider sur les fumées... Mais elle ne savait plus les découvrir dans le soleil trop vif de ce bel après-midi. Peut-être n'y avait-il plus de fumées. Les charbonniers ne travaillaient guère en été. Ou bien ils étaient partis, ils avaient quitté la forêt pour aller s'embaucher en ville...

Tiénot n'aimait pas aller aux Séchères. C'est là, racontait-on, que le caporal Marsalès avait vécu deux ou trois ans après sa désertion en 1917. Là qu'il avait disparu, qu'il était peut-être mort et enterré. L'idée de jouer au guide dans les bois ne lui plaisait pas du tout. Les vipères grouillaient sous les hautes herbes, les fougères et les bruyères. Les occasions d'accident étaient nombreuses, et Lisa saurait, comme d'habitude, se montrer insupportable. Mais il accepta finalement, dans l'espoir de se réconcilier avec Justine avant son départ de Hautefage.

— Tu sais, lui souffla-t-elle, en arrivant au chemin du Haut-Broussu, j'avais seulement envie que tu viennes. Je suis contente que tu sois là. Contente ! Contente !

Elle mima un baiser qu'elle lui envoya du bout des doigts.

— Je ne t'en veux plus...

Elle avait posé à la métairie sa robe bleue toute neuve pour ne pas risquer un accroc aux ronces et aux buissons. Vêtue d'une chemise et d'un jupon qu'elle faisait voler sur ses jambes, elle riait, sautait, dansait, frappait le sol de ses bottines neuves, jetait en l'air son chapeau de paille. Tiénot ne s'étonnait pas trop de cette gaieté. Il avait eu aussi, à une époque, une folle envie de changer de vie en devenant aviateur ou mécanicien. Ce n'était qu'une lubie, mais elle l'aidait à comprendre la joie puérile de Justine.

— Alors, tu vas bientôt voir la mer ?

— Oui ! Oui ! Quand elle sera mariée, la demoiselle m'emmènera partout !

Lisa lui tira la langue.

— Menteuse ! Menteuse !

Plus la grande gloussait et pouffait, plus la petite se renfrognait.

— Tu m'embêtes. Tu verras bien.

— Comment je verrai ?

Justine réfléchit en fronçant les sourcils. Une idée lui vint et l'excita si fort qu'elle s'applaudit elle-même.

— Je t'enverrai une carte postale quand je serai au bord de la mer. Ça te coupe la chique, hein ?

Le bec cloué, Lisa cessa de disputer, mais se colla sur la figure son masque de petite mégère. Elle courut en avant pour montrer qu'elle connaissait le chemin des Séchères et pouvait y aller seule si elle le voulait. Justine prit la main de Tiénot et l'entraîna comme pour une danse, en jouant avec son jupon.

— Tu sais pourquoi elle veut aller chez les charbonniers ? Non ? Je suis sûre que tu ne devineras jamais, hi, hi, hi ! Je lui ai dit que c'est là, chez les charbonniers du Plat, que votre mère s'est arrêtée quand elle est arrivée dans le pays...

Elle attendait une question. Il se renfrogna, enfonça les mains dans ses poches et marcha un moment en silence. Justine s'amusa à chantonner pour imiter Lisa.

— Et ta petite sœur, elle a envie de rester aussi-iii avec les charbonniers-iiéé. Je lui ai dit : « Pas possi-ible. Tu es trop jeune, jeunette. Les charbonniers veulent une grande fille qui couche avec eux-eueu. Toi, tu es encore un bébé-éé, tu ne sais rien de la vie-ii ! » Alors elle veut voir les charbonniers pour leur dire qu'elle n'est plus un bébé, l'aventure au gué. L'aventure au gué !

Justine déboutonna le col de sa chemise, respira en gonflant la poitrine. Elle guigna Tiénot, espérant peut-être le troubler par ses maigres appas. Mais il ne posa pas les yeux une seconde sur la chemise entrouverte. Elle eut un soupir de déception.

— Tu es toujours aussi bête ! Ah, je vous connais bien, les Jouannet. La grande qui est une garce, la petite qui est une peste et le garçon au milieu qui est bête comme un pet ! Il croit même Coco qui lui a promis qu'il pourrait marier une veuve de guerre à quatorze ans et demi !

Tiénot donna un coup de pied bien ajusté à un caillou qui traînait sur le chemin. Il se fit mal et ne put cacher tout à fait une grimace de douleur.

— Pas vrai, j'y ai jamais cru. Coco est un pauvre idiot !

— Mais il ne l'a pas inventé. Et ça fait bien l'affaire de quelques veuves comme la Marguerite Pantissou... Je suis sûr que tu rêves la nuit de ses gros tétés !

Ils suivaient à la file un sentier tortueux mais ensoleillé, bruissant d'insectes. Lisa se laissa rejoindre à un coude. À mesure qu'ils avançaient, l'ombre gagnait. Les bois, chênes, charmes, érables mêlés devenaient plus épais et plus sombres. Une odeur âcre montait de la terre mouillée. Les champignons poussaient leurs têtes rondes ou plates, lisses ou dentelées, sur les talus, les bordures, les lisières... Ils n'étaient pas nés de la dernière pluie mais de la précédente, qui datait d'une quinzaine de jours. La forte averse de l'orage les avait gorgés d'eau, écrasés, troués, lardés... Ils avaient plutôt mauvaise mine, songeait Tiénot, mais quelques girolles auraient pu être cueillies et fricassées après un jour ou deux de séchage au soleil. Même un cèpe qu'il aurait bien récolté s'il avait eu sa musette ! Il guettait aussi le champignon étoile de mer que M. Beugnac prétendait venu d'Australie et appelait anthurus d'Archer, un nom de conte de fée. L'anthurus commençait par un œuf qui s'ouvrait et laissait s'épanouir une étoile à cinq branches, faites de lanières pointues, rougeâtres et puantes. On le repérait de loin à sa mauvaise odeur. « Le champignon du diable ! » disaient certains. Mais Tiénot croyait fermement que l'étoile rouge lui porterait bonheur s'il en voyait une sur son chemin...

Justine s'amusait à percuter de la pointe de sa bottine tous les champignons à sa portée. Les réduire en bouillie ou les faire voler en miettes lui procurait un plaisir rageur. Elle riait chaque fois, d'un rire aigre, mauvais, comme si elle se vengeait de sa rancœur sur les russules, les bolets, les psalliotes... Et soudain Tiénot comprit. Sa gaieté était feinte. Elle essayait de paraître comblée, folle de joie pour cacher son inquiétude, son dépit, peut-être, ou pour triompher devant les Jouannet. Sa nouvelle vie était sûrement moins rose qu'elle le prétendait, l'avenir s'annonçait moins brillant. Mais elle jouait à la petite princesse pour que Lisa et Tiénot ne soupçonnent rien. Cette comédie lui coûtait. Elle se rattrapait en tapant sur les champignons, ces pauvres choses molles et sans défense. Plus loin, elle ramassa un bâton et se mit à faucher à toute volée les têtes des fougères.

Tiénot proposa de prendre par les châtaigniers. C'était un raccourci facile vers les Plats de Séchères. Lisa, d'abord, refusa de quitter le sentier.

— J'aime pas les châtaigniers, Titi !

— Ils commencent à fleurir, ça sent bon, plaida Tiénot.

Justine se dandina une main à la hanche, l'autre appuyée sur son bâton.

— C'est toi qui as raison, ma Lisa. Les lébérous poilus se cachent dans le châtaigniers !

Lisa se dressa sur ses petits ergots.

— Les loups-garous n'existent pas !

— Je te jure que si. Et ils mangent les morceaux tendres des petites filles. Tu as des morceaux tendres ?

Lisa se tâta discrètement, puis fourra ses poings serrés dans les poches de son tablier d'écolière.

— J'ai pas de morceaux tendres !

On s'élança sous les châtaigniers. Une clarté transparente baignait le sous-bois, et l'odeur douce des chatons flottait dans la tiédeur de l'air. Justine persécutait encore Lisa.

— Qui voudra de toi si tu n'as pas de morceaux tendres ? Il faut pas t'en vanter !

Tiénot finit par se fâcher.

— Si tu continues de l'embêter, on rentre à la maison.

— Tant pis, vous verrez pas les charbonniers.

Lisa se mit à pleurer.

— Je veux voir les charbonniers. Je veux voir l'endroit où ma mère est arrivée !

« L'endroit où le déserteur est mort ! » pensa Tiénot. Justine éclata d'un rire bruyant que l'écho répéta entre combes et collines.

— Vous êtes trop bêtes, les Jouannet !

Un oiseau effrayé s'envola. Justine aperçut à cinq ou six pas un joli cèpe à tête claire, café au lait, encore jeune et frais. Tiénot le vit quelques secondes plus tard et eut envie de le cueillir et de l'emporter sous sa chemise. Il se précipita, mais Justine passa devant lui, son bâton levé.

— C'est un jaunet... tiens, un *jouannet* !

— Arrête, implora Tiénot, il n'est pas du tout pourri !

— Il le sera avant longtemps...

Elle abattit son gourdin, une fois, deux, trois, sur le champignon, qu'elle mit en purée.

— De toute façon, depuis que je suis partie, plus personne chez les Jouannet ne sait faire cuire un cèpe !

Après les châtaigniers, ils s'engagèrent de nouveau dans la forêt sombre, Tiénot devant, Justine juste derrière lui, et Lisa vingt pas en arrière. Justine s'amusait à jeter des bouts de branches dans les jambes de Tiénot pour le faire trébucher. Lui acceptait le jeu. Il songeait : « Elle a un béguin pour moi, elle me taquine parce que je lui fais pas les yeux doux... » Il avait d'autres soucis en tête. Il comptait les heures avant la nuit. Si le bandit ne tentait pas son maraudage ce soir, le grand-père ne réussirait plus jamais à le piéger. Il reviendrait à la métairie et tout recommencerait... Non. Cette nuit, il serait au rendez-vous, et les gendarmes l'emmèneraient en prison.

Mais combien d'heures à attendre ?

Plus on entrait sous les *épais*, mieux on sentait l'immensité de la forêt. Un souffle montait des combes, portant des soupirs lourds. On évitait les fourrés, mais on apercevait des ombres à l'intérieur. On entendait des bruits de fuites, des envols, des galopades. Lisa, craintive, marchait maintenant derrière son frère. Tout juste si elle ne s'accrochait pas à sa chemise. Justine crânait, essayait de cacher sa frayeur en excitant celle de Lisa.

— On va arriver à la cafourche du Pendu. Hou, ça fait peur ! Tu as la venette, hé, petite ?

— Menteuse. J'ai pas la venette !

Les cafourches, ou croisées de chemins, avaient mauvaise réputation dans les histoires des anciens. C'était souvent là que le diable – ou l'Aversier, plus terrible encore – attendait les voyageurs, égarés ou pas, ceux qui y croyaient et ceux qui n'y croyaient pas. Tiénot serra la main de sa petite sœur qui cherchait la sienne.

— Non, du Capendu. La cafourche du Capendu. On pendait les chats morts à une branche, autrefois...

— Pour chasser le diable !

— Le diable n'existe pas, dit Lisa d'une voix blanche d'effroi. Toutes les maîtresses l'ont dit, même les remplaçantes !

Tiénot prit un ton assuré d'instituteur devant le tableau noir.

— Plutôt pour arrêter les bohémiens qui venaient voler du charbon ou des palombes aux palombières. Comme ils sont superstitieux, un chat pendu à la cafourche, ça leur fichait une trouille terrible.

— Moi, je suis pas superstitieuse, affirma Lisa en tremblant.

Un taillis de charmes et de châtaigniers mêlés, un bosquet de bouleaux, un fourré de grandes bruyères, presque sans épines mais difficile à éviter : il aurait fallu un détour de cinq cents mètres pour le contourner... Encore un taillis, une futaie, un sentier si étroit qu'on devait écarter les branches à deux mains pour se frayer un passage. Puis une cafourche, mais pas celle du Capendu, ni aucune de celles qui portaient un nom. Juste une croix de sentiers envahie par les fougères et les herbes folles. Au-dessus, les têtes des arbres s'écartaient pour dévoiler un ciel sans nuages.

À cet endroit, la forêt semblait immense, grande comme la mer, que Tiénot n'avait jamais vue, grande comme le monde. Il était sûr que les filles se croyaient perdues. C'est ce qu'il avait voulu. Il jubilait, le cœur gonflé par un sentiment de toute-puissance. Il fit mine d'observer les environs pour s'orienter.

— Je vois rien, j'entends rien ! gémit Lisa.

Justine avait deviné que Tiénot jouait la comédie. Elle n'en était pas tout à fait sûre, cependant. Elle guettait aussi, troublée.

— Pas de fumée, pas de chocs de cognée... Les charbonniers sont peut-être partis.

— Peut-être, dit Tiénot. Mais on est tout près, on y va.

Lisa mit les mains dans les poches de son tablier, frappa du pied, l'air courroucé.

— Je veux plus y aller. J'ai soif. Je veux boire tout de suite. Titi, pourquoi tu n'as pas pris ta musette avec une bouteille ?

Tiénot se sentit le roi de la forêt vierge. Et si, demain, le bandit était en prison, il régnerait sans partage sur ce monde enchanté... Pour jouir de l'instant, il retint sa réponse, la savoura sur sa langue.

— Il y a une très bonne source derrière le campement des charbonniers. On ira boire quand on y sera.

— Tu es sûr que tu connais bien le chemin ? demanda Justine

Lisa suivit en rechignant.

— Ils sont partis !

Au milieu d'une vaste clairière où flottait l'odeur du

charbon mouillé, le camp semblait déserté. Les trois visiteurs s'arrêtèrent devant un empilement de bûches éventré. Des immondices de toute nature recouvraient la meule abandonnée. On avait prélevé quelques rondins sur le tas pour allumer un feu, d'où s'élevait un filet de fumée, si minuscule qu'on le distinguait à peine dans la clarté de l'après-midi. Les charbonniers n'avaient pas quitté leur camp depuis longtemps. Peut-être l'un d'entre eux restait-il dans les parages pour garder leurs affaires et le charbon qui restait...

Devant les cabanes, une chemise d'homme, une flanelle et une chaussette séchaient sur un fil. Une seule chaussette, la seconde avait dû tomber, emportée par le vent. Oh non ! Tiénot devina qui était là. Qui s'était installé sur le campement des charbonniers... Aucun doute. La chaussette appartenait à un unijambiste, et on n'en connaissait qu'un seul dans les environs, du moins un seul qui coure la campagne malgré son infirmité : Sosthène Guigou, dit Cambo dé boï. Un lascar pas très recommandable, surtout pour les petites filles... Tiénot prit sa sœur par la manche et appela Justine qui commençait à visiter les cabanes.

— Justine, Lisa, on s'en va. Les charbonniers sont partis et il n'y a rien à voir !

Mais Lisa lui échappa et Justine continua son exploration sans l'écouter.

— Y a quelqu'un ?

Un grognement lui répondit derrière une hutte.

— Ho, ho ? Fée, je me brûle l'œil !

Justine connaissait Cambo dé boï, au moins de réputation. Elle recula de deux ou trois pas. Tiénot se rapprocha. Le mutilé sortit de l'abri d'une toile attachée à un fil de fer qui le protégeait du soleil pour sa sieste de l'après-midi. Sa béquille posée à deux pas, il se traîna sur les fesses, le pilon en avant, se propulsant d'une main, sans lâcher de l'autre son litron de rouge à moitié plein. Vêtu de hardes, trouées et raides de crasse, il exhibait toutefois une chemise blanche, presque neuve, qu'il avait dû chiper sur quelque étendage. Il lâcha un rot fort comme un pet d'âne.

— Une mignonne drôlette de quatorze ou quinze ans, ha ! Juste l'âge que j'aime bien, ha, ha ! Oh, mais attention, y a toute la famille. La petite, bien mignonne aussi, dans les huit-dix ans, et le grand frère qui chaperonne les demoiselles, ha, ha, ha ! Je vous connais, vous autres, cré pétard, vous êtes les Jouannet de la Petite-Borde. Où est passé votre putain de cabot ? Et toi, la gentille brunette, tu es la fille des bonnes sœurs de Saint-Cyprien ! Tu as sacrément embelli depuis que je t'avais pas vue. Et d'être en jupon te va bien !

La trogne rouge, le poil gris, les yeux *chiasseux*, plus qu'à moitié chauve, la bouche et les mains croûteuses, le bonhomme avait, par on ne sait quel mystère, un air jovial et bon enfant. Il était juste un peu soûl. Il devait cheminer loin, sur son pilon, pour renouveler ses provisions de boisson, ce qui l'obligeait à économiser le vin et l'eau-de-vie... Malin, avec ça. Parlant à Justine, il avait su éviter le mot qui blessait plus que tout : assistance. Enfin, il réussit à s'asseoir, en mauvais équilibre, la patte gauche repliée sous le pilon de la droite. Tiénot avait lu *L'Île au trésor*. Il chercha à se rappeler le nom du pirate à la jambe de bois.

Le bonhomme leva sa bouteille en guise de salut.

— Je me présente : Sosthène Guigou, poilu de l'Yser, Verdun, Montdidier, le chemin des Dames, et j'en oublie !

Lisa se tenait maintenant cinq ou six pas en arrière. Elle se mit à trépigner.

— J'ai peur, je veux rentrer !

— On s'en va, décida Tiénot.

Justine se retourna pour lui tirer la langue.

— Péteux ! Moi, je l'aime bien, m'sieur Guigou Sosthène. Et puis y a longtemps qu'on se connaît...

L'ivrogne sortit une pipe de sa poche, la vida en frappant sur son pilon.

— C'est vrai, on se connaît depuis longtemps. Même un vieux combattant qui a vu dix mille femmes ne risque pas d'oublier une belle brunette comme notre Justine.

Justine se trémoussa sous son jupon.

— Vous êtes trop bon, m'sieur Sosthène.

Tiénot comprit qu'elle se moquait du bonhomme et le provoquait. C'était un jeu risqué et vicieux. Pourtant il ne savait que faire, et la curiosité le retenait aussi. Il fit mine de s'éloigner, recula de quatre ou cinq pas, puis se rapprocha de trois pour ne rien perdre de la scène.

— Tu sais danser, ma Justine ? demanda le mutilé.

Justine se dandina en laissant son jupon voler sur ses genoux. Par une ficelle attachée à son poignet, Sosthène Guigou attira une boîte de fer-blanc qui glissa doucement sur le sol couvert de cendres. Il posa sa pipe, but une gorgée au goulot de sa bouteille.

— Si tu voulais danser pour moi, je te paierais. Regarde.

Il se détourna pour saisir la boîte au bout de la ficelle et ôta le couvercle. Tiénot se rapprocha pour mieux voir. Le bonhomme souleva sa boîte pour montrer le contenu à Justine. Elle était pleine de billets ! Il en tira deux entre le pouce et l'index, un de cinq francs violet et un de vingt francs bleu. Il laissa le billet de cent sous tomber par terre devant lui et remit l'autre dans la boîte.

— Tu as déjà gagné une thune. Si tu veux danser pour moi, je te donnerai encore plus !

Il roulait le blanc des yeux et bavait dans sa barbe.

— Et si tu revenais un jour toute seule et que tu sois gentille avec moi, très gentille... Vois ça, oh, là, là !

Il brandit cette fois un billet de cent francs, du genre qui fascinait Tiénot, avec la belle jeune femme aux cuisses nues. D'où le mutilé tenait-il cet argent ? Des économies sur sa pension ? Il mendiait sa nourriture, chapardait un peu, mais dépensait pour le vin, l'eau-de-vie, le rhum...

Justine dansa en chantonnant tra la la la la ! Son jupon

remonta. Tout en tournant, elle se rapprocha du bonhomme qui baissait la tête pour mieux la lorgner. Il en oubliait sa boîte à billets. Soudain, elle bondit et vint frapper la boîte d'un grand coup de bottine. Elle poussa un cri de douleur, sautilla sur une jambe. Les billets s'envolèrent dans toutes les directions. Elle les poursuivit et les piétina en tirant la langue à Sosthène Guigou.

— Saleté d'individu ! Saleté de poilu ! Saleté de tout ! Garde-les, tes sous, pour te torcher les fesses !

Tiénot comprit d'instinct les sentiments de Justine. Injurier les poilus, les gens les plus honorés de la société, c'était pour elle comme écraser les champignons, abattre les têtes des fougères : une façon de crier sa rage et sa révolte. Les châtelains, les Jouannet, l'école, l'assistance et la patrie en prenaient aussi pour leur grade... Blessé pour son père, et tous les pauvres soldats de la guerre, les vivants et les morts, il voulut l'arrêter. Il essaya de ramasser, pour les rendre au bonhomme, quelques-uns des billets qu'elle s'acharnait à écraser de ses talons. Elle continuait d'agonir Sosthène Guigou.

— Cochon de type ! Cochon de poilu !

Le mutilé rampait sur le sol poussiéreux pour rattraper son argent, en criant aussi des injures. Justine ne pouvait pas abîmer très gravement les billets sur le sol mou. Mais un fort vent se leva et emporta tous ceux qui n'étaient pas collés à la terre. Tiénot aurait voulu rester pour aider le bonhomme à récupérer son magot. Mais déjà les billets s'envolaient vers les taillis, les bruyères, la combe de la source. Lisa s'était enfuie, Justine courut pour la rejoindre. Il pensa qu'elles étaient bien fichues de se perdre toutes les deux et s'élança à leur poursuite.

Après tout, Cambo dé boï méritait bien de perdre la moitié de ses économies, ça lui servirait de leçon ! On entendit un moment ses imprécations qui semblaient remplir la forêt tout entière. Les oiseaux effrayés battaient des ailes dans les hautes branches. Puis le silence revint.

Lisa se plaignit qu'elle mourait de soif.

— Pourquoi on n'a pas été boire à la source, Titi ?

Tiénot se rebiffa.

— Et merde, on n'y a pas été parce que vous avez fiché le camp de l'autre côté !

Justine prit le bras de Tiénot et lui posa un baiser sur la joue.

— On s'est bien amusés. Je suis contente.

Lisa resta en arrière pour bouder, veillant tout de même à ne pas perdre de vue les deux grands.

— Je suis contente, répéta Justine. Est-ce que tu veux savoir d'où vient l'argent de ta mère, son héritage, quoi ?

— Je ne sais pas si c'est un héritage.

— Moi, je le sais. Les gens du château connaissent l'histoire, même Ninette et Frédo. Ils ne t'en parleront pas, à toi, mais avec moi ils ont la langue qui se délie. Je sais m'y prendre pour leur donner l'envie de la causette, surtout aux hommes. Après, je pèse, j'ajoute : deux et deux quatre et trois sept et un peu huit. C'est pas difficile si on est maligne !

— Et toi, tu l'es...

— C'est ma nature. Comme toi tu es bédigas ! Quand ta mère était au boui-boui, elle a connu un vieux type, enfin assez vieux. Il l'aimait bien parce qu'elle lui faisait ce qu'il aimait. Je l'ai vu ! Non, je suis pas folle. Je veux pas dire que je l'ai vue au boui-boui avec le type. Je l'ai vue quand elle le faisait à Joseph, et ça se voyait qu'il aimait bien. Le vieux type du boui-boui, il aimait aussi forcément...

— Forcément, répéta Tiénot d'une voix rêveuse.

— Et alors quand il est mort, il lui a légué... légué, c'est le mot, je crois, quand on fait son testament, hein ? Il lui a légué cinq mille francs, ou cinquante mille, je me souviens plus. Les chiffres, moi... Attends, ça doit être vingt-cinq mille francs. Ta mère t'a bien promis un vélo si tu as ton certificat ? Ça sera un cadeau payé avec des sous de boui-boui, hi, hi ! Comme la moto du Glouriou ! On n'est pas trop fier, chez les Jouannet ! Pauvre Tiénot. Si j'étais toi, j'irais travailler en ville comme apprenti. N'importe où. Personne ne te connaîtrait, les gens ne sauraient pas pour ta mère, ça t'éviterait d'avoir honte. Mais peut-être que tu n'as pas honte ? Alors, dis-le. Dis-le que tu n'as pas honte !

Tiénot s'arrêta, retint Justine par le bras, la regarda dans les yeux.

— Personne ne t'aime.

Elle écrasa une vesse-de-loup d'un talon rageur.

— Toi non plus !

— Mon grand-père...

— Il va crever, le vieux !

— Toi aussi, tu seras une fille de boui-boui quand tu auras l'âge !

— Je serai la patronne. Je serai riche. Je te donnerai vingt sous quand je te verrai en train de mendier. Même quarante sous si je suis toujours gentille !

26.

À leur arrivée à la métairie, Tiénot entendit un bruit bizarre sous les sureaux. Une poule en train de se secouer les poux dans la poussière mêlée de cendres ? Non, c'était plus fort, pas de battements d'ailes, plutôt un grattement précipité, interrompu, recommencé... Et quelques couinements. Il s'avança jusqu'au bord du bosquet, toujours un peu puant. Il vit.

La Fumée grattait furieusement la terre là où il avait enterré Gaspar. Elle avait déjà creusé un trou d'au moins trente centimètres de profondeur. Elle tourna la tête vers lui, la truffe et la moustache maculée, de la terre jusqu'aux yeux. Il avait pensé que l'odeur du sureau empêcherait les animaux de sentir le cadavre. Il avait oublié La Fumée...

La chienne le regardait d'un air de reproche, ou peut-être le reproche était-il en lui. Ses yeux brillaient comme s'ils étaient mouillés de larmes. Non, Tiénot s'aperçut que les larmes étaient sous ses paupières à lui. Il s'essuya d'un revers de main.

La Fumée parut encouragée par sa présence. Elle recommença à gratter plus vite et plus fort. Il avait enterré Gaspar assez profondément, mais la chienne possédait des pattes puissantes, des griffes neuves et bien aiguisées. Elle creusait facilement la terre molle. Elle finirait par découvrir le cadavre. Non, peut-être pas... La terre était souple mais friable, la chienne ne la rejetait pas assez loin, elle retombait aussitôt dans le trou. La pauvre bête pataugeait maintenant dans la poussière. Elle s'en rendait compte et tricotait de plus en plus vite de ses pattes fortes mais maladroites. Soudain elle s'arrêta et aboya, une fois en regardant le trou, une autre en regardant Tiénot. Le garçon secoua la tête.

— Oui, Gaspar est là-dessous, ma pauvre vieille. Il est mort... mort, mort ! À mon avis, il vaudrait mieux aller retrouver ta maîtresse. Tu rencontreras d'autres camarades chiens, tu connaîtras d'autres lieux, tu auras des petits, tu oublieras Gaspar. Je ne sais pas quoi te dire de plus. Je suis aussi malheureux que toi. Mais peut-être qu'on sera vengés, tous les deux...

« Pas plus tard que cette nuit ! » pensa-t-il en serrant les poings.

Il partit se coucher sans même finir sa soupe.

La fatigue l'empêchait souvent de dormir. Tant pis. Il ferma les yeux et pensa à la mer en attendant le sommeil. La mer que Justine verrait bientôt en compagnie de sa maîtresse et lui peut-être jamais. Il s'en fichait, il avait la forêt, qui était mieux que la mer !

Pour ne pas perdre de temps, il commença à réciter dans sa tête. La France est bordée par quatre mers : la mer du Nord, la Manche, l'O... l'eau... Impossible de se rappeler la troisième, son cerveau s'était arrêté. Il dormait.

La chaleur et une sensation d'étouffement le réveillèrent. En se couchant, il avait oublié d'entrouvrir la porte de l'étable pour aérer sa soupente. Il sut d'instinct qu'on était encore loin du matin. Pour connaître l'heure exacte, il aurait dû entrer dans la salle et éclairer la pendule. Sa mère avait beau dormir en général comme une soupe... non, comme une souche... il risquait trop de la réveiller. Il décida de sortir. Il connaissait un peu les étoiles et leur position dans le ciel suivant les saisons. Assez, en tout cas, pour juger si on était plus près du soir que du matin. Il enfila sa culotte, chaussa ses sandales et traversa l'étable. Le clair de lune entrait par les lucarnes ouvertes. Toutes les vaches étaient couchées. Deux ou trois respiraient bruyamment dans leur sommeil, une autre, réveillée, tirait sur ses chaînes.

Dehors, Tiénot s'aperçut que la vive clarté de la lune à la fin du premier quartier, presque ronde, effaçait du ciel la plupart des étoiles. Ses rayons blanchâtres traînaient sur la terre, donnant un air effrayant aux choses les plus ordinaires. Les chauves-souris voltigeaient autour des toits. Il essaya de calculer l'heure. Il observa si longtemps l'horizon que ses yeux se mirent à le piquer. Une heure du matin, à l'estime ?

La nuit tiède avait une transparence veloutée. Le vent se leva, rafraîchit l'air et tira de la forêt le chant mélancolique et tendre qu'il aimait. Le vent devint plus fort, le chant plus gai. Une minute ou deux, et le souffle se posa, la mélodie s'éteignit. Tiénot regarda vers le sud, par-dessus la forêt, un peu à gauche de la lune. La direction de la ferme, à un kilomètre et demi de là... Le grand-père était sûrement posté dans sa cachette, guettant Joseph Sembat, à moins que tout soit déjà terminé, le bandit pris sur le fait, ligoté et prêt à être livré aux gendarmes.

Il leva la tête et remarqua quelques éclairs d'orage, très pâles, vers les collines du sud. Il écouta avec attention mais n'entendit aucun grondement. L'orage était encore très lointain. Un chat-huant lança son rire moqueur et furieux. Tiénot vit passer une forme ailée, très sombre dans le clair de lune, volant vers la forêt.

Un peu plus tard, nouveau hululement. Le même oiseau ou un autre, peut-être dérangé dans son royaume par quelque événement insolite... Le passage d'une moto sur le chemin de Gignac à la ferme ? Non. Le Glouriou ne pouvait s'approcher aussi près avec sa machine, au risque d'alerter les gens de la ferme, les voisins, les métayers, les châtelains, même. Une pétarade de moto, ça s'entendait de loin !

Il lui fallait donc parcourir à peu près deux kilomètres à pied.

De toute façon, Tiénot n'avait entendu aucun bruit de moteur depuis qu'il était levé, un quart d'heure au moins.

Encore des cris de chouettes et de hiboux vers la forêt ! Mais les oiseaux n'avaient pas été forcément dérangés : les rapaces nocturnes criaient quelquefois en chassant pour avertir les rivaux qui empiétaient sur leur territoire...

Tiénot guetta un moment, les mains dans les poches face à la forêt. Ça continuait de criailler aigrement de tous côtés. Qu'est-ce qui aurait pu exciter à ce point les oiseaux de nuit ? Une lumière courant dans les bois, peut-être...

Même sous le clair de lune le bandit avait besoin d'une lanterne s'il coupait court par les sentiers, à travers les taillis et les fourrés, où les feuillages épais arrêtaient la lumière. Il se servait sans doute d'une lampe de poche à pile qu'il allumait par intermittence dans les passages sombres. Ça suffisait à inquiéter la tribu des hiboux.

Le cœur de Tiénot battit plus vite. C'était lui ! Le Glouriou, le cochon, le voleur... Joseph Sembat, le bandit, l'assassin de Gaspar !

Aucun doute, maintenant. D'ici un quart d'heure, une demi-heure au maximum, il serait au rendez-vous du grand-père. Pris dans le guet-apens tendu par quelqu'un de plus malin que lui !

Tiénot eut envie de courir à la ferme du château, non pour se mêler de l'affaire, car sa mère ne lui pardonnerait jamais... juste pour assister de près aux événements, pour voir sans être vu le Glouriou en pleine déconfiture. La tentation lui remuait le cœur et le ventre. Il résista. Même si la Mado ne se doutait de rien, il l'aurait quand même trahie...

Quelque chose de froid lui toucha le creux du genou. Il faillit crier : Gaspar ! Non, cet espèce de griffon efflanqué, gris et feu, c'était Pitou. Le chien du père ne se montrait presque plus à la métairie depuis le départ de son maître. Il se nourrissait du produit de sa chasse et de ses maraudes. On ne prenait même plus la peine de remplir son écuelle. Il avait senti d'instinct que Joseph Sembat lui ferait un mauvais parti s'il se laissait attraper. Il fuyait le Glouriou comme un enfant sage le diable aux pieds fourchus.

Il se mit à tourner, en silence, l'air inquiet, en s'arrêtant parfois le museau tourné vers les bois. Tiénot se pencha pour le caresser. Le chien se laissa toucher le dos, puis s'échappa aussitôt.

— Tu as peur ? Tu as peur du bandit ? Tu l'as senti ?

Pitou regarda Tiénot en remuant la queue. Il ne jappait presque jamais, ne couinait même pas. Depuis le départ du père, Tiénot n'avait plus entendu le son de sa voix, mais il savait se faire comprendre par des mimiques expressives. Il leva le museau, examina les alentours d'un air méfiant, tourna encore, revint vers Tiénot, lui toucha la jambe, puis s'éloigna en longeant le mur de la grange et disparut. Impossible de savoir s'il était rentré ou s'il avait filé, et dans quelle direction. Cependant, on ne pouvait s'y tromper : il avait bien senti la présence de son ennemi. Peut-être même l'avait-il croisé dans la forêt où il chassait. Il venait de disparaître après une pantomime qui valait un discours !

Joseph Sembat était dans les parages.

Une détonation éclata au loin. Du côté de la ferme... Oui, de ce côté-là. Forte, à peine assourdie par la distance, très différente d'un grondement de tonnerre.

Et tout de suite une autre, pareille. Comme les deux cartouches d'un fusil de chasse de gros calibre.

Un gros calibre ? Bien sûr, le canardier du grand-père !

Un oiseau de nuit monta dans le ciel au-dessus de la forêt. On aurait cru qu'il volait vers la lune pour s'y réfugier. Des cris de hiboux se répondirent.

La bouche sèche, le cœur battant, les jambes fauchées,

Tiénot attendait une troisième détonation. Rien. Seulement quelques cris d'oiseau dans le silence revenu. L'orage s'était tu. Tiénot s'aperçut qu'il avait très soif. Il se demanda si sa mère avait été réveillée par les détonations. Non, elle serait déjà dehors, en chemise de nuit. Sans doute dormait-elle derrière les rideaux de son lit, en rêvant du Glouriou... Il ne voulut pas risquer de la déranger et préféra tirer un seau au puits. Ses mains tremblaient toujours un peu, il eut du mal à fixer le seau au crochet. Il laissa la chaîne se dérouler lentement, en douceur, de crainte que sa mère n'entende le bruit. Il réussit à remplir le seau à moitié et le remonta encore plus doucement, en évitant de faire grincer la manivelle et de chevaucher la chaîne.

Il détacha l'anse, posa le récipient par terre, devant le puits, but dans ses mains, se lava le visage et fit couler un peu d'eau sur sa poitrine. Une imprudence que son grand-père lui aurait sûrement reproché sur un ton vif. « C'est comme ça qu'on attrape la mort, mon gars ! » Tant pis, il avait vraiment très chaud, sa tête bourdonnait et les idées dansaient en désordre dans sa cervelle.

Il vida machinalement le fond du seau dans le baquet en pierre du puits

Aussitôt, il se mit à frissonner sous le vent piquant. Il marcha un moment autour de la maison et jusqu'au chemin du château. Il était seul dans la nuit, comme au milieu du désert. Depuis quelques mois, depuis que Joseph Sembat s'était mêlé de leur vie et qu'il avait lui-même compris certaines vérités, il se sentait souvent très seul.

Soudain, il vit une lueur rougeâtre monter dans le ciel du côté de la ferme. Le bandit avait allumé un incendie ! Non, c'était l'orage qui se rapprochait, une série d'éclairs sur l'horizon. Et où étaient-ils tous les deux, le grand-père et Joseph Sembat ?

Il rentra dans la grange et chercha un endroit pour dormir. La chaleur des bêtes refluait de l'étable à travers tout le bâtiment, mais l'air était moins étouffant que dans sa soupente.

Il s'étendit sur le foin frais et éternua. Quelques vaches remuèrent leurs chaînes. Les deux détonations résonnaient toujours dans sa tête. Oui, il était de plus en plus certain d'avoir reconnu le canardier de son grand-père. Quelque chose de terrible était arrivé !

Un soupçon se mit à tourner dans son esprit. Capturer le bandit, envoyer quelqu'un aviser les gendarmes et leur livrer le prisonnier... Voilà le plan du grand-père tel que Tiénot l'avait compris. Une affaire difficile et risquée. Et après, aurait-on assez de preuves pour faire condamner le cochon de voleur, l'envoyer en prison des années ? Il pouvait bien s'en tirer avec une petite peine de rien du tout, six mois, un an. Et quand il sortirait... Le grand-père y avait pensé. Ce n'était pas son vrai plan. En réalité, il avait prévu de tirer sur le bandit pour le blesser gravement ou le tuer !

Et il avait réussi. À cette heure-ci, le Glouriou perdait son sang et se mourait quelque part à la ferme du château. Et le grand-père rentrait à sa maison du Peloux en catimini, par les sentiers de la forêt. Arrivé chez lui, il se glisserait tranquillement dans son lit. Tout le monde savait qu'il ne se levait plus depuis des semaines, sauf pour aller jusqu'au bord de son jardin. Il se pissait même dessus pour tromper les femmes qui venaient le soigner ! Qui viendrait l'accuser, à son âge, et presque à l'article de la mort ?

Ainsi, Jean Jouannet, l'ancien soldat, aurait vengé l'honneur de son fils, invalide de guerre, et peut-être sauvé son foyer. Enfin, c'est ce qu'il devait penser... Et la prière de la Mado, peut-être un brin hypocrite, était exaucée par la Vierge et les saints ! Le bandit avait cessé de nuire.

Tiénot dut forcer la salive à descendre dans son gosier sec. Joseph Sembat n'avait pas volé ce qui lui arrivait, mais c'était quand même un assassinat. Ou alors un accident.

Non, le premier coup de fusil pouvait être accidentel, pas le second.

La Mado saurait finalement la vérité, ou elle devinerait. Et elle ne pardonnerait pas. Mais le grand-père s'en fichait. Même s'il était encore bien portant, il n'avait pas des tas d'années à vivre.

Tiénot somnola un moment, dormit peut-être, rêva qu'il marchait dans le rond de lumière que la lune projetait à l'intérieur de la grange. Le rond s'élargit jusqu'à la mer, qu'il voyait pour la première fois...

Un bruit. Un bruit de seau heurté. Il écouta, bien éveillé. Fer-blanc contre pierre : le seau posé sur la margelle. Le bruit le plus ordinaire et, en pleine nuit, le plus effrayant qui soit.

Quelqu'un tirait de l'eau au puits.

La mère ? Mais pour quoi faire ? Le seau de la cuisine était toujours plein aux trois quarts pour la nuit...

Un visiteur, un inconnu, un bohémien, un rôdeur ? Tiénot se coula hors de la grange, se dissimula au coin d'un mur et vit la haute silhouette devant le puits. Dans le clair de lune toujours vif, il reconnut le Glouriou à son large dos et à ses jambes arquées.

Alors, ce cochon n'était pas mort ? Blessé, peut-être. Et qu'est-ce qu'il fichait à la métairie ?

Il se tenait appuyé au bâti couvert du puits, sur lequel étaient fixés le rouleau, la chaîne et la manivelle. Un peu penché de côté, la tête posée sur l'avant-bras... Il eut un soubresaut, poussa un grognement et se pencha davantage.

Ce cochon vomissait dans le puits ? Non, il se détourna et répandit son souper sur le sol, à ses pieds. Soûl comme un âne ? Il releva la tête et gémit fort, la main sur sa poitrine. Il devait être blessé, et même gravement. Le gros plomb du canardier l'avait manqué de peu !

Tiénot fila dans l'ombre du bâtiment, gagna le bosquet de sureaux, chercha une bonne position pour observer son ennemi. Il l'apercevait de profil, tête nue, sa veste ouverte sur une chemise claire. Il crut distinguer une tache plus sombre sur la chemise.

Joseph Sembat essayait d'attacher l'anse du seau au crochet de la chaîne. Son bras droit lui obéissait mal. Il jura. Le seau lui échappa, rebondit contre la paroi du puits. Et deux ou trois secondes plus tard, on entendit le récipient cogner à la surface de l'eau, par quinze ou dix-huit mètres de fond.

— Bordel de Dieu !

Tiénot s'aplatit dans le bosquet, presque sur la tombe de Gaspar. Le Glouriou s'écarta du puits et se tourna vers le chemin, côté forêt. Un moment, il parut écouter, toujours un peu courbé à droite et le bras plié. Tiénot l'entendait marmonner, assez bas puis, plus haut. Il comprit un mot : *le fusil.*

— Le fusil, bordel, me faut... fusil... tout de...

Il courut vers la grange en trébuchant. Bien sûr, il craignait d'être poursuivi par celui qui l'avait blessé. Il ne soupçonnait peut-être pas le grand-père... Il ressortit vite de la grange en tenant l'arme par le canon, de la main gauche. Il essaya de la manipuler puis de l'épauler, encore geignant et rageant. Il ne réussit pas à épauler, ses efforts lui tirèrent un cri de douleur.

Tiénot le vit pendant ses gesticulations dans la pleine clarté de la lune. Pas de doute, ses vêtements étaient bien couverts de sang !

Le Glouriou accrocha le fusil à son épaule gauche et marcha vers l'autre côté de la maison, le pas raide et mal assuré. Il s'arrêta à la porte de la cave, posa son fusil, chercha la clé dans le trou de mur où on la cachait, la glissa dans la serrure, qui grinça.

Il entra en laissant la porte grande ouverte pour que le clair de lune pénètre dans la petite pièce en contrebas. Guère plus qu'un couloir où s'entassaient quatre ou cinq barriques, un *barricot* et une étagère à bouteilles. S'il avait une lampe en arrivant à la ferme du château, il avait dû la perdre en courant pour s'échapper.

Il trébucha sur les marches, jura encore. Peut-être avait-il cogné son côté blessé. Il ressortit vite, une bouteille blanche serrée dans sa main... sa main droite. Elle fonctionnait encore un peu. Mais il dut passer la bouteille dans la gauche pour casser le goulot au coin du mur. Il but l'eau-de-vie à la régalade, poussa un soupir de soulagement. Il reprit son fusil, revint au puits, posa l'arme contre la margelle et la bouteille dessus. Il resta là un moment, encore appuyé au bâti, haletant.

Il crut entendre un bruit proche, sursauta, reprit son fusil, le tint quelques secondes braqué sans l'épauler. Tiénot avait entendu aussi. Il pensa à une brebis échappée ou au chien Pitou. Le Glouriou abaissa lentement le canon et reposa la crosse contre la margelle. Il but encore quelques gorgées d'eau-de-vie. Pas facile, avec le goulot brisé et coupant... Il essaya d'enfoncer le cul de la bouteille dans la poche de sa veste. Encore plus difficile, la poche était sûrement trop petite. Il renonça, se fit glisser encore quelques gouttes de gnôle dans le gosier, puis laissa tomber la bouteille au fond du puits. Tiénot guetta le plouf. Voilà. Un litre d'eau-de-vie perdu. Le Glouriou aurait-il le culot de revenir plus tard finir la provision ?

La lune passa derrière un nuage et l'obscurité s'étendit sur la forêt, gagna la métairie. Une chouette vola au-dessus de la maison et s'éloigna avec un cri pointu. Le bandit lâcha une plainte puis une exclamation rageuse, étouffée, qui signifiait à peu près :

— Bon Dieu, il faut que je parte !

La nuit avançait. Par prudence, il avait dû laisser sa moto à deux ou trois kilomètres. Il avait tout juste le temps de rentrer à Bergerac avant le jour s'il voulait profiter de son alibi. Mais aurait-il la force de conduire sa machine, de tenir le guidon d'une seule main pendant cinquante kilomètres ?

Il marcha dans le chemin d'un pas traînant, le fusil toujours dans la main gauche.

Tiénot le pista à bonne distance. Le ciel s'était obscurci et, à condition d'être silencieux comme une fouine en chasse, il ne risquait pas trop de se faire repérer. Il avait l'idée de reprendre le fusil de son père que le bandit abandonnerait sans doute au bord du chemin quand il partirait sur sa moto.

Les nuages s'envolèrent, le clair de lune délaya l'encre de la nuit. Tiénot aurait maintenant plus de difficulté à suivre le bandit sans être vu. Est-ce que ça valait seulement la peine ? Est-ce que ça valait le risque d'être surpris et de recevoir une volée de plombs ? Il retenait son souffle, ses poumons le brûlaient. La fatigue nouait ses muscles. Il titubait de sommeil.

La tête lui tourna, il ne reconnaissait plus les lieux. Il se crut transporté au loin par magie. Il dut s'asseoir une minute sur le bord d'un talus. Il frissonna, mais la fraîcheur qui tombait lui fit de bien. Son malaise passé, il se leva pour rentrer, abandonnant la poursuite.

Cinq minutes plus tard, il arriva à la métairie.

Et il la vit.

Debout au milieu de la cour, la Mado, plantée comme la statue d'une héroïne morte. Nu-tête, vêtue de son manteau de ville, sombre, assez court. On voyait, pardessous, le col et le bas de sa chemise de nuit blanche...

Elle regardait Tiénot approcher, tournée vers lui, sans un geste de surprise. Comme si elle l'avait épié et s'attendait à le voir. Il se rappela le bruit qui avait alerté le Glouriou quand il se tenait devant le puits. Elle, bien sûr, dans la maison ou la cour, peut-être à l'étable, où elle avait dérangé les vaches en passant.

Éveillée elle aussi, aux aguets. Elle avait vu Joseph

Sembat errer en trébuchant autour de la maison. Elle ne pouvait pas se tromper, elle le connaissait mieux que personne, tripes et boudins ! Pourquoi ne s'était-elle pas précipitée pour lui porter secours, soigner ses blessures ? Elle avait deviné qu'il venait de prendre du gros plomb au cours d'un brigandage. Elle s'était sentie trompée, trahie. Elle souhaitait qu'il paie. En même temps, elle désirait de tout son cœur qu'il revienne et lui demande son aide.

Tiénot devinait sa mère déchirée entre deux espoirs contraires.

Il avança droit vers elle, tête haute, prêt à subir un interrogatoire sans pitié, des cris et des menaces. Non, elle prononça très bas des mots qu'il comprit mal, comme si elle priait ou se parlait à elle-même. Puis, à peine plus haut :

— Tu l'as suivi ?

— Oui.

— Où va-t-il ?

— Sans doute à sa moto qu'il a dû cacher au bord du bois.

— Oui, oui...

C'était bien les questions que Tiénot attendait, mais posées avec une étrange douceur, une résignation qui l'effraya. Il comprit qu'elle n'était plus dans un état normal. Il avala une boule de salive qui l'étouffait, reprit son souffle, resta un instant la bouche ouverte. Elle lui sourit d'un air absent et lui posa les mêmes questions, mais sans écouter ses réponses.

— Tu l'as suivi ? Où va-t-il ? Est-ce qu'il est blessé ?

— Je crois qu'il a reçu des plombs ou une balle.

— J'ai entendu tirer... Le sang me caille !

Elle leva la main droite devant son visage. Elle tenait le goulot de la bouteille d'eau-de-vie que Joseph Sembat avait brisée contre le mur. C'est avec un tesson semblable, un peu plus gros peut-être, qu'il avait égorgé Gaspar. Elle le considéra longuement et demanda d'une voix presque enfantine :

— Qu'est-ce que c'est ? Je l'ai ramassé par terre, je...

— Tu vois bien, c'est un morceau de verre. Maman, s'il te plaît, jette-le !

— Tu crois ?

Elle laissa tomber le débris, regarda son fils d'un air égaré.

— Tu l'as suivi ? Il est parti sur sa moto ?

— Je ne l'ai pas suivi jusqu'à la moto. Je suis revenu parce que...

Il esquissa un geste, n'acheva pas sa phrase. À quoi bon, puisqu'elle ne l'écoutait pas. Il eut même l'impression qu'elle était trop perdue dans ses pensées pour seulement l'entendre.

— Maman...

— Je ne peux pas laisser Rose, dit-elle.

— Rose ?

Elle avait prononcé plusieurs fois ce prénom, par distraction. Elle secoua la tête.

— Je veux dire Lisa...

Elle recula soudain de deux ou trois pas, comme si elle avait peur.

— Je ne peux plus...

Elle avait subi un choc terrible en voyant Joseph Sembat blessé. Elle avait compris, enfin, qu'il était un voleur, un bandit, ce qu'elle avait toujours refusé de croire... Il en voulait à son argent. Il feignait un béguin pour elle, en réalité il ne pensait qu'à lui voler son héritage ! Et maintenant qu'il s'était fait pincer, il allait disparaître, elle ne le reverrait plus. Elle priait la sainte Vierge qu'il s'en aille, mais elle avait besoin de lui. Elle ne supportait pas de le perdre, encore moins d'être la risée du monde. Alors elle se mettait à battre la breloque !

Tiénot se rapprocha d'elle, avec l'intention de lui prendre la main. Il croisa son regard face au clair de lune. Il crut lire le désespoir dans ses yeux, sur son visage. Il sentit juste à temps qu'elle allait commettre une folie.

Elle se retourna et courut vers le puits. Il s'élança derrière elle. Il n'avait qu'un mètre de retard. Le puits était à quinze pas. Il la rattrapa au moment où elle enjambait la margelle. Il essaya de la retenir. Elle lutta contre lui. Elle était plus forte, mais ses vêtements, son manteau surtout, la gênaient. Elle voulut le rejeter. Tiénot en profita pour la tirer par terre. Elle se débattit. Ils s'empoignèrent. Elle n'était plus elle-même. Elle gémissait, murmurait des mots incompréhensibles. Elle griffa Tiénot aux mains, puis au visage. Elle avait les ongles taillés moins court que la plupart des paysannes. Il sentit la brûlure et le sang qui coulait sur sa peau. Elle gardait sa vigueur intacte, accrue, même. Il n'avait pas la force de la retenir. Elle finirait par lui échapper pour se jeter dans le puits...

Il se rappela une scène lors d'un repas de battages à la ferme du château, deux ou trois ans plus tôt. Il accompagnait son grand-père et rendait de menus services. Une jeune femme avait eu une crise de nerfs parce que son mari serrait de près une servante. Une femme plus âgée l'avait giflée deux fois, ce qui avait suffi à la calmer. Elle s'était mise à pleurer, la tête dans ses mains. Puis on l'avait emmenée sans qu'elle résiste. Ça valait la peine d'essayer.

Tout en continuant de batailler avec sa mère, il réussit à la gifler une fois. Il manqua la seconde claque. Il ne s'attendait pas à réussir. C'est ce qui arriva, pourtant. Peut-être aussi était-elle à bout de forces. Elle mollit dans ses bras. Il dut l'aider à se relever. Il la guida vers la maison en la soutenant. Elle sanglotait sans larmes.

Il dormit sur sa paillasse en maïs, dans la cuisine, au pied du lit. Si sa mère se levait pour sortir et retourner au puits, elle serait obligée de l'enjamber. Aurait-il la force de la retenir encore ? En tout cas, il essaierait.

Des cris, des appels, des coups frappés à la porte le tirèrent brusquement du sommeil. Il reconnut la voix de la Poussinette, il courut ouvrir. Sa mère le rejoignit sur le pas la porte, tout ensommeillée. La jeune fille se jeta dans les bras de la Mado.

— Mes amis, mes pauvres amis !

— Qu'est-ce qui se passe ? demandèrent en même temps Tiénot et sa mère.

— Mon Dieu, gémit la Poussinette, on s'y attendait, c'est arrivé !

— Mais quoi ?

— Le pauvre grand-père Jouannet est mort cette nuit.

— Où ?

La jeune femme regarda Tiénot comme s'il était devenu idiot.

— Dans son lit, bien sûr. Ça fait un bout de temps qu'il ne se levait plus.

27.

Le capitaine d'Ayran d'Eylias ramena Marius Jouannet de l'hôpital pour les obsèques de son père. Les gens hochèrent la tête.

— On reviendra bientôt. Le Marius va lâcher la rampe avant l'hiver !

Ce fut un bel enterrement. Les châtelains et leurs gens étaient là en nombre, ainsi que le régisseur Bezeau, les métayers, l'aveugle Jules Dupoux au bras de sa fille. Georgette Jouannet se montrait au pays pour la première fois depuis presque deux ans. La veuve Savon s'occupait de préparer à manger pour ceux qui venaient de loin. Elle était en grand noir, car elle portait le deuil à tous les enterrements.

Les époux Jouannet ne s'adressèrent pas la parole, malgré les efforts de la Mado. Sauf une fois. Tiénot entendit son père dire à sa mère, assez haut pour que quatre ou cinq personnes l'entendent :

— Pas la peine que tu reviennes me voir à l'hôpital. Je sais ce qui se passe ici, je supporterai pas ta visite. Le capitaine m'amènera les enfants...

Mais, songea Tiénot, il ne se passait plus rien. On n'avait pas revu Joseph Sembat, ni reçu aucune nouvelle de lui. S'il ne mourait pas de ses blessures, il ne se montrerait pas de sitôt.

Sinistre coïncidence, Sosthène Guigou mourut le même jour d'une pneumonie, dans un fossé, à cent mètres de Gignac.

La Fumée était au cimetière avec sa maîtresse, Mlle Julie. Elle flairait les gens et les tombes, l'air à la fois inquiet et plein d'espoir. Elle n'avait pas renoncé à chercher Gaspar.

À la fin de l'été, le Glouriou n'avait encore donné aucun signe de vie. Les Jouannet se préparaient à quitter la métairie. Nanti du certificat, Tiénot cherchait une place d'apprenti.

Ce fut Hilaire Bezeau qui l'embaucha. Remercié par les châtelains, il avait racheté une scierie et un commerce de grumes. Il proposa à Tiénot de l'accompagner dans les bois pour marquer et cuber debout les arbres à abattre, en compagnie des propriétaires ou de leur représentant. Il fallait être bon en calcul, avoir le coup d'œil juste et une mémoire sûre. Après, bien sûr, l'apprenti devait être capable de repérer les arbres pour guider les bûcherons, puis les débardeurs... Tiénot accepta les conditions de l'ancien régisseur : nourri, logé, un peu d'argent de poche, et la promesse d'un vrai salaire d'ici un an. La veuve Savon s'occuperait d'entretenir ses vêtements et le blanchirait sous toutes les coutures.

— Tu ne feras pas ce métier toute ta vie, lui dit M. Beugnac. Tu devrais te remettre à étudier pour entrer plus tard aux Eaux et Forêts. Je t'aiderai, si tu veux.

Tiénot remercia le maître d'école et reprit livres et cahiers. Il ne demandait que de passer son existence entière dans la forêt, celle de Gignac ou une autre, plus vaste et plus belle. Et mourir au pied d'un chêne !

À la saison de chasse, un paysan retrouva le fusil de Marius Jouannet dans un fourré au bord du chemin, assez abîmé par les pluies d'automne. Comme la Mado était partie à Bergerac, Tiénot fut chargé de reconnaître l'arme.

C'était bien le seize du père. Il en profita pour questionner le maire. Avait-on des nouvelles de Joseph Sembat ? Non, aucune. Le Glouriou paraissait avoir quitté le pays de façon définitive. Et s'il était mort, l'aurait-on su ? Oui, sans doute. Enfin, peut-être pas.

Tiénot dut guider les gendarmes à la cache de la Forge des Bois dont ils avaient eu vent. Mais le bandit l'avait débarrassée depuis longtemps. La maréchaussée mit la main sur des provisions avariées, des hardes mitées et des outils rouillés, rien de mieux.

On lui remit le fusil de son père. Il le nettoya, le graissa, récupéra quelques cartouches et fit cadeau du tout à la veuve Savon, qui ne se sentait plus en sécurité à sa maison de la Mouthe du Loup.

À Noël, il reçut une carte postale de Paris, signée Frédo et Ninette. Ses amis avaient acheté un camion. Frédo le conduisait et effectuait toutes sortes de livraisons dans la capitale. Ninette tenait le bureau et recevait les clients. Ils envisageaient d'acquérir un deuxième véhicule d'ici quelques mois.

« Si tu veux nous rejoindre, on a du travail pour toi, et tu pourras apprendre à conduire... » Tiénot déclina l'offre, non sans regret. Entre la ville et la forêt, il avait choisi la forêt. Pour la vie.

La Mado s'installa à Bergerac avec sa plus jeune fille. Elle acheta un fonds d'épicerie et se lança dans le commerce. Son héritage fut expliqué sans mystère.

Ses parents avaient quitté Périgueux et transporté leur magasin de meubles à Bordeaux. Sa mère ne lui avait jamais pardonné sa fuite. Elle mourut sans l'avoir revue. Son père ne lui survécut que de deux ou trois ans. Avant de mourir, il fit rechercher sa fille et lui légua vingt mille francs. Moins sans doute que la part d'héritage qui aurait pu lui revenir, mais quand même mieux que rien. Presque la valeur de la métairie de la Petite-Borde !

Plus tard, la Mado retrouva sa sœur cadette, Rose, qui avait épousé un riche propriétaire et s'amusait à cultiver une immense... roseraie. La Mado commença par vendre les roses de sa sœur à l'épicerie, puis devint fleuriste. Son commerce prospéra, mais ne dura pas.

En 1925, un jeune médecin intégra le service de pneumologie de l'hôpital de Périgueux. Il s'intéressa au cas de Marius Jouannet. « Vous êtes guéri, lui dit-il. Guéri autant qu'on peut l'être dans votre cas. Ce qu'il vous faut, c'est le grand soleil et un bon moral. Vous devriez quitter l'hôpital... à condition que ce ne soit pas pour retourner au fond de vos bois humides et sombres. Connaissez-vous le travail de la vigne ? » Marius répondit qu'il avait toujours fait son vin. Sans être un vigneron expérimenté, il se sentait capable de cultiver quelques hectares de bons ceps. Le docteur l'encouragea à tenter l'aventure. « Je suis sûr que vous pouvez. Mon père a besoin d'un couple de domestiques pour une vigne à l'abandon du côté de Bergerac. Sur un coteau ensoleillé. Exactement l'endroit qu'il vous faut pour vous retaper définitivement ! »

Marius quitta l'hôpital en septembre 1925, au moment des vendanges. Il rejoignit la Mado. En grommelant, elle abandonna son commerce pour devenir domestique agricole. Il arriva que le travail de la vigne et du vin lui plaisait. Elle se remit à l'ouvrage, et son entrain et sa pétulance firent merveille. Autre merveille, celle que le soleil des coteaux fit sur la santé de l'un et le moral de l'autre. Les résultats de l'exploitation comblèrent le proprio, un gros richard de la ville. Deux ans plus tard, il confia les vignes en métayage au couple Jouannet. La Mado avertit son époux :

— La première bouteille que je te vois vider, je te la casse sur la tête.

L'abondance du liquide rouge ou blanc qui sortait des cuves, bizarrement, coupa la soif de Marius. Il redevint sobre pour plusieurs années. Le temps s'écoulait, tout doux, au fil des saisons. Ça ressemblait au bonheur. Les Jouannet purent s'acheter une petite maison près de leur métairie.

Tiénot travailla pour Hilaire Bezeau jusqu'à son service militaire en 1930. Il obtint le grade de sergent et entra en 1932 aux Eaux et Forêts. Il fut nommé à Sarlat, mais il vivait le plus souvent dans les bois, comme il l'avait souhaité, très occupé à parcourir les forêts domaniales de l'arrondissement.

En 1934, un receleur de Bergerac, Arthur Chamarrant, plus connu de la police et de la justice sous le sobriquet d'Arturo, s'épancha au cours d'une beuverie d'anciens combattants. Il raconta en geignant qu'il ne se pardonnait pas d'avoir tué son camarade de tranchée Joseph Sembat, dit le Glouriou. Interrogé par la police, il avoua sans difficulté. Il n'avait pas vraiment tué son ami et pourvoyeur, mais l'avait laissé mourir faute de soins, ce qui était presque pire.

Le fait divers excita l'intérêt des chroniqueurs locaux. Étienne Jouannet lut par hasard un article dans *La Petite Gironde*, le quotidien régional. Il put reconstituer sans peine les événements qui avaient conduit à la mort de Joseph Sembat.

Le Glouriou était rentré difficilement à Bergerac sur sa moto. Au cours du voyage, sa blessure avait saigné un peu. Une blessure aux plombs, même gros, ne saigne presque pas à l'extérieur. Mais l'hémorragie interne était sûrement grave. Le bandit était arrivé très mal en point chez son complice. Il avait eu le temps de lui raconter son affaire, puis il était tombé évanoui. Arturo avait hésité à appeler un docteur. La police serait avertie, une enquête s'ensuivrait. Il était déjà soupçonné de recel, il ne pourrait échapper à une accusation de complicité, encore plus grave.

Au matin, il avait, selon ses dires, couru toute la ville en cherchant quelqu'un de sûr, qui pourrait s'occuper du blessé sans les dénoncer. En vain. À son retour, le Glouriou avait filé son nœud, selon les mots d'Arturo. Oui, il était mort. Arturo avait attendu le soir pour le charger dans sa camionnette et le conduire à quelque endroit discret, non loin de la rivière, où il l'avait enterré. Il avait camouflé et revendu la moto. Il reconnaissait qu'il était un salopard. Le corps fut récupéré, réduit à peu de chose, dans un état qui ne permettait pas l'autopsie. Au procès, le ministère public accusa Arturo d'avoir assassiné son complice, qui ne serait pas mort de sa blessure. Le tribunal rejeta l'accusation. Arturo fut condamné à cinq ans de prison.

Comme chacun sait, le bonheur n'est pas éternel. Marius mourut en 1936, pour ainsi dire guéri. Les vignes étaient si prospères que le proprio songeait à reprendre la métairie. Marius avait pris goût au soleil, il s'était un peu remis au vin blanc. Il tomba d'insolation au milieu de l'été, alors qu'il admirait la prochaine récolte de pinard, qui s'annonçait magnifique. Il avait eu dix ans de sursis. Ça valait la peine.

Après l'enterrement, Georgette demanda à son frère, sur un ton pensif et grave :

— À ton avis, c'est quand même une belle vie qu'il a eue, notre père ?

Il resta si longtemps perdu dans ses pensées qu'elle s'inquiéta.

— Tiénot ? Étienne !

— Oui. Oui, je crois que c'est une belle vie.

La Mado se remaria en 1938 avec un mutilé de guerre, encore un, nommé Théophile Peyrat, qui se prétendait voyageur représentant et « homme d'affaires ».

Plus jeune qu'elle de cinq ou six ans, il la combla, le temps de réveiller sa jeunesse.

En 1936, Étienne Jouannet rencontra au bal une jeune fille, Janine, qui dansait la valse et la rumba et ressemblait un peu à la Mado. Elle chantait divinement *Marinella*, le grand succès de Tino Rossi, elle aimait les enfants, la nature, la forêt, les oiseaux, les chiens... Ils se marièrent en 1937. Leur fille aînée naquit en 1938, la seconde au début de 1940, ce qui valut une permission spéciale au sergent-chef Jouannet.

Prisonnier, il s'évada en traversant la Forêt-Noire.

En 1941, Peyrat, le mari de la Mado, l'abandonna, emportant ses économies et lui laissant un paquet de dettes. La soixantaine proche, elle semblait au bout de la vie. Avec le secours de ses enfants, elle sortit plus forte que jamais d'une longue période de mélancolie. Elle loua une terre de quelques arpents pour y cultiver des légumes. Elle devint maraîchère. Elle paya les dettes les plus criantes et survécut en attendant des jours meilleurs. À Noël 1942, au grand tournant de la guerre, elle put réunir ses enfants et petits-enfants. Ils la trouvèrent épuisée, amaigrie, fiévreuse, courant toujours comme une folle, et encore prête à mordre dans la vie avec ses dents intactes et encore bien aiguisées. Elle s'évanouit à la fin du repas. On la ranima. Des larmes trop longtemps retenues coulèrent sur ses joues et jusqu'aux coins de ses lèvres. Puis elle se mit à rire et s'écria :

— Je suis heureuse.

Étienne se rendit un jour à Hautefage pour discuter de questions forestières avec le châtelain, qui était toujours M. Louis-Pierre de Réaux. Il rencontra la baronne de Toujas, autrefois Mlle Julie. Elle lui raconta que La Fumée vivait toujours, à dix-huit ans, un âge avancé pour un chien.

Elle avait cherché son frère Gaspar pendant des mois, peut-être une année entière. Elle avait eu de nombreuses portées. Parmi ses descendants, la baronne avait gardé un gros rouquin nommé Gaspar. Quand on l'appelait, La Fumée, entendant ce nom, dressait l'oreille, se mettait à tourner et à flairer. De là à croire qu'elle n'avait jamais oublié son frère...

Au début de l'Occupation, Justine passa plusieurs années en sanatorium. Les médecins jugeaient son cas désespéré. La bonne nourriture manquait encore plus que les médicaments. On la renvoya « chez elle » : une chambre misérable dans une maison en ruine. Les sœurs de Saint-Cyprien avaient recueilli sa petite fille âgée de cinq ans. Début 1943, elle découvrit l'adresse d'Étienne Jouannet par un article de journal où on vantait les mérites du jeune garde forestier. Il enseignait aux recrues des Chantiers de jeunesse à abattre proprement les arbres et à fabriquer du charbon de bois. Elle lui écrivit une lettre qui se voulait un adieu. Premier miracle. Étienne, en réponse, vint la visiter avec sa camionnette à gazogène, bourrée de provisions. Il avait récupéré les légumes chez sa mère et chez les paysans qu'il fréquentait par son métier. Et il avait prélevé des pâtes et des conserves dans le stock qu'il rassemblait patiemment pour les réfugiés et les premiers réfractaires cachés dans la forêt. Il revint avec un chargement de bois. D'autres suivirent. Grâce à lui et à la baronne de Toujas, qu'il avait alertée, Justine survécut aux froids hivers et aux sévères restrictions des années 1943 à 1945.

Le deuxième miracle s'appelait streptomycine. Le médicament fut disponible et assez généreusement dispensé dans les années d'après-guerre. Jamais tout à fait guérie, Justine trouva quand même assez de force pour mener une vie presque normale. Une vie ordinaire. Elle retira sa fille des mains trop possessives des sœurs de Saint-Cyprien et l'envoya à l'école publique jusqu'au certificat d'études.

En 1943 et 1944, Étienne Jouannet se servit de sa connaissance des forêts du centre et du sud de la Dordogne, et des gens qui les habitaient, pour cacher de nombreux fugitifs en lieu sûr, aider les premiers réfractaires à choisir des positions bien protégées et, plus tard, les maquis à s'organiser. Mais jamais il ne participa à l'action armée. Il haïssait farouchement la guerre.

Le troisième enfant de Janine et Étienne, un garçon, naquit en 1945.

En 1946, le garde Jouannet et sa famille vivaient du côté de Saint-Pierre de Chignac entre Périgueux et la forêt Barade, celle de Jacquou le Croquant. Et tout près des bois. L'aînée des enfants, Julie, avait huit ans. Elle adorait chercher des champignons.

Un jour, elle rapporta à la maison un anthurus d'Archer, un « champignon-étoile de mer », qu'elle montra à ses parents d'un air triomphant.

— C'est beau, hein, maman ?

— Oh la, la, que ça pue ! s'écria la jeune femme.

Julie insista.

— Ça sent mauvais mais c'est beau, dis, papa ?

Étienne Jouannet approuva sa fille.

— Ça sent mauvais mais c'est beau. Comme la vie.

La Mado fêta ses soixante-quinze ans en 1958, pour le retour de Charles de Gaulle, qu'elle révérait. Elle eut le temps de connaître le « nouveau franc », qui la rendit enragée. Elle décida alors *de plier ses chemises*, comme elle disait.

À l'enterrement, ni Georgette ni Lisa ne questionnèrent Étienne. Les enfants Jouannet savaient depuis longtemps que la vie de leur mère était un roman.

Je remercie Nathalie Théry et Jean-Daniel Baltassat, pour leur aide bienvenue, leurs encouragements, leurs messages... du nord, du sud, du centre, si précieux.

Ce volume a été composé et mis en pages
par ÉTIANNE COMPOSITION
à Montrouge.

Cet ouvrage a été imprimé
en juin 2012 par

CPI
FIRMIN-DIDOT
27650 Mesnil-sur-l'Estrée

Édition exclusivement réservée aux adhérents du club
Le Grand Livre du Mois
réalisée avec l'aimable autorisation des éditions Robert Laffont

Dépôt légal : juillet 2012
N° d'impression : 113228
Imprimé en France.